Dachtler
Strategisch-taktisches Treasury in Kreditinstituten

GABLER EDITION WISSENSCHAFT

Christian Dachtler

Strategisch-taktisches Treasury in Kreditinstituten

Ein Planungs- und Steuerungsmodell mit Marktzinsmethode

Mit einem Geleitwort
von Prof. Dr. Hartmut Bieg

DeutscherUniversitätsVerlag

Die Deutsche Bibliothek - CIP-Einheitsaufnahme

Dachtler, Christian:
Strategisch-taktisches Treasury in Kreditinstituten : ein Planungs- und Steuerungsmodell
mit Marktzinsmethode / Christian Dachtler. Mit einem Geleitw. von Hartmut Bieg.
- Wiesbaden : Dt. Univ.-Verl. ; Wiesbaden : Gabler, 1998
(Gabler Edition Wissenschaft)
Zugl.: Saarbrücken, Univ., Diss., 1997
ISBN 978-3-8244-6753-2   ISBN 978-3-663-05691-1 (eBook)
DOI 10.1007/978-3-663-05691-1

Rechte vorbehalten

Gabler Verlag, Deutscher Universitäts-Verlag, Wiesbaden
© Betriebswirtschaftlicher Verlag Dr. Th. Gabler GmbH, Wiesbaden, 1998

Der Deutsche Universitäts-Verlag und der Gabler Verlag sind Unternehmen der
Bertelsmann Fachinformation GmbH.

http://www.gabler-online.de

Höchste inhaltliche und technische Qualität unserer Produkte ist unser Ziel. Bei der Produktion und
Auslieferung unserer Bücher wollen wir die Umwelt schonen: Dieses Buch ist auf säurefreiem und
chlorfrei gebleichtem Papier gedruckt.

Die Wiedergabe von Gebrauchsnamen, Handelsnamen, Warenbezeichnungen usw. in diesem
Werk berechtigt auch ohne besondere Kennzeichnung nicht zu der Annahme, daß solche Namen
im Sinne der Warenzeichen- und Markenschutz-Gesetzgebung als frei zu betrachten wären
und daher von jedermann benutzt werden dürften.

Lektorat: Ute Wrasmann / Markus Kölsch

ISBN 978-3-8244-6753-2

Geleitwort

Angesichts der Globalisierung des Wettbewerbs in allen Branchen entstehen für Kreditinstitute Risiken in früher nicht gekanntem Ausmaß. Die wissenschaftliche Auseinandersetzung mit dem Zinsänderungs- und dem Währungsrisiko verbunden mit in der Praxis umsetzbaren Lösungsvorschlägen ist somit sowohl aus Sicht der bankbetrieblichen Theorie als auch aus Sicht der Bankpraxis höchst aktuell.

Treasury im funktionalen Sinne umfaßt die Gesamtheit aller Führungsaktivitäten innerhalb eines Kreditinstituts, die darauf abzielen, die durch den Abschluß von Kundengeschäften verursachte Liquiditäts-, Zinsänderungs- und Währungsrisikoposition – einer übergeordneten Unternehmungszielsetzung folgend – dispositiv zu steuern. Dabei sind institutsbezogene wie aufsichtsrechtliche Strukturnormen – als Nebenbedingungen – zu beachten.

Die vorliegende Arbeit verfolgt drei Zielsetzungen:

(1) Geschlossene Aufarbeitung der Inhalte, die derzeit auf deutschsprachigem Gebiet unter dem Begriff Treasury in Kreditinstituten diskutiert werden;

(2) Untersuchung der Eignung der in der Praxis dem strategisch-taktischen Treasury zugeordneten Kalkulations- und Dispositionskonzepte, insbesondere der Marktzinsmethode als Basiskonzept, aber auch der auf der Marktzinsmethode aufbauenden bzw. in die Marktzinsmethode integrierbaren Konzepte der Kalkulation und Steuerung der Zinsänderungs- und Währungsrisiken;

(3) Entwicklung eines eigenen Modells zur Planung und Steuerung der Zinsänderungs- und Währungsrisiken von Kreditinstituten, das in dieser Form unmittelbar in der Praxis eingesetzt werden kann.

Der Leser wird feststellen, daß diese Zielsetzungen nicht nur unter theoretischen Aspekten erreicht werden, die Schrift also einen wissenschaftlichen Fortschritt darstellt, sondern daß sich das entwickelte Modell auch unmittelbar in der Praxis anwenden läßt. Ich wünsche, daß die Schrift in Forschung und Praxis gerade auch wegen ihrer aktuellen praktischen Bedeutung die gebührende Beachtung findet.

Universitätsprofessor Dr. Hartmut Bieg

Vorwort

Die vorliegende Arbeit entstand als externe Dissertation am Lehrstuhl für Allgemeine Betriebswirtschaftslehre, insbesondere Bankbetriebslehre, an der Universität des Saarlandes. An erster Stelle danke ich meinem Doktorvater, Herrn Professor Dr. Hartmut Bieg für die wissenschaftliche Betreuung, für Freiräume bei der Bearbeitung des Themas und für eine Vielzahl wertvoller Ratschläge.

Das Verfassen der Dissertation ging einher mit dem Einstieg ins Berufsleben. Die Kombination aus wissenschaftlicher und beruflicher Tätigkeit ermöglichte es mir, die Untersuchung theoretischer Konzepte mit der Beobachtung ihrer praktischen Umsetzung und Anwendung zu verbinden. Dabei ist mir Herr Professor Dr. Bieg mit viel Verständnis entgegengekommen. Dafür danke ich ihm sehr.

Herrn Professor Dr. Günter Schmidt gilt mein Dank für die Übernahme des Korreferats.

Herr Dipl.-Kfm. Hans-Reinhard Jacob hat mich von Beginn an vorbehaltlos unterstützt und gefördert. Hierfür bin ich ihm mit großem Dank verbunden.

Christian Dachtler

Inhaltsverzeichnis

Abbildungsverzeichnis

Verzeichnis der Tabellen

Verzeichnis der verwendeten Symbole

a_i :   Relativer Anteil der Aktivposition i am betrachteten Geschäftsvolumen [Dezimalschreibweise]

AF_t^{FW} :   Aufzinsungsfaktor Fremdwährung der Laufzeit t

AF_t^{IW} :   Aufzinsungsfaktor Inlandswährung der Laufzeit t

α :   Sicherheitswahrscheinlichkeit [%]

$\Delta\,BZSp$:   Absolute Veränderung der Bruttozinsspanne [Dezimalschreibweise]

B_t :   Barwert zum Zeitpunkt t [DM]

$B_t\,(M)$:   Barwert zum Zeitpunkt t abhängig von der unterstellten Marktentwicklung [DM]

$B_{korr}(KN)$:   Korrelierter Barwert abhängig von einem geforderten Konfidenzniveau [DM]

$\Delta\,B_{korr}(KN)$:   Korrelierte Barwertveränderung abhängig von einem geforderten Konfidenzniveau [DM]

$BL(M)$:   Bewertungslimit abhängig von der unterstellten Marktentwicklung [DM]

$BV_t\,(M)$:   Bewertungsverlust zum Zeitpunkt t in abhängig von der unterstellten Marktentwicklung [DM]

cf_t :   Zum Zeitpunkt t fällig werdende Zahlung [DM]

cf_t^{FW} :   Zum Zeitpunkt t fällig werdende Zahlung aus einer Fremdwährungstransaktion [Fremdwährung]

$cf_t^{FW/DM}$:   Kalkulatorischer DM-Gegenwert einer zum Zeitpunkt t fällig werdenden Zahlung aus einer Fremdwährungstransaktion [DM]

cf_t^{k} :   Zum Zeitpunkt t fällig werdende Zahlung eines Kundengeschäfts [DM]

cf_t^{opp} :   Zum Zeitpunkt t fällig werdende Zahlung einer betrachteten Opportunität [DM]

e^{BZSp} :   Bruttozinsspannenelastizität

$e_i^{KE,A}$:   Konditionserfolgselastizität der Aktivposition i

$e_j^{KE,P}$:   Konditionserfolgselastizität der Passivposition j

$e_i^{R,A}$:   Renditeelastizität der Aktivposition i

$e_i^{SE,A}$:	Strukturerfolgselastizität der Aktivposition i
$e_j^{SE,P}$:	Strukturerfolgselastizität der Passivposition j
$e_g^{ZA,A,v}$:	Zinsanpassungselastizität der variabel verzinslichen Aktivposition g
$e_h^{ZA,P,v}$:	Zinsanpassungselastizität der variabel verzinslichen Passivposition h
e^{ZA} :	Zinsanpassungselastizität
e^{ZE} :	Zinserfolgselastizität
$e_i^{ZE,A}$:	Zinserfolgselastizität der Aktivposition i
$e_j^{ZE,P}$:	Zinserfolgselastizität der Passivposition j
EL_t :	Ergebnis-Limit zum Zeitpunkt t [DM]
$F^A(KN)$:	Abgrenzungsfaktor des Konfidenzniveaus
F_t^{FW} :	Devisenterminkurs der Laufzeit t [Preisnotiz]
FB :	Gesamt-Fristentransformationsbeitrag p.a. [DM]
FB_i^A :	Fristentransformationsbeitrag p.a. der Aktivposition i [DM]
FB_j^P :	Fristentransformationsbeitrag p.a. der Passivposition j [DM]
$FZAR$:	Festzinsablaufrisiko [DM]
$FZAR_i^A$:	Festzinsablaufrisiko der Aktivposition i [Dezimalschreibweise]
$FZAR_j^P$:	Festzinsablaufrisiko der Passivposition j [Dezimalschreibweise]
FZR :	Festzinsrisiko [DM]
FZR_i^A :	Festzinsrisiko der Aktivposition i [Dezimalschreibweise]
FZR_j^P :	Festzinsrisiko der Passivposition j [Dezimalscheibweise]
g_t :	Gewinn zum Zeitpunkt t [DM]
GA_t :	Gewinnausschüttung zum Zeitpunkt t [DM]
GL_t :	Gap-Limit der Fälligkeit t [DM]
i_t :	Marktzinssatz einer Laufzeit von t Jahren [Dezimalschreibweise]
i_t^T :	Zinssatz einer zum Zeitpunkt t beginnenden und einer zum Zeitpunkt T endenden Laufzeit [Dezimalschreibweise]
$i_t(KN)$:	Veränderter Marktzins der Fälligkeit t abhängig von einem geforderten Konfidenzniveau [%]
$K_{i,t}^A$:	Kurs der Aktivposition i zum Zeitpunkt t [%]

k_t :	Zum Zeitpunkt t fällig werdende Kapitaltranche [DM]
k_t^A :	Zum Zeitpunkt t fällig werdende aktivische Kapitaltranche [DM]
k_t^P :	Zum Zeitpunkt t fällig werdende passivische Kapitaltranche [DM]
KB :	Gesamt-Konditionsbeitrag p.a. [DM]
KB_0 :	Konditionsbeitrags-Barwert [DM]
KB_i^A :	Konditionsbeitrag p.a. der Aktivposition i [DM]
KB_j^P :	Konditionsbeitrag p.a. der Passivposition j [DM]
$KE_{i,j}^A$:	Kurserfolg der Aktivposition i zum Zeitpunkt t [%]
km_i^A :	Konditionsmarge der Aktivposition i [Dezimalschreibweise]
km_j^P :	Konditionsmarge der Passivposition j [Dezimalschreibweise]
$korr_t^{FW}$:	Korrelation zwischen den Zinssätzen in Inlands- und Fremdwährung der Fälligkeit t
KW_t :	Kurswert zum Zeitpunkt t [DM]
m_i^A :	Gesamtmarge der Aktivposition i [Dezimalschreibweise]
m_j^P :	Gesamtmarge der Passivposition j [Dezimalschreibweise]
$\Delta\,m$:	Absolute Veränderung der Gesamtmarge [Dezimalschreibweise]
opp_i^A :	Verzinsung der der Aktivposition i zugeordneten Opportunität [Dezimalschreibweise]
opp_j^P :	Verzinsung der der Passivposition j zugeordneten Opportunität [Dezimalschreibweise]
$opp_i^{A,FW}$:	Verzinsung der der Aktivposition i zugeordneten Opportunität in Fremdwährung [Dezimalschreibweise]
$opp_j^{P,FW}$:	Verzinsung der der Passivposition j zugeordneten Opportunität in Fremdwährung [Dezimalschreibweise]
$opp_i^{A,JW}$:	Verzinsung der der Aktivposition i zugeordneten Opportunität in Inlandswährung [Dezimalschreibweise]
$opp_j^{P,JW}$:	Verzinsung der der Passivposition j zugeordneten Opportunität in Inlandswährung [Dezimalschreibweise]
$\Delta\,opp_i^A$:	Absolute Veränderung der der Aktivposition i zugeordneten Opportunitätsverzinsung [Dezimalschreibweise]
$\Delta\,opp_j^P$:	Absolute Veränderung der der Passivposition j zugeordneten Opportunitätsverzinsung [Dezimalschreibweise]

P_T :   Performance des Intervalls $[t = 0, T]$; [%]

P_t :   Performance des Intervalls $[t - 1, t]$; [%]

P_t^G :   Geschlossene Position der Fälligkeit t [DM]

p: Wahrscheinlichkeit [%]

p_j :   Relativer Anteil der Passivposition j am betrachteten Geschäfts-
                   volumen [Dezimalschreibweise]

$\Delta\ pz$:   Absolute Veränderung des Positionszinses [Dezimalschreibweise]

pz' :   Positionszins nach Veränderung des Referenzzinses [Dezimal-
                   schreibweise]

pz_i^A :   Verzinsung der Aktivposition i [Dezimalschreibweise]

pz_j^P :   Verzinsung der Passivposition j [Dezimalschreibweise]

$pz_{i,u}^A$:   Verzinsung der Teilposition u der Aktivposition i [Dezimalschreib-
                   weise]

$pz_{j,u}^P$:   Verzinsung der Teilposition u der Passivposition j [Dezimalschreib-
                   weise]

$r_{i,t}$:   Rendite der Aktivposition i zum Zeitpunkt t [Dezimalschreibwei-
                   se]

$\Delta\ r_i^A$: Absolute Veränderung der Rendite einer Aktivposition i [Dezi-
                   malschreibweise]

RDP: Risikodeckungspotential [DM]

$RDP(M)$:   Risikodeckungspotential abhängig von der unterstellten Marktent-
                   wicklung [DM]

rz :   Referenzzinssatz [Dezimalschreibweise]

rz_t :   Referenzzinssatz zum Zeitpunkt t [Dezimalschreibweise]

rz' :   Veränderter Referenzzins [Dezimalschreibweise]

$\Delta\ rz$:   Absolute Veränderung des Referenzzinses [Dezimalschreibweise]

$\Delta\ rz_t$:   Absolute Veränderung des Referenzzinses im Intervall $[t -1, t]$;
                   [Dezimalschreibweise]

$\Delta\ rz_t^D$: Durchschnittliche Veränderung des Referenzzinssatzes rz im In-
                   tervall $[t - 1, t]$; [Dezimalschreibweise]

S^{FW} :   Devisenkassakurs [Preisnotiz]

s_t :   Der Fälligkeit t zugeordnete Standardabweichung [%]

SB_0 :   Strukturbeitrags-Barwert [DM]

$\overline{SE^A_{i,t}}$:   Durchschnittlicher Strukturerfolg der Aktivposition i im Intervall $[t - 1, t]$; [Dezimalschreibweise]

$\overline{SE^P_{j,t}}$:   Durchschnittlicher Strukturerfolg der Passivposition j im Intervall $[t - 1, t]$; [Dezimalschreibweise]

sm^A_i :   Strukturmarge der Aktivposition i [Dezimalschreibweise]

sm^P_j :   Strukturmarge der Passivposition j [Dezimalschreibweise]

Swp^{FW}_t :   Swapsatz einer Fremdwährung der Laufzeit t [Preisnotiz]

TE_t :   Realisiertes Treasury-Ergebnis zum Zeitpunkt t [DM]

TE^{min}_t :   Mindest-Treasury-Ergebnis zum Zeitpunkt t [DM]

TE^P_t :   Geplantes Treasury-Ergebnis zum Zeitpunkt t [DM]

$tp^A_{i,u}$:   Teilposition u der festverzinslichen Aktivposition i [DM]

$tp^P_{j,u}$:   Teilposition u der festverzinslichen Passivposition j [DM]

$\ddot{U}B_t$:   Zinsbindungs-Überhang der Fälligkeit t [DM]

$\ddot{U}B^{max}_t$:   Maximal zulässiger Zinsbindungs-Überhang der Fälligkeit t [DM]

V_{max} :   Maximaler Verlust [DM]

$V^{A,f}_i$:   Volumen der festverzinslichen Aktivposition i [DM]

$V^{A,v}_g$:   Volumen der variabel verzinslichen Aktivposition g [DM]

$V^{P,f}_j$:   Volumen der festverzinslichen Passivposition j [DM]

$V^{P,v}_h$:   Volumen der variabel verzinslichen Passivposition h [DM]

VL_t :   Vorlauf innerhalb des Intervalls $[t - 1, t]$; [DM]

WB :   Gesamt-Währungstransformationsbeitrag [DM]

WB^A_i :   Währungstransformationsbeitrag der Aktivposition i [DM]

WB^P_j :   Währungstransformationsbeitrag der Passivposition j [DM]

x_t :   Opportunitätstranche einer Befristung von t Jahren [DM]

z_t :   Zerobond-Tranche einer Laufzeit von t Jahren [Dezimalschreibweise]

ZB^A_t :   Aktivische Zinsbindung der Fälligkeit t [DM]

ZB^P_t :   Passivische Zinsbindung der Fälligkeit t [DM]

$Z\ddot{A}R$:   Zinsänderungsrisiko [DM]

$Z\ddot{A}R^f$:   Festzinsrisiko [DM]

$Z\ddot{A}R^{v}$:   Variables Zinsänderungsrisiko [DM]

$ZA_{t}(KN)$:   Absolute Zinsabweichung der Fälligkeit t abhängig von einem ge-
                         forderten Konfidenzniveau [%]

$ZA_{t}^{FW}(KN)$:   Absolute Zinsabweichung der Fälligkeit t einer Fremdwährung ab-
                         hängig von einem geforderten Konfidenzniveau [%]

ZAF^{T} :   Zerobond-Abzinsfaktor einer Laufzeit von T Jahren [Dezimal-
                         schreibweise]

ZAF_{t}^{T} :   Zerobond-Abzinsfaktor mit einer zum Zeitpunkt t beginnenden und
                         einer zum Zeitpunkt T endenden Laufzeit

$Z\ddot{U}$:   Zinsüberschuß [DM]

Verzeichnis der Anlagen

Teil I: Grundlagen und Definitionen

A. Einleitung

1. Ausgangslage und Motivation

Sowohl das externe als auch das interne Umfeld der Kreditinstitute ist einem permanenten Umbruch mit fortschreitender Dynamik ausgesetzt.[1] Als Ausgangspunkt dieser Entwicklung gilt allgemein die Verschärfung des bankwirtschaftlichen Wettbewerbs mit der Aufhebung der staatlichen Zinsreglementierung und des Wettbewerbsabkommens im Jahre 1967.[2] Induziert durch strukturelle Veränderungen sowohl der Angebots- als auch der Nachfrageseite, wandelte sich der Markt für Bankprodukte in der Folgezeit vom Verkäufer- zum Käufermarkt, ein Prozeß, der zunächst zu einer verstärkten Ausrichtung der Aktivitäten des Bankmanagements auf die Entwicklung und Durchsetzung von Marketingstrategien führte.

Eine grundlegende Trendwende hierzu zeichnete sich Anfang der 80er Jahre ab. Verursacht durch gestiegene Volatilitäten der Preise der auf den internationalen Finanzmärkten gehandelten Instrumente und einen dadurch signifikant gewachsenen Risikogehalt der von Kreditinstituten auf diesen Märkten abgewickelten Transaktionen, verschob sich die Zielgewichtung innerhalb der bankbetrieblichen Zielkonzeption weg von einer reinen Volumenorientierung hin zu einer Erfolgs- und Sicherheitsorientierung.[3]

Die bankbetriebliche Theorie begleitete diese Entwicklung mit einer Erweiterung ihrer Erkenntnisziele. Stand im Rahmen der traditionellen Bankbetriebslehre in Form einer Struktur- und Geschäftslehre die Untersuchung der rechtlichen Grundlagen des Kreditwesens, seiner Einbindung in die Volkswirtschaft und der einzelnen Bankleistungen im Vordergrund, so konzentriert sich die moderne Bankbetriebs-

---

[1] Die Begriffe Bank und Kreditinstitut werden im folgenden synonym verwandt. Vgl. zu deren Definition grundlegend **Büschgen, Hans E.**: Bankbetriebslehre – Bankgeschäfte und Bankmanagement. 4. Auflage, Wiesbaden 1993, S. 9-14 und **Mülhaupt, Ludwig**: Einführung in die Betriebswirtschaftslehre der Banken – Struktur und Grundprobleme des Bankbetriebs und des Bankwesens in der Bundesrepublik Deutschland. 3. Auflage, Wiesbaden 1980, S. 19-20.

[2] Vgl. **Kaven, Jürgen-Peter**: Aktuelle Entwicklungstrends im deutschen Bankgeschäft. In: Horst-Tilo Beyer; Leo Schuster; Carl Zimmerer (Hrsg.): Neuere Entwicklungen in Betriebswirtschaftslehre und Praxis, Frankfurt/Main 1988, S. 253-277, hier S. 255.

[3] Die Zielkonzeption eines Kreditinstituts läßt sich durch Leistungs-, Erfolgs- und Volumenziele beschreiben, deren Verfolgung durch die strengen Nebenbedingungen der Verpflichtung zur Legalität, der Einhaltung der Liquidität und der Wahrung der Bonität begrenzt wird. Vgl. hierzu **Hauschildt, Jürgen**: Die Zielkonzeption im Rahmen bankbetrieblicher Geschäftspolitik. In: Michael Bitz (Hrsg.): Bank- und Börsenwesen – Band 2: Geschäftspolitik der Banken, München 1981, S. 3-18, hier S. 4-5.

lehre als Ausprägung des entscheidungsorientierten Ansatzes der Allgemeinen Betriebswirtschaftslehre auf die Analyse der Entscheidungsprozesse innerhalb eines als Zweck-Mittel-System interpretierten Bankbetriebs.[4]

Die Herausforderungen, denen die Kreditwirtschaft gegenwärtig und zukünftig gegenübersteht, liegen vornehmlich in einer weiteren Intensivierung des Wettbewerbs auf den Finanz- und Kundenmärkten[5] sowie in der Bewältigung einer Kosten-, Produktivitäts- und Organisationskrise. Wesentliche Ursachen hierfür sind:

– Die Globalisierung der Märkte führt über eine Harmonisierung und Liberalisierung aufsichtsrechtlicher Rahmenbedingungen zu steigendem Konkurrenzdruck durch wegfallende nationale Markteintrittsbarrieren und durch neue Arten von Wettbewerbern.[6]

– Ein wachsender Finanzierungsbedarf weltweiter Reformprojekte und Wiederaufbauvorhaben bedingt, bei gleichzeitig abnehmenden Kapitalexporten insbesondere der Industrienationen Japan und Deutschland, einen sich verschärfenden globalen Wettbewerb um Kapital.[7]

– Der als Disintermediation bezeichnete Prozeß der Substitution klassischer Einlagen- und Kreditgeschäfte durch direkte Transaktionen am Geld- und Kapitalmarkt verursacht bei Kreditinstituten sowohl steigende Refinanzierungskosten

---

[4]   Vgl. **Bieg, Hartmut:** Betriebswirtschaftslehre der Banken – Anweisungen für das Handeln in der Bank. In: Karlheinz Küting; Axel Schnorbus (Hrsg.): Betriebswirtschaftslehre heute – Für die Aufgaben der Praxis, Frankfurt/Main 1992, S. 29-31, hier S. 30. Der entscheidungsorientierte Ansatz der Allgemeinen Betriebswirtschaftslehre wird beschrieben bei **Wöhe, Günter:** Entwicklungstendenzen der Allgemeinen Betriebswirtschaftslehre im letzten Drittel unseres Jahrhunderts – Rückblick und Ausblick –. In: Die Betriebswirtschaft 2/1990, S. 223-235, hier S. 227-228.

[5]   Die Begriffe Finanz- und Kundenmärkte lassen sich anhand der Kontrahenten, mit denen Geschäfte abgeschlossen werden, voneinander abgrenzen. Der Begriff Finanzmarkt umfaßt allgemein die Märkte, auf denen Kreditinstitute untereinander oder mit institutionellen Anlegern Kassa- und Termingeschäfte abschließen. Als Kundenmarkt bezeichnet man die Märkte für Geschäftsabschlüsse mit privaten Haushalten oder Unternehmen. Vgl. hierzu auch **Büschgen, Hans E.:** Bankbetriebslehre – Bankgeschäfte und Bankmanagement. 4. Auflage, Wiesbaden 1993, S. 103-104.

[6]   Vgl. **Bieg, Hartmut:** Aktions- und Reaktionsmöglichkeiten der Kreditwirtschaft im Prozeß der Bankenregulierung. In: Zeitschrift für das gesamte Kreditwesen 2/1997, S. 59-63, hier S. 59 und **Flöther, Karl-Heinz; Laupenmühlen, Michael; Schmittke, Jürgen:** Die nervösen neunziger Jahre. In: Die Bank 12/1993, S. 697-701, hier S. 697.

[7]   Vgl. **Schultze-Kimmle, Horst-Dieter:** Zehn Thesen zur Bank der Zukunft. In: Die Bank 2/1994, S. 76-83, hier S. 77.

als auch – bei einem an Kreditrisikoprämien orientierten Preiswettbewerb – tendenzielle Verschlechterungen der Kreditportfolios.[8]

– Die demographische und die soziale Entwicklung bedingen ein stark differenziertes Nachfrageverhalten der Privatkundschaft der Kreditinstitute. So ist auf der einen Seite eine wachsende Anzahl vermögender, preis- und risikobewußter Privatkunden mit Anspruch auf individuelle Betreuung zu beobachten.[9] Auf der anderen Seite führen strukturelle Arbeitslosigkeit, fortschreitende Rationalisierungsmaßnahmen und stagnierendes wirtschaftliches Wachstum dazu, daß die Anzahl von Kunden, die lediglich Bankleistungen in standardisierter Form nachfragen, ebenso zunimmt. Konsequenzen sind Anpassungen sowohl der Leistungs- als auch der Organisationsstrukturen der Kreditinstitute.

– Insbesondere dem deutschen Kreditgewerbe steht in diesem Zusammenhang ein Abbau des Einsatzes menschlicher Arbeitsleistung in erheblichem Umfang bevor. Während im Kreditgewerbe anderer Industrienationen, Beispiele sind Japan und die Vereinigten Staaten, die Anzahl der Beschäftigten, unter anderem aufgrund umfangreicher Technologieinvestitionen, seit über einem Jahrzehnt sinkt, verzeichnete das deutsche Kreditgewerbe in diesem Zeitraum steigende Beschäftigungszahlen. Resultat ist die im Vergleich mit diesen Nationen niedrigste Arbeitsproduktivität innerhalb der Kreditwirtschaft.[10]

Unmittelbare Konsequenz dieser Entwicklung ist die intensivierte Auseinandersetzung mit den sowohl aus dem Kunden- als auch aus dem Eigengeschäft der Kreditinstitute resultierenden Risiken der finanziellen Sphäre in Form von Markt-, Kontrahenten- und Liquiditätsrisiken. Unter dem Schlagwort Risiko-Management werden daher bereits seit einiger Zeit Lösungsvorschläge diskutiert, wie sich der Steuerungsprozeß dieser Risiken organisatorisch verankern läßt, resp. welche Kalkulationsmodelle zur Quantifizierung der einzelnen Risikoarten einzusetzen sind.[11] Die

---

[8] Vgl. **Haiss, Peter; Schicklgruber, Werner:** Bankstrategien unter geänderten Rahmenbedingungen. In: Österreichisches Bank Archiv 10/1992, S. 871-885, hier S. 876 und **Zimmermann, Felix A.:** Wandel in der Finanzintermediation und damit verbundene Aufsichtsprobleme. In: Sparkasse 1/1994, S. 23-26, hier S. 23.

[9] Vgl. **Grabher, Christof; Stoss, Karl:** Banks under stress – Neue Managementmethoden. In: Österreichisches Bank Archiv 1/1993, S. 5-9, hier S. 5-6.

[10] Vgl. **Bierer, Hermann; Fassbender, Heino; Rüdel, Thomas:** Auf dem Weg zur »schlanken Bank«. In: Die Bank 9/1992, S. 500-506, hier S. 500.

[11] Vgl. etwa **Koerner, Ulrich:** Organisatorische Ausgestaltung des Risikomanagements im Bankbetrieb. In: Die Bank 9/1989, S. 493-501; **Fürer, Guido:** Risk Management im internationalen Bankgeschäft. Dissertation, Bern – Stuttgart 1990; **Büschgen, Hans E.:** Risikomanagement als Prüfstein im Wettbewerb. In: Betriebswirtschaftliche Blätter 2/1992, S. 80-90 und **Rudolph, Bernd:** Risikomanagement in Kreditinstituten – Betriebswirtschaftliche Konzepte und Lösungen. In: Zeitschrift Interne Revision 3/1993, S. 117-134.

Analyse dieser Risiken aus bankinterner Sicht wird von einer flexibler, gleichzeitig aber auch komplexer werdenden aufsichtsrechtlichen Normierung flankiert.[12]

Als eine Komponente dieses Risiko-Managements fungiert das sogenannte Treasury oder Treasury-Management.[13] Der Begriff des Treasury wurde ursprünglich zur Beschreibung eines Teilbereichs des Finanz- und Rechnungswesens von Industrie- und Handelsunternehmen verwandt und erst im letzten Jahrzehnt auf den Prozeß der finanziellen Führung von Kreditinstituten übertragen. Zugrunde liegt die Idee einer organisatorisch selbständigen, zentralen Instanz zur Steuerung von Zinsänderungs-, Währungs- und Liquiditätsrisiken. Ihren entscheidenden Impuls erhielt die Entwicklung des Treasury-Gedankens für Kreditinstitute im deutschsprachigen Raum durch den Einsatz der Marktzinsmethode, einem Verrechnungskonzept, das die grundlegende kalkulatorische Basis für die Implementierung eines zentralen Treasury durch eine geeignete Zerlegung des Erfolgs zinstragender Bankgeschäfte darstellt. Um so erstaunlicher erscheint es daher, daß sich die Diskussion um die Konzeption von Treasury-Modellen für Kreditinstitute derzeit folgendermaßen umschreiben läßt:

–   Die vorgebrachten Lösungsvorschläge orientieren sich eng an der jeweils propagierten übergeordneten Kalkulationsmethodik. Dadurch wird der Konnex zwischen den einzelnen Phasen des Steuerungsprozesses der Treasury-Risiken und den jeweils unterstützenden Rechenverfahren nicht ausreichend berücksichtigt.[14]

–   Die Auseinandersetzung um die Eignung der einzelnen Steuerungsansätze konzentriert sich inhaltlich im wesentlichen auf Fragestellungen der Eignung von Barwertkalkülen und der Notwendigkeit einer Überleitung interner risikobezogener Kalkulationsergebnisse in das externe Rechnungswesen.

–   Aspekte einer praxisnahen Umsetzung von Treasury-Modellen sowie Überlegungen zu deren Integration im Sinne einer Architektur für ein umfassendes Risiko-Management in Kreditinstituten sind von nachrangiger Bedeutung.

---

[12]   Vgl. stellvertretend **Basler Ausschuß für Bankenaufsicht**: Änderung der Eigenkapitalvereinbarung zur Einbeziehung der Marktrisiken. Basel, Januar 1996 und **Höfer, Birgit; Jütten, Herbert:** Mindestanforderungen an das Betreiben von Handelsgeschäften. In: Die Bank 12/1995, S. 752-756.

[13]   Die Begriffe Treasury und Treasury-Management werden in der Literatur weitgehend gleichgesetzt.

[14]   Vgl. **Benke, Holger; Piaskowski, Friedrich; Sievi, Christian R.:** Neues vom Barwertkonzept. In: Die Bank 2/1995, S. 119-125, hier S. 119.

Verschärft wird diese Situation dadurch, daß die betriebliche Realität der Kreditinstitute von einer weiterhin unzureichenden langfristig ausgerichteten Positionierung
hinsichtlich der wesentlichen Treasury-Risiken gekennzeichnet zu sein scheint.[15]

2. Ziele und formaler Aufbau der Untersuchung

Mit der vorliegenden Untersuchung werden drei Ziele verfolgt: Erstens eine geschlossene Aufarbeitung der Inhalte, die derzeit auf deutschsprachigem Gebiet unter
dem Begriff Treasury in Kreditinstituten diskutiert werden; zweitens eine Untersuchung der Eignung der in diesem Kontext diskutierten Kalkulations- und Steuerungsansätze; drittens die Konzeption eines eigenen Planungs- und Steuerungsmodells unter expliziter Berücksichtigung praxisrelevanter Aspekte.

Dieser Zielsetzung entspricht der formale Aufbau der Untersuchung mit einer Glie-
derung in drei Hauptteile. Teil I enthält neben diesen einleitenden Bemerkungen
eine Aufarbeitung des Treasury-Begriffs der Kreditinstitute und eine Beschreibung
der einer Steuerung durch das Treasury zugeordneten Risiken der liquiditätsmäßig-
finanziellen Sphäre. Teil II widmet sich einer Analyse der Marktzinsmethode (Teil
II A.) als Basiskonzept sowie aufbauender und integrierbarer Steuerungsansätze des
Treasury in Kreditinstituten. Im einzelnen handelt es sich um

- das erweiterte Marktzinsmodell (Teil II B.),
- das Barwertkonzept (Teil II C.) und um
- das Elastizitätskonzept (Teil II D.).

Zur Herstellung einer besseren Vergleichbarkeit orientieren sich die Gliederungs-
punkte der Abschnitte A.-D. des Teils II, soweit dies sinnvoll erscheint, an einem
einheitlichen Aufbau.

Ausgehend von einer Bewertung der Steuerungsansätze (Teil II E.) wird ein Bezugsrahmen definiert, der bis auf die Akzeptanz der grundlegenden Verrechnungslogik der Marktzinsmethode frei von methodischen Überlegungen ist. Auf Basis
dieses Bezugsrahmens erfolgt in Teil III die Ableitung eines Planungs- und Steuerungsmodells. Der eigentlichen Formulierung des Modells (Teil III B.) vorangestellt
ist eine inhaltliche Präzisierung des zuvor definierten Bezugsrahmens (Teil III A.).
Die Arbeit schließt mit einer Zusammenfassung der Ergebnisse (Teil III C.).

---

[15] Vgl. **Rolfes, Bernd:** Asset-Liability-Management in Banken und Sparkassen. In: Bernd Rolfes; Henner Schierenbeck; Stephan Schüller (Hrsg.): Bilanzstruktur- und Treasury-Management in Kreditinstituten, Frankfurt/Main 1994, S. 183-202, hier S. 184-185.

B. Präzisierung des Treasury-Begriffs

1. Ursprüngliche Ausprägung

Unter dem Begriff Treasury versteht man sowohl eine organisatorische Einheit als auch die Gesamtheit der dieser Einheit zugeordneten Funktionen innerhalb des Finanzmanagements von Unternehmen. Der Begriff wurde ursprünglich in US-amerikanischen Unternehmen zur Beschreibung des Finanz- und Rechnungswesens verwendet, das idealtypisch von einem Treasurer und einem hierarchisch untergeordneten Schriftführer (Company Secretary) geleitet wurde. Ausgelöst durch zunehmende Komplexität dieses Bereichs, erfolgte eine Trennung des Finanz- und Rechnungswesens in die Teilbereiche Treasury und Controlling, oft verbunden mit einer hierarchischen Gleichstellung des jetzt als Controller bezeichneten Company Secretary.[16] Die organisatorische Grundstruktur des Finanzmanagements bestand somit aus einem Finanzvorstand auf der ersten und je einem Treasurer und Controller auf der zweiten hierarchischen Ebene.[17] Eine erste explizite Funktionsbeschreibung des Treasury erfolgte 1962 durch das Financial Executives Institute[18] und wurde 1969 von Agthe in der deutschsprachigen Literatur vorgestellt. Sie umfaßt folgende Funktionen des Treasury:

„(1) Kapitalbeschaffung: Aufstellung und Ausführung von Programmen für die Kapitalbeschaffung einschließlich der Verhandlungen zur Kapitalbeschaffung und der Erhaltung der notwendigen finanziellen Verbindungen.

(2) Verbindung zu Investoren: Schaffung und Pflege eines Marktes für die Wertpapiere des Unternehmens und in Verbindung damit Unterhaltung von entsprechenden Kontakten zu Investitionsbanken, Finanzexperten und Aktionären.

(3) Kurzfristige Finanzierung: Beschaffung und Erhaltung von Quellen für den laufenden kurzfristigen Kreditbedarf des Unternehmens wie Wirtschaftsbanken und andere Kreditinstitute.

---

[16] Vgl. **Hahn, Dietger:** Hat sich das Konzept des Controllers in Unternehmungen der deutschen Industrie bewährt? In: Betriebswirtschaftliche Forschung und Praxis 2/1978, S. 101-128, hier S. 101-102.

[17] Vgl. **Lehner, Ulrich:** Modelle für das Finanzmanagement. Darmstadt 1976, S. 74 und **Austeen, Mark; Reyniers, Paul (Hrsg.):** The Price Waterhouse/Euromoney International Treasury Management Handbook – Volume II: Organisation, systems and control. London 1986, S. 2.

[18] Vgl. **Financial Executives Institute:** Controllership and Treasurership Functions Defined by FEI. In: The Controller 6/1962, S. 289. Diese Funktionsbeschreibung basiert auf einer bereits 1949 veröffentlichten Definition des Begriffs Controlling durch das Controller's Institute of America, dem Vorgänger des Financial Executives Institute. Vgl. hierzu **Horváth, Péter:** Controlling. 5. Auflage, München 1994, S. 33.

(4)   Bankverbindungen und Aufsicht: Die Bankvereinbarungen aufrechterhalten, die Aufsicht über die Firmengelder und Wertpapiere ausüben und diese auch günstig anlegen sowie die Verantwortung für die finanziellen Aspekte im Immobiliengeschäft übernehmen.

(5)   Kredite und Forderungseinzug: Überwachung der Gewährung von Kundenkrediten und des Einzugs der fälligen Forderungen einschließlich der Kontrolle von Sondervereinbarungen für Verkaufsfinanzierungen wie Ratenzahlungen und Mietpläne.

(6)   Kapitalanlage: Zweckmäßige Anlage von Kapitalfonds des Unternehmens sowie Ausarbeitung und Koordinierung von Richtlinien für die Anlage von Kapital in Pensionsrückstellungen oder ähnlichen Verwendungsarten.

(7)   Versicherungen: Sorge für einen notwendigen und ausreichenden Versicherungsschutz."[19]

Im Gegensatz zum Controlling, das in der deutschsprachigen, betriebswirtschaftlichen Literatur im letzten Jahrzehnt mit der Entwicklung detaillierter Konzeptionen einer eingehenden Analyse unterzogen wurde, beschränkten sich vergleichbare Arbeiten auf dem Gebiet des Treasury meist auf eine reine Stellenbeschreibung[20], auf eine Diskussion der Abgrenzungskriterien zwischen Treasury und Controlling[21] sowie auf eine Charakterisierung der finanzwirtschaftlichen Instrumente des Treasury[22]. Dementsprechend differierten die Auffassungen hinsichtlich der Funktionen, die den Bereichen Treasury und Controlling zuzuordnen sind.[23]

---

[19]   **Agthe, Klaus:** Controller. In: Erwin Grochla (Hrsg.): Handwörterbuch der Organisation, Stuttgart 1969, Sp. 351-362, hier Sp. 354-355.

[20]   Vgl. **Hauschildt, Jürgen:** Finanzvorstand, Treasurer und Controller – Das Finanzmanagement in der Stellenbeschreibung. In: Zeitschrift für Organisation 4/1972, S. 169-174, hier S. 171-172.

[21]   So schlägt etwa Hauschildt die Kriterien Realisationsverantwortung und Rechnungsverantwortung zur Abgrenzung zwischen Treasury und Controlling vor. Vgl. hierzu **Hauschildt, Jürgen:** Finanzmanagement. In: Hans E. Büschgen (Hrsg.): Handwörterbuch der Finanzwirtschaft, Stuttgart 1976, Sp. 508-515, hier Sp. 513-514. Hahn dagegen unternimmt eine liquiditäts- und ergebnisorientierte sowie eine extern und intern orientierte Abgrenzung zwischen Treasury und Controlling. Vgl. hierzu **Hahn, Dietger:** Finanzchef – Aufgaben und Ausbildung. In: Der Betrieb 8/1981, S. 381-386, hier S. 383-384.

[22]   Vgl. **Wentz, Rolf-Christian:** Treasurer. In: Elmar Mayer; Jürgen Weber (Hrsg.): Handbuch Controlling, Stuttgart 1990, S. 365-378, hier S. 367 und **Preißler, Peter R.:** Controlling – Lehrbuch und Intensivkurs. 4. Auflage, München – Wien 1992, S. 48-49.

[23]   Vgl. **Hax, Herbert:** Finanzwirtschaft, Organisation der. In: Erwin Grochla (Hrsg.): Handwörterbuch der Organisation, 2. Auflage, Stuttgart 1980, Sp. 698-707, hier Sp. 702-703. In dem dieser Arbeit zugrundeliegenden Verständnis wird der Begriff der Funktion als objektgerichtetes Tätigkeitsbündel definiert. Vgl. hierzu **Hauschildt, Jürgen; Schewe, Gerhard:** Der Controller in der Bank – Systematisches Informations-Management in Kreditinstituten. 2. Auflage, Frankfurt/Main 1993, S. 51.

Ausgehend von der durch zunehmende Internationalisierung der Unternehmenstätigkeit und einer damit einhergehenden Globalisierung der Finanzmärkte gestiegenen Bedeutung des Finanzmanagements, beschäftigen sich neuere Untersuchungen mit einer Neukonzeption des Treasury-Begriffs, wobei inzwischen weitgehend Einigkeit darin besteht, die in Abbildung 1 wiedergegebenen Kernfunktionen dem Treasury zuzuordnen.[24]

Abbildung 1: Kernfunktionen des Treasury

2. Treasury in Kreditinstituten

a) Verschiedene Definitionsansätze

Aus bankbetrieblicher Sicht wird der Begriff des Treasury uneinheitlicher definiert. Die einzelnen Beschreibungen der dem Treasury zugeordneten Funktionen sind begrifflich unscharf und weichen inhaltlich voneinander ab.[25] So finden sich in der bankbetrieblichen Literatur etwa folgende Definitionsansätze:

„Neben der laufenden Sicherung der Liquidität (...) rückt das Management von Zinsänderungs- und Währungsrisiken als eigenständiges operationales Ziel immer mehr in den

---

[24]   Vgl. **Elfers, Jürgen:** Neue Konzeptionen für das Finanz- und Treasury-Management einer multinationalen Industrieunternehmung. Dissertation, Göttingen 1991, S. 27-31 mit weiteren Nachweisen; **Behr, Giorgio:** Controlling und finanzielle Führung ausländischer Tochtergesellschaften. In: Der Schweizer Treuhänder 6/1987, S. 229-234, hier S. 232 und **Austeen, Mark; Reyniers, Paul (Hrsg.):** The Price Waterhouse/Euromoney International Treasury Management Handbook – Volume I: Techniques. London 1986, S. 2-4.

[25]   Vgl. **Hein, Manfred:** Einführung in die Bankbetriebslehre. 2. Auflage, München 1993, S. 154.

Vordergrund. Diese Aufgabe, das Treasury-Management, hat in den letzten zwanzig Jahren deswegen so entscheidend an Tragweite gewonnen, weil durch die Liberalisierung der Finanzmärkte die Zins- und Wechselkursvolatilitäten sehr stark zugenommen haben."[26]

„In seiner umfassenden Form beinhaltet Treasury: das Liquiditäts-Management, das Transformations-Management, das Management der Nostro-Geschäfte im Rahmen von Handel und eigenem Anlage-Portefeuille. Bei Spezialbanken besonders, ansonsten in unterschiedlicher Ausprägung kann hinzukommen: die Refinanzierungs-Beschaffung als voller oder teilweiser Ersatz für fehlendes bzw. zu geringes Einlagengeschäft."[27]

„Deswegen zählt zu den zentralen Aufgaben eines Treasury die Messung und Erfassung aller Marktrisiken, deren Begrenzung durch die Vergabe geeigneter Limite sowie deren optimale Steuerung durch Eigenhandelsaktivitäten im Sinne der Unternehmenszielsetzung."[28]

„Demzufolge bestehen die Ziele des modernen Treasury-Konzeptes in einer integrierten rentabilitäts- und risikoorientierten Strukturierung der Gesamtbilanz. (...) Im einzelnen heißt das, die Wechselwirkungen zwischen Kundengeschäft und Fristentransformationsbeiträgen auszugleichen sowie stabile Transformationsergebnisse zu generieren, Handelschancen bei gezielter Begrenzung der Risiken zu nutzen und die Marktpreisrisiken der Gesamtbilanz so auszusteuern, daß der notwendige Mindestgewinn nicht unterschritten wird und die gesetzlich vorgegebenen Strukturnormen nicht verletzt werden."[29]

„Die Aufgaben des Treasury-Managements als Teil eines Risiko-Managements i.e.S. lassen sich differenziert nach aktivem und passivem Treasury-Management analysieren. Zum aktiven Treasury-Management zählen alle Massnahmen, die direkt an den strukturellen Risikoursachen ansetzen. Diese resultieren vor allem aus Inkongruenzen zwischen Zinsbindungen und -elastizitäten, Währungen sowie Liquiditätsabläufen. Demgegenüber werden beim passiven Treasury-Management die Risikostrukturen als gegeben hinge-

---

[26] **Graebner, Wolfgang:** Treasury. In: Zeitschrift für das gesamte Kreditwesen 17/1989, S. 815-820, hier S. 815.

[27] **Jacob, Hans-Reinhard; Villiez, Christian von; Westphal, Eva:** Erfolgs-Management zwischen Risiko und Chance. In: Die Bank 2/1992, S. 101-106, hier S. 101.

[28] **Rothacker, Hartmut:** Treasury Management einer Bank in den 90er Jahren. In: Die Bank 4/1991, S. 191-197, hier S. 192.

[29] **Röpke, Klaus; Schüller, Stephan:** Ergebniskalkulation und Risikomanagement des Eigenhandels und der Bilanzstruktur. In: Bernd Rolfes; Henner Schierenbeck; Stephan Schüller (Hrsg.): Bilanzstruktur- und Treasury-Management in Kreditinstituten, Frankfurt/Main 1994, S. 55-79, hier S. 56.

nommen und Massnahmen zur Risikovorsorge getroffen. Hierzu zählt neben der Schaffung ausreichender Liquiditätsreserven auch der Aufbau genügender Eigenmittel (...)."[30]

Die Ursache für derart unterschiedliche Begriffsauffassungen scheint nicht etwa in der Tatsache eines von anderen Unternehmen abweichenden Prozesses der Leistungserstellung in Kreditinstituten zu liegen, sondern vielmehr darin, daß – ungeachtet der Dominanz der finanziellen Sphäre – eine Auseinandersetzung mit der Idee des Treasury in Kreditinstituten in umfassender Form bislang noch nicht erfolgt ist. Ein möglicher Grund hierfür liegt darin, daß bislang weitgehend konstante und als ausreichend gewertete Ertragspotentiale aus dem traditionellen Kredit- und Einlagengeschäft, verbunden mit entsprechend starren Dispositionsregeln, eine Beschäftigung mit Steuerungs- und Organisationskonzepten für die finanzielle Führung von Kreditinstituten als nicht erforderlich erscheinen ließen.

Die einzelnen Definitionsansätze ordnen dem Funktionsbereich des Treasury die Verantwortung für die Steuerung des sogenannten Marktrisikos in seinen Ausprägungen als Zinsänderungs- und als Währungsrisiko und/oder die Verantwortung für die Steuerung des Liquiditätsrisikos zu. Das Zinsänderungs-, das Währungs- und das Liquiditätsrisiko werden im folgenden als Vorbereitung einer anschließenden Ableitung eines Treasury-Begriffs beschrieben. Vorangestellt ist ein Überblick über die Grundlagen der betriebswirtschaftlichen Risikoauffassung und eine Einordnung dieser Risiken in das bankbetriebliche Risikoverständnis.

b) Die Treasury-Risiken

(1) Überblick

(a) Grundlagen betriebswirtschaftlicher Risikoauffassung

Obwohl kaum ein anderer betriebswirtschaftlicher Begriff derart intensiv diskutiert wurde, existiert bislang keine allgemein anerkannte Definition des Phänomens Risiko.[31] Die Ursache hierfür liegt in der Tatsache, daß sich die Beschreibung dessen,

---

[30] **Schierenbeck, Henner; Wiedemann, Arnd:** Treasury-Management in Banken. Forschungsbericht 1/95 des Wirtschaftswissenschaftlichen Zentrums der Universität Basel, Basel 1995, S. 4-5.

[31] Dies gipfelt in der Feststellung Renks, daß es sich bei dem betriebswirtschaftlichen Risikophänomen um einen „Ignorabimus" handeln müsse. Vgl. hierzu **Renk, Rüdiger:** Kreditgeschäfte international tätiger Kreditinstitute. Heidelberg 1990, S. 29, Fußnote 2 und **Breuer, Ralf:** Probleme der Risikosteuerung im Rahmen der Marktzinsmethode. Berlin 1994, S. 97, Fußnote 4.

was als Risiko bezeichnet wird, eng an den Zielen der jeweils durchgeführten Untersuchung orientiert.[32] Die verschiedenen Ansätze zur Definition des Risikobegriffs lassen sich in fünf Gruppen übergeordneter betriebswirtschaftlicher Risikoauffassungen einteilen:[33]

(1) **Planungsorientierte Risikoauffassung:** Risiko besteht in der Möglichkeit, Planvorgaben in der Realität nicht zu erreichen.

(2) **Informationsorientierte Risikoauffassung:** Risiko wird durch einem Mangel an Informationen über zukünftige Umweltzustände ausgelöst.

(3) **Entscheidungsorientierte Risikoauffassung:** Risiko liegt in der Möglichkeit, eine Entscheidung zu treffen, die sich als Fehlentscheidung erweist.

(4) **Verlustorientierte Risikoauffassung:** Risiko wird mit der Gefahr, einen Verlust zu erzielen, gleichgesetzt.

(5) **Zielorientierte Risikoauffassung:** Risiko besteht in der Möglichkeit, ein definiertes unternehmerisches Ziel zu verfehlen.

Abbildung 2: Grundrichtungen betriebswirtschaftlicher Risikoanalyse

Diese fünf Gruppen lassen sich auf die prinzipiellen Grundrichtungen der Risikoanalyse, nämlich die primär ursachenorientierte, ätiologische ((1) – (3)), und die an der ökonomischen Wirkung orientierte, palliative ((4) – (5)), verdichten,[34] wie dies

---

[32] Vgl. **Hölscher, Reinhold:** Risikokosten-Management in Kreditinstituten – Ein integratives Modell zur Messung und ertragsorientierten Steuerung der bankbetrieblichen Erfolgsrisiken. Frankfurt/Main 1987, S. 4.

[33] Vgl. **Häberle, Siegfried G.:** Risiko als zielbezogenes Phänomen – Eine Untersuchung über die Kriterien für eine systematische Erfassung des betrieblichen Risikokomplexes unter besonderer Berücksichtigung des Risikos von Bankbetrieben. Dissertation, Tübingen 1979, S. 7-21 und anlehnend **Dempfle, Eugen:** Konzeptionelle Ansätze zum Risikomanagement von Finanzinnovationen. Dissertation, Bamberg 1992, S. 11-12.

[34] Vgl. **Kupsch, Peter:** Risiken als Gegenstand der Unternehmungspolitik. In: Wirtschaftswissenschaftliches Studium 4/1975, S. 153-159, hier S. 153 und **Bangert, Michael:** Zinsrisiko-Management in Banken. Wiesbaden 1987, S. 21-24.

in Abbildung 2 dargestellt ist. Voraussetzung für die Existenz von Risiken im ätiologischen Sinn ist grundsätzlich ein Mangel an Informationen, der zu unsicheren Erwartungen hinsichtlich des Eintritts zukünftiger Ereignisse führt.[35] Dabei geht die strenge Auffassung davon aus, daß sich die unsicheren Erwartungen auf objektivierbare, statistische Wahrscheinlichkeiten stützen. Ein derartiger Zustand wird auch als Zustand der meßbaren Unsicherheit bezeichnet. Liegen lediglich subjektive Wahrscheinlichkeitsvorstellungen vor, handelt es sich nicht um Risiko, sondern um einen Zustand der Ungewißheit. Diese strenge Risikoauffassung wird allerdings für betriebswirtschaftliche Problemstellungen als weitgehend ungeeignet empfunden, weil sich einerseits die Trennlinie zwischen objektivierbaren und subjektiven Wahrscheinlichkeitsvorstellungen nicht immer exakt ziehen läßt. Andererseits reicht oftmals die Informationsbasis zur Ableitung objektivierbarer Wahrscheinlichkeiten nicht aus.[36]

Die palliative Risikoauffassung umschreibt dagegen einen Zustand, in dem eine bestimmte, zuvor definierte Zielvorstellung nicht erreicht wird. Da sowohl positive als auch negative Abweichungen möglich sind, unterscheidet man auch hier ein Risikoverständnis im weiteren und ein Risikoverständnis im engeren Sinn. Während Risiko im weiteren Sinn sowohl die positiven als auch die negativen Abweichungen umfaßt, bezieht sich Risiko im engeren Sinn nur auf die negativen Abweichungen. Positive Abweichungen werden in diesem Verständnis als Chancen bezeichnet.[37]

---

[35]   Vgl. **Braun, Herbert:** Risikomanagement – Eine spezifische Controllingaufgabe. Darmstadt 1984, S. 24.
[36]   Vgl. **Akmann, Michael; Benke, Holger:** Die Steuerung des Zinsänderungsrisikos im Rahmen eines Gesamtrisikokonzepts. In: Gesellschaft zur Förderung der wissenschaftlichen Forschung über das Spar- und Girowesen e.V. (Hrsg.): Aktuelle Probleme des Controlling und der Rechnungslegung, Stuttgart 1993, S. 55-93, hier S. 58 und **Hölscher, Reinhold:** Risikokosten-Management in Kreditinstituten – Ein integratives Modell zur Messung und ertragsorientierten Steuerung der bankbetrieblichen Erfolgsrisiken. Frankfurt/Main 1987, S. 5.
[37]   Vgl. **Büschgen, Hans E.:** Bankbetriebslehre – Bankgeschäfte und Bankmanagement. 4. Auflage, Wiesbaden 1993, S. 735.

(b) Der bankbetriebliche Risikobegriff

Trotz ebenso intensiver Diskussion der mit der speziellen Geschäftstätigkeit der Kreditinstitute verbundenen Risiken, hat sich auch hier bislang weder eine einheitliche Definition eines bankbetrieblichen Risikobegriffs noch eine allgemein anerkannte Typologie der Einzelrisiken des Bankbetriebs entwickelt. Die Ursachen hierfür liegen zum einen in der Verwendung unterschiedlicher Klassifikationskriterien bei der Zusammenfassung bankbetrieblicher Einzelrisiken zu übergeordneten Risikogruppen, zum anderen in verschiedenen Definitionen dieser Einzelrisiken mit entsprechend unterschiedlicher Strukturierung der jeweiligen Interdependenzen.[38] Ohne auf die einzelnen Ansätze einzugehen[39], lassen sich bankbetriebliche Risiken zunächst in

- strategische Risiken, in
- Risiken des internen oder technisch-organisatorischen Bereichs und in
- Risiken des externen oder liquiditätsmäßig-finanziellen Bereichs

einteilen.[40] Als strategische Risiken sind Gefahren sowohl fehlerhafter strategischer Führung eines Kreditinstituts als auch operativer Fehlentscheidungen mit strategischer Relevanz definiert.[41] Es handelt sich hier zumeist um komplexe Phänomene, die sich einer Quantifizierung in der Regel entziehen. Unter dem Begriff der Risiken des technisch-organisatorischen Bereichs werden alle die Risiken zusammengefaßt, die entweder mit der Beschaffung und dem Einsatz nichtmonetärer Produktionsfaktoren, im wesentlichen also von Mitarbeitern und von Betriebsmitteln, verbunden sind oder aus der Interaktion dieser produktiven Faktoren im Betriebsablauf entstehen.[42]

Das bereits erwähnte Zinsänderungs-, das Währungs- und das Liquiditätsrisiko können – einer palliativen Risikoauffassung folgend – in die Gruppe der Risiken des

---

[38]   Vgl. **Christian, Claus-Jörg:** Die Informationsbasis der Bankenaufsicht – Eine Konzeption zur laufenden Überwachung der Geschäftstätigkeit und der Risikostrukturen von Kreditinstituten. Stuttgart 1992, S. 108-109.

[39]   Vgl. hierzu stellvertretend die Synopse von **Schulte, Michael:** Integration der Betriebskosten in das Risikomanagement von Kreditinstituten. Wiesbaden 1994, S. 25 mit weiteren Nachweisen.

[40]   Vgl. **Keine, Friedrich-Michael:** Die Risikoposition eines Kreditinstituts – Konzeption einer umfassenden bankaufsichtsrechtlichen Verhaltensnorm. Wiesbaden 1986, S. 54.

[41]   Vgl. **Leichsenring, Hansjörg; Schwartzkopff, Wolfgang:** Strategische Risiken der Banken. In: Die Bank 11/1989, S. 588-594, hier S. 589.

[42]   Vgl. **Büschgen, Hans E.:** Bankbetriebslehre – Bankgeschäfte und Bankmanagement. 4. Auflage, Wiesbaden 1993, S. 745.

liquiditätsmäßig-finanziellen Bereichs eines Kreditinstituts eingeordnet werden.
Abbildung 3 gibt diese Einordnung in graphischer Form wieder.

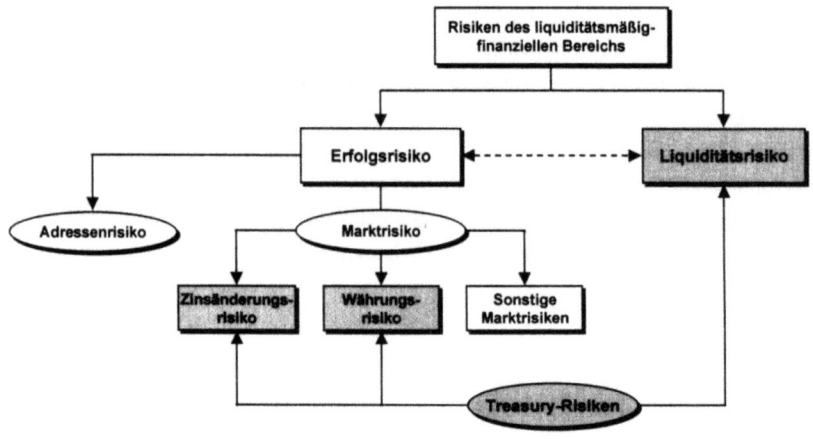

Abbildung 3: Einordnung der Treasury-Risiken in die bankbetriebliche Risiko-Typologie

Die Risiken des liquiditätsmäßig-finanziellen Bereichs setzen sich auf der ersten
Gliederungsebene aus dem Erfolgsrisiko und dem Liquiditätsrisiko zusammen. Das
Erfolgsrisiko beschreibt die Gefahr einer negativen Abweichung zwischen tatsächlich erreichten und geplanten Erfolgsgrößen und bewirkt damit letztlich eine negative Veränderung der Eigenkapitalgröße, die im Extremfall zum Tatbestand der
Überschuldung des Kreditinstituts führen kann.[43] Die Ursache einer derartigen Erfolgsveränderung kann entweder adressen- oder marktinduziert sein.

Im ersten Fall liegen die Ursachen entweder im Ausfall vereinbarter Zins- und Tilgungsleistungen im Kredit- und Wertpapiergeschäft oder in der Nichterfüllung abgeschlossener Kontrakte, insbesondere in derivativen Finanzinstrumenten. Dabei
können sowohl individuelle Bonitätsveränderungen als auch vorgelagerte politische
oder wirtschaftliche Konstellationen für den Ausfall resp. die Nichterfüllung verantwortlich sein.[44] Derartige Erfolgsrisiken werden unter dem Begriff des Adressenrisikos zusammengefaßt. Im zweiten Fall führen dagegen Veränderungen von

---

[43]   Vgl. **Christian, Claus-Jörg:** Die Informationsbasis der Bankenaufsicht – Eine Konzeption
       zur laufenden Überwachung der Geschäftstätigkeit und der Risikostrukturen von Kreditinsti-
       tuten. Stuttgart 1992, S. 110.
[44]   Vgl. **Berger, Karl-Heinz:** Länderrisiko und Gesamtrisiko der Universalbank. In: Zeitschrift
       für Betriebswirtschaft 1/1982, S. 96-107, hier S. 98.

Marktpreisen, beispielsweise in Form von Zinssätzen, Devisen- und Aktienkursen sowie den Kursen von Edelmetallen und Waren, bei Vorliegen entsprechend risikobehafteter Vermögens- oder Schuldpositionen zu negativen Erfolgswirkungen. Daher werden derartige Risiken zusammenfassend auch als Markt- oder Marktpreisrisiko bezeichnet.

Im Gegensatz zu den sowohl an der Gesamtvermögens- als auch an der Erfolgsebene angreifenden Erfolgsrisiken, richten sich Liquiditätsrisiken auf die Ebene der Zahlungsmittel mit den zugeordneten Strömungsgrößen Ein- und Auszahlungen sowie der Bestandsgröße Zahlungsmittelbestand.[45] Liquiditätsrisiken gefährden die Fähigkeit eines Kreditinstituts, fälligen Zahlungsverpflichtungen jederzeit und in voller Höhe nachzukommen. Werden Liquiditätsrisiken schlagend, liegt der Tatbestand der Zahlungsunfähigkeit vor. Ist dieser nicht nur vorübergehender, sondern nachhaltiger Art, führt dies zum Konkurs des Kreditinstituts.[46] Aufgrund der wechselseitigen Wirkungsbeziehungen zwischen Liquiditäts- und Erfolgsrisiken werden bei deren Eintritt zumeist sowohl die Zahlungsmittel- als auch die Erfolgs- resp. Vermögensebene tangiert.

Ein weiteres Differenzierungsmerkmal zwischen Erfolgs- und Liquiditätsrisiken liegt im Zielbezug der mit diesen Risiken verbundenen Rentabilitätsziele und Liquiditätsbedingungen. Erfolgsrisiken werden in Form niedrigerer Erträge resp. höherer Aufwendungen wirksam, lassen sich also, je nach Ausmaß des Risikoeintritts, als kontinuierliche Verfehlung angestrebter Rentabilitätsziele interpretieren. Demgegenüber läßt sich eine Zielverfehlung der Liquiditätsbedingung erst dann konstatieren, wenn der Tatbestand der Zahlungsunfähigkeit vorliegt, so daß es sich hier – vernachlässigt man die Opportunitätskosten der Liquiditätshaltung – „tendenziell um eine Ja/Nein-Problematik handelt"[47].

---

[45] Vgl. **Süchting, Joachim:** Finanzmanagement – Theorie und Politik der Unternehmensfinanzierung. 6. Auflage, Wiesbaden 1995, S. 14.

[46] Vgl. **Mülhaupt, Ludwig:** Einführung in die Betriebswirtschaftslehre der Banken – Struktur und Grundprobleme des Bankbetriebs und des Bankwesens in der Bundesrepublik Deutschland. 3. Auflage, Wiesbaden 1980, S. 133.

[47] **Schulte, Michael:** Integration der Betriebskosten in das Risikomanagement von Kreditinstituten. Wiesbaden 1994, S. 32.

(2) Die Risiken im einzelnen

(a) Das Zinsänderungsrisiko

Unter dem Begriff Zinsänderungsrisiko versteht man die durch Marktzinsänderungen verursachte Gefahr negativer Abweichungen der tatsächlichen Werte zinsänderungsrisikobehafteter Zielgrößen von deren geplanten Werten.[48] Derartige Zielgrößen sind

- der Zinsüberschuß,
- der Unternehmenswert eines Kreditinstituts und
- der Abschreibungsbedarf gehaltener festverzinslicher Wertpapiere.[49]

Damit beinhaltet das Zinsänderungsrisiko sowohl das Kriterium der Zeitpunkt- als auch das der Zeitraumbezogenheit. Es schlägt sich zeitraumbezogen im Zinsüberschuß, zeitpunktbezogen im Unternehmenswert sowie im Abschreibungsbedarf festverzinslicher Wertpapiere nieder.[50]

Das Zinsänderungsrisiko wird in ein Festzinsrisiko, in ein variables Zinsänderungsrisiko und in ein Abschreibungsrisiko unterteilt.[51] Ursächlich für das Festzins- und das variable Zinsänderungsrisiko ist die – aufgrund der Existenz einer sogenannten Zinsstruktur am Geld- und Kapitalmarkt – betriebene Fristentransformation der Kreditinstitute. Unter Zinsstruktur versteht man allgemein das Gefüge der Zinssätze, die für die Mittelaufnahme resp. -anlage in Abhängigkeit von deren Restlaufzeit vereinbart werden.[52] Abbildung 4 gibt typische Grundformen einer Zinsstruktur am Beispiel der Renditestruktur börsennotierter Bundeswertpapiere wieder.

---

[48]   Als Marktzinsen, Marktzinssätze oder Marktzinsstruktur werden im folgenden die Zinssätze des Geld- und Kapitalmarkts im Gegensatz zu den im Kundengeschäft der Kreditinstitute vereinbarten Kundenzinssätzen bezeichnet.

[49]   Vgl. **Herzog, Walter:** Zinsänderungsrisiken in Kreditinstituten – Eine Analyse unterschiedlicher Steuerungskonzepte auf der Grundlage eines Simulationsmodells. Wiesbaden 1990, S. 13 mit weiteren Nachweisen.

[50]   Vgl. **Rolfes, Bernd:** Das Elastizitätskonzept der Zinsrisikosteuerung. In: Henner Schierenbeck; Hubertus Moser (Hrsg.): Handbuch Bankcontrolling, Wiesbaden 1995, S. 711-733, hier S. 713 und **Schmidt, Hartmut:** Wege zur Ermittlung und Beurteilung der Marktzinsrisiken von Banken. In: Kredit und Kapital 14/1981, S. 249-286, hier S. 250-251.

[51]   Vgl. **Büschgen, Hans E.:** Zinstermingeschäfte – Instrumente und Verfahren zur Risikoabsicherung an Finanzmärkten. Frankfurt/Main 1988, S. 15.

[52]   Vgl. hierzu **Faßbender, Heino:** Die Theorie der Fristigkeitsstruktur der Zinssätze: Ein Überblick. In: Wirtschaftswissenschaftliches Studium 3/1977, S. 97-103, hier S. 97-98.

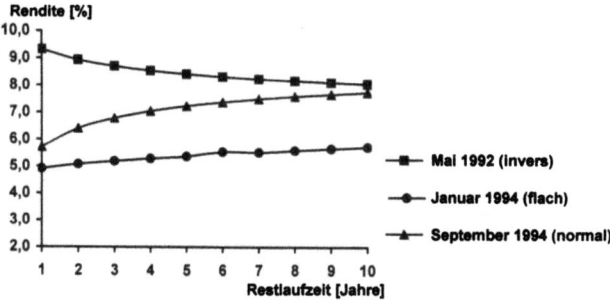

Abbildung 4: Typische Verläufe von Renditestrukturkurven[53]

Die Tatsache, daß in Niedrigzinsphasen die langfristigen Kapitalmarktsätze über den kurzfristigen Geldmarktsätzen liegen, läßt sich mit Hilfe der sogenannten Erwartungshypothese erklären.[54] Kapitalgeber erhalten die Differenz zwischen lang- und kurzfristigen Zinsen als Zinsbindungsprämie für den Verzicht auf kurzfristige Reaktionsmöglichkeiten, wenn allgemein ein Ansteigen der Zinssätze erwartet wird. Gehen die Erwartungen dagegen – insbesondere in Hochzinsphasen – von einem sinkenden Zinsniveau aus, ergeben sich häufig inverse Zinsstrukturen, weil Zinsbindungsprämien jetzt für die Möglichkeit der längerfristigen Kapitalbindung in Form eines Zinsverzichts von den Kapitalgebern bezahlt werden.[55] Kreditinstitute versuchen, durch Fristentransformation derartige Zinsbindungsprämien zu erwirtschaften, „indem sie bei normaler Zinsstruktur Passivmittel kurzfristiger Zinsbindungsfrist längerfristig ausleihen und die Passivmittel bei Fälligkeit durch neue kurzfristige Gelder substituieren"[56].

Kennzeichnend für das Festzins- und das variable Zinsänderungsrisiko ist damit das Erfordernis, aufgrund vergangener Fristentransformationsentscheidungen zu zu-

---

[53] Datengrundlage: **Deutsche Bundesbank:** Kapitalmarktstatistik Januar 1993 – Statistisches Beiheft zum Monatsbericht. Frankfurt/Main 1993, S. 37 und **Deutsche Bundesbank:** Kapitalmarktstatistik Januar 1995 – Statistisches Beiheft zum Monatsbericht. Frankfurt/Main 1995, S. 37.

[54] Die Erwartungshypothese ist neben dem Fisher-Theorem zentraler Bestandteil der Zinsstrukturtheorie. Vgl. hierzu **Kath, Dietmar:** Die verschiedenen Ansätze der Zinsstrukturtheorie – Versuch einer Systematisierung. In: Kredit und Kapital 1/1972, S. 28-71, hier S. 37-50 und **Filc, Wolfgang:** Theorie und Empirie des Kapitalmarktzinses. Stuttgart 1992, S. 114-118.

[55] Vgl. **Schierenbeck, Henner:** Ertragsorientiertes Bankmanagement – Controlling in Kreditinstituten. 4. Auflage, Wiesbaden 1994, S. 72-73 und **Bußmann, Johannes:** Das Management von Zinsänderungsrisiken – Theoretische Ansätze und ihre empirische Überprüfung für den deutschen Rentenmarkt. Frankfurt/Main 1988, S. 35.

[56] **Echterbeck, Harald:** Marktzinsorientierte Ergebnisspaltung des Eigenhandels von Kreditinstituten. Frankfurt/Main 1991, S. 30.

künftigen Zeitpunkten Beträge anlegen resp. aufnehmen zu müssen, wobei sich die durchsetzbaren Zinsvereinbarungen – unabhängig davon, ob es sich um Kunden- oder Eigengeschäfte handelt – durch zwischenzeitlich erfolgte Veränderungen der Zinssituation nachteilig, also erfolgsmindernd, verändert haben.

Das Festzinsrisiko umfaßt den Teil des gesamten Zinsänderungsrisikos, der sich durch sogenannte offene Festzinspositionen ergibt. Eine offene Festzinsposition liegt immer dann vor, wenn zwischen aktivischen und passivischen Festzinsverein- barungen Divergenzen hinsichtlich der Fristen- beziehungsweise der Zinsbindung bestehen.[57] Das variable Zinsänderungsrisiko greift an den variabel verzinslichen Beständen eines Kreditinstituts an und resultiert einerseits aus den mit der Fristen- transformation verbundenen unterschiedlichen Reaktionen der Marktzinssätze auf Veränderungen der allgemeinen Zinssituation, andererseits aus den marktbedingten Anpassungsmöglichkeiten der zinsvariablen Aktiv- und Passivkonditionen. Letztere sind von der Konkurrenzsituation und der Kundenstruktur eines Kreditinstituts ab- hängig und überlagern erstgenannte fristentransformationsbedingte Reagibilitätsdif- ferenzen.[58] Zur Veranschaulichung des zeitlichen Verlaufs einer Zinsstruktur soll die folgende Abbildung 5 dienen, die einen Überblick über die Renditestruktur börsen- notierter Bundeswertpapiere im Zeitverlauf von 1980-1995 gibt.

---

[57] Christian weist in diesem Zusammenhang darauf hin, daß ein Zinsänderungsrisiko auch bei betragsmäßig und hinsichtlich der Zinsbindungsfristen kongruenten Festzinspositionen be- steht, wenn die Zinszahlungs- und Tilgungsmodalitäten der zugrundeliegenden Einzelge- schäfte divergieren. Vgl. hierzu **Christian, Claus-Jörg:** Die Informationsbasis der Banken- aufsicht – Eine Konzeption zur laufenden Überwachung der Geschäftstätigkeit und der Risi- kostrukturen von Kreditinstituten. Stuttgart 1992, S. 123.

[58] Vgl. **Hölscher, Reinhold:** Risikokosten-Management in Kreditinstituten – Ein integratives Modell zur Messung und ertragsorientierten Steuerung der bankbetrieblichen Erfolgsrisiken. Frankfurt/Main 1987, S. 18-22.

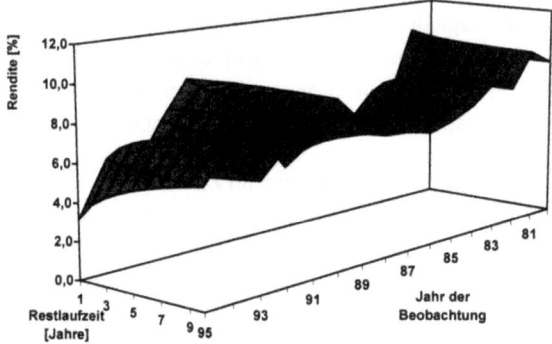

Abbildung 5: Renditestruktur börsennotierter Bundeswertpapiere im Zeitraum 1980 – 1995[59]

Das Abschreibungsrisiko beschreibt die Gefahr von Kursverlusten aktivisch bilanzierter festverzinslicher Wertpapiere bei steigendem Zinsniveau resp. sinkenden Kurswerten. Dieses Risiko nimmt insofern eine Sonderstellung innerhalb des Zinsänderungsrisikos ein, als es allenfalls dann zu einer echten und keiner nur buchmäßigen Ertragsminderung kommt, wenn abgeschriebene Papiere vor Fälligkeit abgegeben werden. Bleiben die Papiere dagegen bis zur Fälligkeit im Bestand des Kreditinstituts, werden die vorgenommenen Abschreibungen durch außerordentliche Erträge kompensiert, die spätestens mit Ablauf der Papiere wirksam werden.[60]

(b) Das Währungsrisiko

Als Währungsrisiko bezeichnet man die Gefahr negativer Erfolgsveränderungen, die von Geschäftsarten ausgehen, die den Transfer von Zahlungsmitteln von einer Währung in eine andere erforderlich machen.[61] Mit der Fristentransformation grundsätzlich vergleichbar, wird eine derartige Währungstransformation von Kreditinstituten betrieben, um sowohl horizontale als auch vertikale Zinsdifferenzen am interna-

---

[59] Datengrundlage: **Deutsche Bundesbank:** Kapitalmarktstatistik Juni 1996 – Statistisches Beiheft zum Monatsbericht. Frankfurt/Main 1996, S. 37 und **Deutsche Bundesbank:** Kapitalmarktstatistik Januar 1993 – Statistisches Beiheft zum Monatsbericht. Frankfurt/Main 1993, S. 37.

[60] Vgl. **Schierenbeck, Henner:** Bilanzstruktur-Management in Kreditinstituten. In: Jürgen Krumnow; Michael Metz (Hrsg.): Rechnungswesen im Dienste der Bankpolitik, Stuttgart 1987, S. 181-196, hier S. 186.

[61] Vgl. **Hölscher, Reinhold:** Risikokosten-Management in Kreditinstituten – Ein integratives Modell zur Messung und ertragsorientierten Steuerung der bankbetrieblichen Erfolgsrisiken. Frankfurt/Main 1987, S. 23.

tionalen Geld- und Kapitalmarkt auszunutzen.[62] Ziel ist es, höhere Zinserträge resp. niedrigere Refinanzierungsaufwendungen zu realisieren, als dies bei Abschluß entsprechender Geschäfte in Inlandswährung möglich wäre. Der Erfolg der Währungstransformation hängt demnach von folgenden Faktoren ab:[63]

- Entwicklung der Wechselkursparitäten im Zeitablauf
- Höhe und Entwicklung der Zinsdifferenzen zwischen den internationalen Geld- und Kapitalmärkten
- Währungsstrukturen aller Aktiv- und Passivengagements

Die den aus der Währungstransformation resultierenden Ertragsquellen gegenüberstehenden Währungsrisiken greifen an betragsmäßig offenen Devisenpositionen als Kursänderungsrisiko und an fristenmäßig nicht ausgeglichenen Devisenpositionen als Zinsdifferenzänderungsrisiko an. Das Kursrisiko, dem innerhalb des Währungsrisikos die größte Bedeutung zukommt, wird immer dann schlagend, wenn betragsmäßig offene Devisenpositionen zu ungünstig veränderten Wechselkursen geschlossen werden müssen.[64] Unter dem Zinsdifferenzänderungsrisiko versteht man die Gefahr, daß Veränderungen innerhalb der Zinsstrukturen einzelner Währungen bei vorliegenden fristenmäßig offenen Devisenpositionen zu Ertragseinbußen führen, wenn diese beispielsweise durch den Abschluß von Devisenswapgeschäften, also von Devisenkassakäufen bei gleichzeitigen Terminverkäufen et vice versa glattgestellt werden.[65]

---

[62]   Unter horizontalen Zinsdifferenzen versteht man Zinsdifferenzen verschiedener Währungen mit gleicher Laufzeit bzw. Zinsbindungsfrist. Vertikale Zinsdifferenzen ergeben sich aus der jeweiligen Zinsstruktur einer Währung.

[63]   Vgl. **Echterbeck, Harald:** Marktzinsorientierte Ergebnisspaltung des Eigenhandels von Kreditinstituten. Frankfurt/Main 1991, S. 32.

[64]   Vgl. **Witte, Udo; Mehring, Bernhard:** Die Steuerung des Währungs- und Länderrisikos. In: Bernd Lüthje (Hrsg.): Risikomanagement in Banken – Konzeptionen und Steuerungssysteme, Bonn 1991, S. 63-82, hier S. 66.

[65]   Christian weist nach, daß zwingend nur die Veränderung der Zinsstruktur innerhalb der betrachteten Währungen, nicht jedoch die Zinsdifferenz zwischen den einzelnen Währungen für mögliche Ertragseinbußen bei fristenmäßig offenen Devisenpositionen verantwortlich ist. Vgl. **Christian, Claus-Jörg:** Die Informationsbasis der Bankenaufsicht – Eine Konzeption zur laufenden Überwachung der Geschäftstätigkeit und der Risikostrukturen von Kreditinstituten. Stuttgart 1992, S. 130-135.

(c) Das Liquiditätsrisiko

Der Begriff des Liquiditätsrisikos läßt sich sowohl in einem engeren als auch in einem weiteren Verständnis definieren.[66] Das Liquiditätsrisiko im weiteren Verständnis faßt alle Risikoarten zusammen, deren Eintritt die relative Liquidität[67] eines Kreditinstituts, also dessen Fähigkeit, fälligen Zahlungsverpflichtungen jederzeit nachkommen zu können, gefährden. Eine derartige Sichtweise bezieht sich explizit auf die Liquiditätswirksamkeit der Erfolgsrisiken, die sowohl in unmittelbarer als auch in mittelbarer Ausprägung existiert.[68] Unmittelbare Liquiditätswirksamkeit von Erfolgsrisiken liegt dann vor, wenn beispielsweise der Ausfall einer Forderungsposition im Kreditgeschäft durch das Ausbleiben erwarteter und in der Liquiditätsdisposition erfaßter Einzahlungen auf die Liquiditätsebene durchschlägt. Mittelbare Wirksamkeit ist dagegen dann gegeben, wenn dieser Forderungsausfall zu einer Verschlechterung des Standings des Kreditinstituts am Interbankenmarkt, verbunden mit einer Kürzung der Refinanzierungslinien durch die Kontrahenten, führt.[69]

Eine derartige Interpretation der Liquiditätsrisiken könnte dazu führen, diese als eigenständige Risikoquelle aufzugeben und das Interesse ausschließlich auf die Überwachung und Steuerung der Erfolgsrisiken – Stützels These einer der Bonität eines Kreditinstituts folgenden Liquidität entsprechend – zu konzentrieren.[70] Dieses Vorgehen scheint allerdings aus zwei Gründen als nicht angebracht: Erstens setzt die Argumentation nicht an den Risikoquellen an, „sondern an der Beurteilung der Erfolgsrisiken durch die jeweiligen Marktpartner, von denen angenommen wird, daß sie bei einer Liquiditätsanspannung eines Kreditinstituts die erforderlichen Mittel zur Verfügung stellen, solange sie dessen Bonität positiv beurteilen"[71].

---

[66] Vgl. **Keine, Friedrich-Michael:** Die Risikoposition eines Kreditinstituts – Konzeption einer umfassenden bankaufsichtsrechtlichen Verhaltensnorm. Wiesbaden 1986, S. 69-70 mit weiteren Nachweisen.

[67] Vgl. grundlegend zur Differenzierung zwischen relativer und absoluter Liquidität **Bieg, Hartmut:** Betriebswirtschaftslehre 2 – Finanzierung. Freiburg 1991, S. 19-22 und zusammenfassend **Perridon, Louis; Steiner, Manfred:** Finanzwirtschaft der Unternehmung. 8. Auflage, München 1995, S. 11-13.

[68] Vgl. **Christian, Claus-Jörg:** Die Informationsbasis der Bankenaufsicht – Eine Konzeption zur laufenden Überwachung der Geschäftstätigkeit und der Risikostrukturen von Kreditinstituten. Stuttgart 1992, S. 138.

[69] Vgl. **Baxmann, Ulf G.:** Zur Liquiditäts- und Rentabilitätswirksamkeit von Kreditrisiken. In: Wirtschaftswissenschaftliches Studium 4/1989, S. 199-202, hier S. 201.

[70] Vgl. **Stützel, Wolfgang:** Bankpolitik heute und morgen. 2. Auflage, Frankfurt/Main 1964, S. 33-34.

[71] **Christian, Claus-Jörg:** Die Informationsbasis der Bankenaufsicht – Eine Konzeption zur laufenden Überwachung der Geschäftstätigkeit und der Risikostrukturen von Kreditinstituten. Stuttgart 1992, S. 111.

Zweitens können Liquiditätsengpässe eines Kreditinstituts – unabhängig von dessen Bonität – bei Eindeckung zu erhöhten Sätzen durchaus auch mit Erfolgswirkungen verbunden sein, insbesondere dann, wenn man die Betrachtung nicht nur auf den Interbankenmarkt, sondern vielmehr auf weniger liquide Marktsegmente des Finanzmarkts ausdehnt. Liquiditätsrisiken sind also durchaus als eigenständige Risikoquelle zu betrachten, wenngleich sich ihre Dominanz innerhalb der Risiken des liquiditätsmäßig-finanziellen Bereichs zunehmend relativiert.[72]

Liquiditätsrisiken im engeren Verständnis beschreiben die Gefahr von Ertragseinbußen als Konsequenz veränderter Liquiditätshaltung, kennzeichnen also die Erfolgswirksamkeit der Liquiditätssituation eines Kreditinstituts. Derartige Risiken resultieren prinzipiell aus Inkongruenzen im zeitlichen Verlauf des Zu- und Abflusses finanzieller Mittel, werden als Fristigkeitsrisiken bezeichnet und in aktivische sowie passivische Komponenten unterteilt.[73] Fristigkeitsrisiken ergeben sich im Aktivgeschäft entweder aus dem verspäteten Rückfluß liquider Mittel oder aus der unerwarteten Inanspruchnahme von Kreditzusagen. Im Passivgeschäft entstehen Fristigkeitsrisiken, wenn Einlagen vor Ablauf der vereinbarten Kündigungsfrist abgezogen werden oder wenn die bei positiver Fristentransformation betriebene Refinanzierung längerfristiger Aktiva durch kürzerfristige Passiva nicht jederzeit gewährleistet werden kann.[74]

c) Definition des Treasury-Begriffs

Eine grundlegende Definition des Treasury-Begriffs für Kreditinstitute läßt sich aus einer Betrachtung des Verantwortungsgefüges bei der Steuerung der durch den Abschluß von Kundengeschäften ausgelösten Risiken des liquiditätsmäßig-finanziellen Bereichs entwickeln. Die Kundenbereiche eines Kreditinstituts erzeugen durch den Abschluß von Aktiv- und Passivgeschäften Risikostrukturen in Form des beschriebenen Adressen-, Zinsänderungs-, Währungs- und Liquiditätsrisikos. Die Steuerung dieser Risiken erfolgt unter zwei grundsätzlich verschiedenen Blickwinkeln, nämlich als positionsorientierte Steuerung des Adressenrisikos einerseits und als ge-

---

[72]   Vgl. **Schulte, Michael:** Integration der Betriebskosten in das Risikomanagement von Kreditinstituten. Wiesbaden 1994, S. 34.

[73]   Vgl. **Schierenbeck, Henner:** Ertragsorientiertes Bankmanagement – Controlling in Kreditinstituten. 4. Auflage, Wiesbaden 1994, S. 716.

[74]   Vgl. **Christian, Claus-Jörg:** Die Informationsbasis der Bankenaufsicht – Eine Konzeption zur laufenden Überwachung der Geschäftstätigkeit und der Risikostrukturen von Kreditinstituten. Stuttgart 1992, S. 138-139 mit weiteren Nachweisen.

samtbestandsorientierte Steuerung des Zinsänderungs-, Währungs- und Liquiditätsrisikos andererseits.

Während für die Steuerung des Adressenrisikos in Form des Bonitäts- und Länderrisikos die Aggregation aller risikotragenden Positionen nur bis zu einem bestimmten Grad, beispielsweise auf Kunden- oder Länderebene, erforderlich ist, so ist eine
derartige Aggregation unabdingbare Voraussetzung für die Steuerung des Zinsände-
rungs-, Währungs- und des Liquiditätsrisikos. Nur wenn, durch Kenntnis aller abgeschlossenen Geschäfte, sowohl kompensierende als auch kumulierende Effekte berücksichtigt werden, kann die Angriffsfläche des Zinsänderungs- und Währungs-,
aber auch des Liquiditätsrisikos durch eine Gesamtsicht auf den zeitlichen Verlauf
der Inkongruenzen aller Aktiv- und Passivgeschäfte exakt bestimmt werden.

Die Steuerung des Zinsänderungs-, Währungs- und Liquiditätsrisikos läßt sich anhand der Kriterien des Planungshorizonts und der eingesetzten Steuerungsinstrumente weiter differenzieren: Unter dem Aspekt des Planungshorizonts kann die
kurzfristig ausgerichtete Steuerung des Liquiditätsrisikos von der mittel- bis langfristig ausgerichteten Steuerung des Zinsänderungs- und Währungsrisikos unterschieden werden.[75] Die Steuerung des Liquiditätsrisikos erfolgt sowohl durch die
Aufnahme und Anlage kurzfristiger Gelder als auch durch die Dimensionierung und
Strukturierung kurzfristiger Liquiditätsreserven.[76] Das Ziel der auch als Liquiditäts-
management oder -disposition bezeichneten Steuerung des Liquiditätsrisikos liegt
darin, die Verzichtskosten der Liquiditätshaltung – unter der strengen Nebenbedingung der permanenten Aufrechterhaltung der Liquidität – zu minimieren.[77] Diese
Nebenbedingung wird neben dem grundlegenden Erfordernis zur Sicherung der Solvenz von bankinternen und -externen, aufsichtsrechtlichen Liquiditätsnormen deter-
miniert.[78]

---

[75] Vgl. **Jacob, Hans-Reinhard:** Das Management von Zinsbindungs- und Zinsniveaurisiken im
Festzinsgeschäft der Banken. In: Dokumentation zum IBM-Anwenderkongreß Kreditwirtschaft 1992, o.S.

[76] Vgl. **Bauer, Alois:** Strategien zur Steuerung von Liquiditätsrisiken der Banken. Regensburg
1991, S. 61-77 und **Schmalzriedt, Oliver:** Die Liquiditätsdisposition der Kreditinstitute unter
besonderer Berücksichtigung ihrer Abhängigkeit von der Geldpolitik der Zentralbank und ihrer Bedeutung für diese. Dissertation, Leonberg 1991, S. 61-62.

[77] Vgl. **Zuber, Christof:** Steuerung der Liquidität im Bankbetrieb. Bern – Stuttgart 1987, S. 70
und **Blattmann, Jörg:** Zum operativen Controlling des Liquiditätsmäßig-finanziellen Bereichs von Bankbetrieben. Göttingen 1991, S. 24.

[78] Vgl. zum Begriff der Solvenz **Ratzlaff, Rolf:** Aufgaben des Internen Rechnungswesens im
bankbetrieblichen Zinsgeschäft und Ausbau zur Steuerung des Zinsrisikos. Frankfurt/Main
1994, S. 123-126.

Demgegenüber ist die Steuerung des aus Kundengeschäften resultierenden Zinsän-
derungs- und Währungsrisikos mittel- bis langfristig ausgerichtet. Ziel ist es hier,
die aus der insgesamt betriebenen Fristen- und Währungstransformation resultierende Risikoposition so zu beeinflussen, daß entweder ein geplantes Ergebnis unter
Akzeptanz eines minimalen Risikos erreicht oder daß unter Akzeptanz eines bestimmten Risikos ein möglichst maximales Ergebnis erzielt wird. Im Gegensatz zur
Liquiditätssteuerung liegt hier ein auch das Ausnutzen von Transformationschancen
umfassendes, also erweitertes Risikoverständnis vor.[79] Aus dieser Perspektive gewinnt der Zusammenhang zwischen Zinsänderungs- und Währungsrisiko auf der
einen Seite und Liquiditätsrisiko auf der anderen Seite folgende Bedeutung: Unterstellt man, daß ein Kreditinstitut aufgrund seines Standings zu jedem Zeitpunkt in
der Lage ist, am Geld- und Kapitalmarkt Mittel in unbegrenzter Höhe aufzunehmen,
dann geht die mittel- bis langfristig ausgerichtete, strategisch-taktische Steuerung
des Zinsänderungs- und Währungsrisikos mit einem sich dem Betrachtungszeitpunkt
näherndem Planungshorizont in das kurzfristig ausgerichtete, operative Liquiditäts-
management über et vice versa.[80]

Orientiert man sich bei einer Betrachtung der Steuerung des Zinsänderungs- und
Währungsrisikos am Kriterium der eingesetzten Steuerungsinstrumente, läßt sich
eine strukturelle oder indirekte Steuerung von einer dispositiven oder direkten
Steuerung unterscheiden. Die strukturelle Steuerung wird auch als Bilanzstrukturmanagement bezeichnet und erfolgt durch Vorgabe von Volumina, die für bestimmte Laufzeitbereiche und Fremdwährungen nicht überschritten werden dürfen.[81]
Das Bilanzstrukturmanagement, dessen wesentliche Aufgabe in einer (Vor-)Steue-
rung der Bilanzstruktur besteht, wird traditionell als Teilkomplex des Controlling in
Kreditinstituten interpretiert.[82] Grundlage dieser Struktursteuerung ist die Formulierung von Risikobegrenzungsnormen, Mindestmargen, Wachstumsraten für das ge-

---

[79]   Vgl. hierzu die Ausführungen auf S. 12 dieser Arbeit. Ein derartiges Risikoverständnis wird
        im folgenden unterstellt.

[80]   Das den folgenden Ausführungen zugrundeliegende Verständnis der Begriffe strategisch,
        taktisch und operativ folgt der in der Managementlehre üblichen Bildung strategischer, tak-
        tischer und operativer Managementebenen. Dabei wird der operativen Ebene ein kurzfristiger,
        der taktischen ein mittelfristiger und der strategischen Ebene ein langfristiger Planungshori-
        zont zugeordnet. Vgl. hierzu **Kreikebaum, Hartmut:** Strategische Unternehmensplanung.
        4. Auflage, Stuttgart – Berlin – Köln 1991, S. 125-126 und **Steinmann, Horst; Schreyögg,**
        Georg: Management – Grundlagen der Unternehmensführung. 3. Auflage, Wiesbaden 1993,
        S. 235-239.

[81]   Vgl. **Spillmann, Martin:** Führungsinstrumente in Zinsengeschäft der Banken unter beson-
        derer Berücksichtigung der Zinsänderungsrisiken. Bern – Stuttgart 1990, S. 57.

[82]   Vgl. **Hauschildt, Jürgen; Schewe, Gerhard:** Der Controller in der Bank – Systematisches
        Informations-Management in Kreditinstituten. 2. Auflage, Frankfurt/Main 1993, S. 66-67.

plante Bilanzsummenwachstum und Angaben über den strukturellen Gewinnbedarf des Kreditinstituts.[83] Demgegenüber erfolgt die dispositive Steuerung durch ein direktes Agieren am Geld- und Kapitalmarkt zur Beeinflussung der vorliegenden Fristen- und Währungsstrukturen. Hierzu stehen folgende Steuerungsinstrumente zur Verfügung:[84]

- Interbankengeschäft
- Wertpapiereigengeschäft
- Geschäfte mit derivativen Finanzinstrumenten

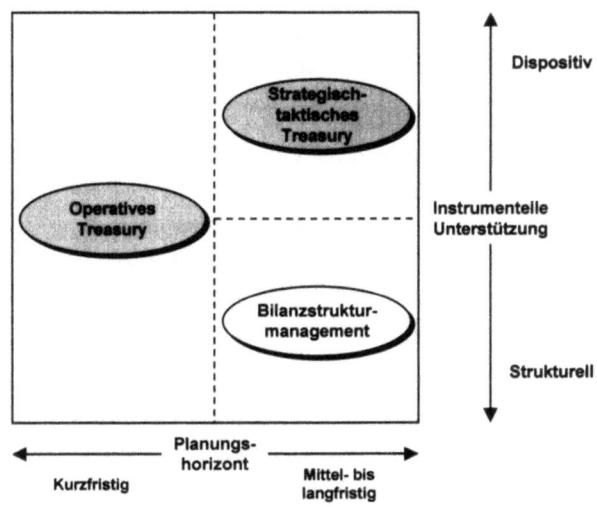

Abbildung 6: Abgrenzung des Treasury-Begriffs

Analog zum operativen Liquiditätsmanagement findet auch die dispositive Steuerung an den Punkten ihre Grenzen, an denen strukturelle Vorgaben tangiert werden, unabhängig davon, ob es sich um interne strukturelle Vorgaben des Bilanzstrukturmanagements oder um aufsichtsrechtliche Strukturnormen, beispielsweise in

---

[83] Vgl. hierzu **Schierenbeck, Henner**: Bilanzstruktur-Management in Kreditinstituten. In: Jürgen Krumnow; Michael Metz (Hrsg.): Rechnungswesen im Dienste der Bankpolitik, Stuttgart 1987, S. 181-196, hier S. 184 und **Leichsenring, Hansjörg:** Führungsinformationssysteme in Banken – Notwendigkeit, Konzeption und strategische Bedeutung. Wiesbaden 1990, S. 321.

[84] Vgl. **Herzog, Walter:** Zinsänderungsrisiken in Kreditinstituten – Eine Analyse unterschiedlicher Steuerungskonzepte auf der Grundlage eines Simulationsmodells. Wiesbaden 1990, S. 116.

Form der Eigenkapitalgrundsätze, handelt. Abbildung 6 gibt die diesem Treasury-Verständnis zugrundeliegende Begriffsabgrenzung graphisch wieder. Zusammenfassend gilt somit für die weiteren Ausführungen die folgende

Definition des Treasury-Begriffs für Kreditinstitute:

Treasury umfaßt im funktionalen Sinn alle Führungsaktivitäten innerhalb eines Kreditinstituts, die darauf abzielen, die durch den Abschluß von Kundengeschäften verursachte Liquiditäts-, Zinsänderungs- und Währungsrisikoposition – einer übergeordneten Unternehmenszielsetzung folgend – dispositiv zu steuern. Nebenbedingungen bestehen in der Einhaltung sowohl institutsbezogener als auch aufsichtsrechtlicher Strukturnormen. Im institutionellen Sinn umfaßt Treasury diejenigen Organisationseinheiten, denen diese Aufgaben zukommen.

Der Differenzierung unterschiedlicher Planungshorizonte der Steuerung des Liquiditätsrisikos einerseits und des Zinsänderungs- und Währungsrisikos andererseits folgend, wird dem operativen Treasury der Aufgabenbereich der kurzfristig ausgerichteten Liquiditätsdisposition zugeordnet, dem strategisch-taktischen Treasury die mittel- bis langfristig ausgelegte Steuerung des Zinsänderungs- und Währungsrisikos.

Die Fragestellung, auf welche Weise einerseits die erfolgsrechnerische Bewertung der Transformationsleistung des strategisch-taktischen Treasury, andererseits dessen Entscheidungsunterstützung unter Verwendung der Marktzinsmethode resp. auf ihr basierender Konzepte erfolgen kann, ist Gegenstand der Betrachtung im folgenden Teil II.

Teil II: Die Marktzinsmethode, aufbauende und integrierbare Kalkulations- und Dispositionskonzepte

A. Das Grundkonzept der Marktzinsmethode

1. Überblick

Bei der Marktzinsmethode[85] in ihrer Grundkonzeption handelt es sich um ein Verfahren der Teilzinsspannenrechnung. Teilzinsspannenrechnungen zielen allgemein darauf ab, den Zinsüberschuß resp. die Bruttozinsspanne eines Kreditinstituts als Summe der Erfolgsbeiträge aller zinstragenden Positionen in Form von Kunden- und Eigengeschäften zu erklären.[86] Hierzu wird die Bruttozinsspanne in einzelne Teilzinsspannen zerlegt, die sich dann den gebildeten Kalkulationsobjekten bis auf die Ebene des einzelnen Geschäftsabschlusses zuordnen lassen. Der wesentliche Unterschied zwischen der Marktzinsmethode und den sogenannten traditionellen Verfahren der Teilzinsspannenrechnung in Form der Schichtenbilanz- und der Pool-Methode liegt darin, daß sich die Marktzinsmethode bei der Bestimmung der einzelnen Teilzinsspannen auf eine marktbezogene Bewertung der zinstragenden Geschäfte stützt.

---

[85]   Die Marktzinsmethode wurde erstmals Ende der 70er Jahre unter der Bezeichnung Opportunitätszinskonzept im Rahmen eines Beratungsprojekts in einem deutschen Kreditinstitut implementiert. Vgl. hierzu **Schierenbeck, Henner:** Das Meß- und Steuerungskonzept der Marktzinsmethode – Eine Analyse aus bankbetrieblicher Sicht. In: Zeitschrift für Betriebswirtschaft 11/1994, S. 1417-1451, hier S. 1418. Erste Darstellung der Marktzinsmethode in der Literatur finden sich bei **Flechsig, Rolf:** Die Kalkulation von Zinsobergrenzen im Passivgeschäft mit Nichtbanken. In: Die Bank 8/1982, S. 356-360, bei **Flechsig, Rolf; Flesch, Hans-Rudolf:** Die Wertsteuerung – Ein Ansatz des operativen Controlling im Wertbereich. In: Die Bank 10/1982, S. 454-465 und bei **Droste, Klaus D.; Faßbender, Heino; Pauluhn, Burkhard; Schlenzka, Peter F.; Löhneysen, Eberhard von:** Falsche Ergebnisinformationen – Häufige Ursache für Fehlentwicklungen in Banken. In: Die Bank 7/1983, S. 313-323. Der Begriff Marktzinsmethode wurde erstmals 1984 von Kunze verwendet. Vgl. hierzu **Kunze, Christian:** Die Marktzinsmethode – Ein neuer Weg in der Kostenrechnung? In: Betriebswirtschaftliche Blätter 11/1984, S. 436-444. Geschlossene Darstellungen der Marktzinsmethode in ihrer Grundkonzeption finden sich bei **Banken, Robert:** Die Marktzinsmethode als Instrument der pretialen Lenkung in Kreditinstituten. Frankfurt/Main 1987 und bei **Schierenbeck, Henner:** Ertragsorientiertes Bankmanagement – Controlling in Kreditinstituten. 4. Auflage, Wiesbaden 1994, S. 69-132. Zusammenfassende Darstellungen geben **Bieg, Hartmut:** Bankbetriebslehre in Übungen. München 1992, S. 389-415 und **Hölscher, Reinhold:** Die Marktzinsmethode als Basiskonzept der Zinsergebnismessung von Einzelgeschäften. In: Henner Schierenbeck; Hubertus Moser (Hrsg.): Handbuch Bankcontrolling, Wiesbaden 1995, S. 243-265.

[86]   Der Zinsüberschuß eines Kreditinstituts ist als Differenz aus Zinserträgen und -aufwendungen, die Bruttozinsspanne als Quotient aus Zinsüberschuß und betrachtetem Geschäftsvolumen definiert.

Durch diese Marktbewertung überwindet die Marktzinsmethode den entscheidenden konzeptionellen Mangel der traditionellen Verfahren, der in der Konstruktion fiktiver Finanzierungsbeziehungen zwischen zinstragenden Positionen auf der Aktivund der Passivseite der Bilanz eines Kreditinstituts liegt.[87] Durch derartige Finanzierungsbeziehungen sollen Teilzinsspannen in Form einer Zuordnung von Refinanzierungskosten zu Aktivpositionen und von Anlageerlösen zu Passivpositionen kalkuliert werden.[88] Dieses Vorgehen beinhaltet eine Reihe grundsätzlicher Schwierigkeiten bei der ökonomischen Begründung von Zuordnungskriterien für die erforderliche Bildung von Bilanzschichten, von Verrechnungsvorschriften zum Ausgleich entstehender Überhänge und von Kriterien zur Verteilung der kalkulierten Teilzinsspannen.[89]

Im Gegensatz hierzu erfolgt die Marktbewertung im Rahmen der Marktzinsmethode unter regelmäßigem Rückgriff auf die Anwendbarkeit des Opportunitätsprinzips in seinen Ausprägungen als Opportunitätskosten- und Opportunitätserlösprinzip.[90] Damit ergibt sich der Erfolgsbeitrag, der bei Anwendung der Marktzinsmethode einem aktivischen Kundenkreditgeschäft zugerechnet wird, nicht aus einer Zuordnung von Refinanzierungskosten anderer Kundengeschäfte, sondern aus dem Vergleich mit den Erträgen einer äquivalenten Alternativanlage am Geld- und Kapital-

---

[87] Flechsig weist darauf hin, daß es sich bei Anwendung der Schichtenbilanz- resp. der Pool-Methode eigentlich um den Versuch handelt, gesamtbankbezogene Dispositionsnormen auf Basis der Goldenen Bankregel zur Bewertung von Geschäftsfeldern und Einzelabschlüssen auf das interne Rechnungswesen von Kreditinstituten anzuwenden. Vgl. **Flechsig, Rolf:** Die Schichtenbilanz – Ihr Glanz und Elend. In: Die Bank 6/1985, S. 298-302, hier S. 300.

[88] So werden die jeweiligen Teilzinsspannen bei Anwendung der Schichtenbilanzmethode durch einen Vergleich zwischen der Verzinsung einzelner zinstragender Positionen und der durchschnittlichen Verzinsung anhand bestimmter Kriterien (bspw. Liquidität, Rentabilität) zugeordneter Positionen der jeweils anderen Bilanzseite bestimmt. Bei Anwendung der Pool-Methode erfolgt dagegen ein Vergleich zwischen der Verzinsung einzelner Positionen und der Durchschnittsverzinsung der gesamten anderen Bilanzseite. Vgl. zur Darstellung und Kritisierung dieser Konzepte **Bieg, Hartmut:** Bankbetriebslehre in Übungen. München 1992, S. 333-389.

[89] Vgl. **Flechsig, Rolf:** Die Schichtenbilanz – Ihr Glanz und Elend. In: Die Bank 6/1985, S. 298-320, hier S. 300-301.

[90] Banken weist darauf hin, daß sich in der betriebswirtschaftlichen Literatur noch keine einheitliche Auffassung über den Begriff der Opportunitätskosten und -erlöse herausgebildet hat. Vgl. hierzu **Banken, Robert:** Die Marktzinsmethode als Instrument der pretialen Lenkung in Kreditinstituten. Frankfurt/Main 1987, S. 56. Opportunitätskosten lassen sich allgemein als entgangener Grenznutzen einer Handlungsalternative definieren, auf den zugunsten einer tatsächlich durchgeführten Handlung verzichtet wird. Analog können Opportunitätserlöse als entgangene Grenzkosten einer bestimmten Handlungsalternative definiert werden. Vgl. hierzu **Schimmelmann, Wulf von; Hille, Werner:** Banksteuerung über ein System von Verrechnungszinsen. In: Henner Schierenbeck; Hans Wielens (Hrsg.): Bilanzstrukturmanagement, Frankfurt/Main 1984, S. 47-65, hier S. 53 und **Flechsig, Rolf:** Die Kalkulation von Zinsobergrenzen im Passivgeschäft mit Nichtbanken. In: Die Bank 8/1982, S. 356-360, hier S. 357.

markt, die durch den Abschluß dieses Geschäfts verdrängt wird. Passivische Kundengeschäfte werden durch einen Vergleich auf alternativ durchzuführende Refinanzierungsmaßnahmen und den damit verbundenen Refinanzierungskosten bewertet.[91]

Die Marktzinsmethode kann in den auf Schmalenbach zurückgehenden Ansatz der Pretialen Wirtschaftslenkung eingeordnet werden.[92] Pretiale Wirtschaftslenkung liegt – zusammenfassend formuliert – immer dann vor, wenn Entscheidungsbefugnisse aufgrund dezentral bestehender Informationsvorteile auf dezentrale Entscheidungseinheiten delegiert werden, wobei über die Vorgabe einer Verhaltensnorm sichergestellt werden soll, daß eine zentral vorgegebene Zielsetzung insgesamt eingehalten wird. Bestehen Leistungsbeziehungen zwischen den einzelnen dezentralen Einheiten, wird über Lenkpreise erreicht, daß die Produktionsfaktoren entsprechend der übergeordneten Zielsetzung eingesetzt werden und der resultierende Gesamterfolg korrekt auf diese Einheiten aufgeteilt wird. Lenkpreise umfassen sowohl eine Lenkungs- als auch eine Erfolgsaufteilungsfunktion.[93]

Im Konzept der Marktzinsmethode werden die Lenkpreise durch die Zinssätze der den zu bewertenden Kundengeschäften zugeordneten Opportunitätsgeschäfte des Geld- und Kapitalmarkts repräsentiert.[94] Die auf Basis einzelgeschäftsbezogener Ertrags- oder Aufwandsvergleiche zwischen Verzinsung des zu bewertenden Kundengeschäfts und der zugeordneten Opportunität des Geld- und Kapitalmarkts resultierenden Erfolgsbeiträge sind Ansatzpunkt sowohl für die Kalkulation kritischer Preisgrenzen im Sinne einer vertriebssteuernden Vorkalkulation als auch einer

---

[91] Breuer verdeutlicht, daß das Opportunitätskalkül bei der marktbezogenen Bewertung von Bankgeschäften eine mögliche, nicht aber die einzig denkbare Rechtfertigung darstellt. Die marktbezogene Bewertung von Bankgeschäften läßt sich alternativ und widerspruchsfrei mit dem finanzmarkttheoretischen Duplikationsprinzip und der als bilateral monopolistisches Spiel interpretierbaren Verhandlungssituation im Kundengeschäft begründen. Vgl. hierzu **Breuer, Ralf:** Probleme der Risikosteuerung im Rahmen der Marktzinsmethode. Berlin 1994, S. 18-22 und **Dolff, Peter:** Die Konditionenverhandlungen im Kreditgeschäft der Banken. Wiesbaden 1974, S. 11-14.

[92] Vgl. stellvertretend **Wimmer, Konrad:** Bankkalkulation – Neue Konzepte der Kosten- und Erlösrechnung von Kreditinstituten. 2. Auflage, Berlin 1996, S. 82.

[93] Vgl. **Albach, Horst:** Innerbetriebliche Lenkpreise als Instrument dezentraler Unternehmensführung. In: Zeitschrift für betriebswirtschaftliche Forschung o. Nr./1974, S. 216-242, hier S. 218; **Römhild, Hans-Günter:** Interne Zinsverrechnung in Kreditinstituten. In: Jürgen Krumnow; Michael Metz (Hrsg.): Rechnungswesen im Dienste der Bankpolitik, Stuttgart 1987, S. 209-221, hier S. 213 und **Blattmann, Jörg:** Stand der Theoriediskussion zur »Marktzinsmethode«. In: Die Bank 11/1987, S. 621-627, hier S. 622.

[94] Vgl. **Süchting, Joachim:** Verrechnungspreise im Bankbetrieb. In: Jürgen Krumnow; Michael Metz (Hrsg.): Rechnungswesen im Dienste der Bankpolitik, Stuttgart 1987, S. 199-208, hier S. 205.

nachträglichen Beurteilung des Erfolgs der dezentralen Einheiten.[95] Diese kostenori-
entierte Anwendungsform bildet auch den Schwerpunkt der praktischen Umsetzung
der Marktzinsmethode, die sich innerhalb eines relativ kurzen Zeitraums in deutschen Kreditinstituten durchsetzen konnte.[96]

Die Anwendung der Marktzinsmethode ermöglicht es, zusätzlich zu den so identi-
fizierten Erfolgsbereichen des Aktiv- und Passivgeschäfts die Erfolgsquelle der Fri-
sten- und Währungstransformation transparent und bewertbar zu machen.[97] Die Ursache hierfür liegt in der Tatsache, daß die Summe aller Erfolgsbeiträge der Kundengeschäfte in der Regel den gesamten Zinsüberschuß eines Kreditinstituts nicht
vollständig erklärt. Die verbleibende Größe resultiert aus einem gesamtbankbezoge-
nen Vergleich der den einzelnen Kundengeschäften zugeordneten Opportunitäts-
verzinsungen und spiegelt das in dem betrachteten Geschäftsvolumen beinhaltete
Maß an betriebener Transformation wider. Aus der Perspektive der zentralen Steuerungsinstanz Treasury stellt sich unmittelbar die Frage, inwieweit derart kalkulierte
Größen – analog zu den einzelgeschäftsbezogenen Erfolgsbeiträgen des Kundengeschäfts – zur Steuerung der Transformationsleistung und damit verbunden zur
Steuerung von Zinsänderungs- und Währungsrisiken geeignet sind. Dieser Fragestellung wird in Abschnitt 3 dieses Kapitels nachgegangen. Der folgende Abschnitt
2 gibt die grundlegende Verrechnungslogik der Marktzinsmethode wieder.

2. Die Kalkulation periodischer Transformationserfolge

a) Die Kalkulation von Konditions- und Fristentransformations-
beiträgen

Im Grundkonzept der Marktzinsmethode werden abgeschlossene resp. abzu-
schließende Kundengeschäfte mit äquivalenten Alternativgeschäften am Geld- und

---

[95] Vgl. **Wimmer, Konrad:** Controlling und Preispolitik im Bankgeschäft – kein Beispiel für die
      reine Lehre. In: bank und markt 7/1994, S. 27-32, hier S. 30-31. Bei den zu beurteilenden de-
      zentralen Einheiten kann es sich neben den einzelnen Kundenbereichen auch um Filialen han-
      deln, die über die Anwendung der Marktzinsmethode abgerechnet werden können. Vgl. hierzu
      die entsprechenden Kalkulationsbeispiele bei **Bieg, Hartmut:** Bankbetriebslehre in Übungen.
      München 1992, S. 407-415.

[96] Dies belegen die Ergebnisse einer empirischen Untersuchung von Kodlin, nach der bereits
      Ende 1991 rund 90 % der befragten Kreditinstitute die Umsetzung der Marktzinsmethode
      durchführten oder planten. Vgl. **Kodlin, Axel:** Praxis akzeptiert Marktzinsmethode. In: Die
      Bank 4/1992, S. 212-215, hier S. 212.

[97] Vgl. **Schierenbeck, Henner:** Ertragsorientiertes Bankmanagement – Controlling in Krediti-
      instituten. 4. Auflage, Wiesbaden 1994, S. 70.

Kapitalmarkt verglichen.[98] Der zusätzliche Erfolg, der durch den Abschluß des Kundengeschäfts anstelle des äquivalenten Geld- und Kapitalmarktgeschäfts entsteht, wird als Konditionsbeitrag bezeichnet.[99] Liegt beispielsweise der Zinssatz für Anlagen mit zweijähriger Laufzeit am Geld- und Kapitalmarkt bei 7,00 %, und ist ein Kreditinstitut in der Lage, ein Kundenkreditgeschäft mit gleicher Laufzeit zu 9,00 % abzuschließen, dann beläuft sich der Konditionsbetrag dieses Geschäfts bei einem unterstellten Volumen von 100.000,00 DM auf 2.000,00 DM pro Jahr. Hat das Kreditinstitut weiterhin die Möglichkeit, eine Termineinlage gleichen Volumens mit einer Laufzeit von einem Jahr zu einem Zinssatz von 5,50 % einzuwerben, anstatt am Geldmarkt zu einem Marktzins von 6,00 % aufzunehmen, dann ergibt sich für dieses Passivgeschäft ein Konditionsbeitrag von 500,00 DM pro Jahr. Allgemein gilt für den Konditionsbeitrag eines Aktivgeschäfts:

(1)
$$KB_i^A = \left(pz_i^A - opp_i^A\right) V_i^{A,f}$$

mit KB_i^A : Konditionsbeitrag p.a. der Aktivposition i ($i = 1, ..., m$) [DM]

pz_i^A : Positionszins der Aktivposition i [Dezimalschreibweise]

opp_i^A : Verzinsung der der Aktivposition i zugeordneten Opportunität [Dezimalschreibweise]

$V_i^{A,f}$: Volumen der festverzinslichen Aktivposition i [DM]

Der einem Passivgeschäft zuzurechnende Konditionsbeitrag ist definiert als:

(2)
$$KB_j^P = \left(opp_j^P - pz_j^P\right) V_j^{P,f}$$

mit KB_j^P : Konditionsbeitrag p.a. der Passivposition j ($j = 1, ..., n$) [DM]

pz_j^P : Positionszins der Passivposition j [Dezimalschreibweise]

---

[98] Als äquivalent werden alternative Geld- und Kapitalmarktgeschäfte dann bezeichnet, wenn die Kapital- resp. Zinsbindung mit dem zu bewertenden Kundengeschäft übereinstimmt. Auf die Fragestellung, welches Kriterium (Kapital- oder Zinsbindung) im Zweifelsfall zu berücksichtigen ist, wird auf S. 151-153 dieser Arbeit näher eingegangen.

[99] Die im Rahmen des Grundkonzepts der Marktzinsmethode kalkulierten Erfolgsgrößen lassen sich sowohl in Form prozentualer Margen als auch – gewichtet mit dem jeweiligen Positionsvolumen – als in DM gemessene Erfolgsbeiträge bestimmen.

opp_j^p :   Verzinsung der der Passivposition j zugeordneten Opportunität

[Dezimalschreibweise]

$V_j^{P,f}$:   Volumen der festverzinslichen Passivposition j [DM]

Der Gesamt-Konditionsbeitrag eines aus mehreren Einzelpositionen bestehenden Geschäftsvolumens setzt sich aus der Summe aller einzelgeschäftsbezogenen Konditionsbeiträge zusammen:

$$(3) \qquad\qquad KB = \sum_{i=1}^{m} KB_i^A + \sum_{j=1}^{n} KB_j^P$$

mit KB :   Gesamt-Konditionsbeitrag p.a. [DM]

Der Gesamt-Konditionsbeitrag der beispielhaft angenommenen Geschäfte beträgt 2.500,00 DM. Würde das Kreditinstitut beide Kundengeschäfte abschließen, könnte nach Ablauf eines Jahres ein Zinsüberschuß von 3.500,00 DM erzielt werden. Die Tatsache, daß der Zinsüberschuß durch die beiden Konditionsbeiträge nicht vollständig erklärt wird, ergibt sich aus der Berechnungsvorschrift der Konditionsbeiträge, der betriebenen Fristentransformation und dem beispielhaften Vorliegen einer – gemessen an den Verzinsungen der Opportunitätsgeschäfte – normalen Zinsstruktur.[100] Der verbleibende Erfolgsbeitrag in Höhe von 1.000,00 DM wird als Fristentransformationsbeitrag bezeichnet und beschreibt den Erfolg, der sich aus dem Ausnutzen von Renditedifferenzen für unterschiedliche Zinsbindungsfristen ergibt.

Der Fristentransformationsbeitrag einer Einzelgeschäftsposition wird durch einen Vergleich zwischen der der betrachteten Position zugeordneten Opportunitätsverzinsung und einem sogenannten Referenzzins bestimmt. Als Referenzzins fungiert regelmäßig der Tagesgeldsatz, da dieser die der Fristentransformation zugrundeliegenden Laufzeitprämien vollständig wiedergeben kann.[101] Der als Referenzzins verwandte Tagesgeldsatz dient als Spaltungsmaßstab für die Trennung aktiver und passiver Fristentransformationsbeiträge. Prinzipiell ist die Verwendung eines beliebigen Referenzzinses möglich, weil dieser bei der Aggregation der einzelgeschäfts-

---

[100] Vgl. **Schierenbeck, Henner:** Messung und Steuerung des Zinsergebnisses. In: geldinstitute 11/1989, S. 21-32, hier S. 22.

[101] Vgl. **Banken, Robert:** Die Marktzinsmethode als Instrument der pretialen Lenkung in Kreditinstituten. Frankfurt/Main 1987, S. 75. Der Begriff der Laufzeit- resp. Zinsbindungsprämie wird auf S. 17 dieser Arbeit erläutert.

bezogenen Fristentransformationsbeiträge wieder entfällt.[102] Beträgt der Tagesgeld-
zins beispielsweise 5,00 %, dann beläuft sich der Fristentransformationsbeitrag des
Aktivgeschäfts auf 2.000,00 DM, der des Passivgeschäfts auf -1.000,00 DM. Allgemein gilt für den einem aktiven Kundengeschäft zurechenbaren Fristentransformationsbeitrag:

(4) $$FB_i^A = \left(opp_i^A - rz\right)V_i^{A,f}$$

mit FB_i^A :   Fristentransformationsbeitrag p.a. der Aktivposition i [DM]

   rz :   Referenzzinssatz [Dezimalschreibweise]

Für den Fristentransformationsbeitrag eines Passivgeschäfts gilt entsprechend:

(5) $$FB_j^P = \left(rz - opp_j^P\right)V_j^{P,f}$$

mit FB_j^P :   Fristentransformationsbeitrag p.a. der Passivposition j [DM]

Der Gesamt-Fristentransformationsbeitrag eines betrachteten Geschäftsvolumens
entspricht der Summe der Fristentransformationsbeiträge aller Einzelpositionen:

(6) $$FB = \sum_{i=1}^{m} FB_i^A + \sum_{j=1}^{n} FB_j^P$$

mit FB :   Gesamt-Fristentransformationsbeitrag p.a. [DM]

Alternativ hierzu läßt sich der Gesamt-Fristentransformationsbeitrag als Differenz
aus dem Zinsertrag der aktivischen Opportunitäten und dem Zinsaufwand der passivischen Opportunitäten bestimmen:

---

[102]   Vgl. **Breuer, Ralf:** Probleme der Risikosteuerung im Rahmen der Marktzinsmethode. Berlin
   1994, S. 24, Fußnote 5.

$$
\begin{aligned}
FB \;=\;& \sum_{i=1}^{m} FB_i^{A} \;+\; \sum_{j=1}^{n} FB_j^{P} \\[2mm]
=\;& \sum_{i=1}^{m}\left(opp_i^{A} - rz\right)V_i^{A,f} \;+\; \sum_{j=1}^{n}\left(rz - opp_j^{P}\right)V_j^{P,f} \\[2mm]
(7)\qquad =\;& \sum_{i=1}^{m} opp_i^{A}\,V_i^{A,f} - rz\,V_i^{A,f} \;+\; \sum_{j=1}^{n} rz\,V_j^{P,f} - opp_j^{P}\,V_j^{P,f} \\[2mm]
=\;& \sum_{i=1}^{m} opp_i^{A}\,V_i^{A,f} \;-\; rz\sum_{i=1}^{m}V_i^{A,f} \;+\; rz\sum_{j=1}^{n}V_j^{P,f} \;-\; \sum_{j=1}^{n} opp_j^{P}\,V_j^{P,f} \\[2mm]
=\;& \sum_{i=1}^{m} opp_i^{A}\,V_i^{A,f} \;-\; \sum_{j=1}^{n} opp_j^{P}\,V_j^{P,f}
\end{aligned}
$$

Die letzte Umformung ist zulässig, wenn für den betrachteten Geschäftsbestand gilt:

$$
(8)\qquad\qquad \sum_{i=1}^{m} V_i^{A,f} \;=\; \sum_{j=1}^{n} V_j^{P,f}
$$

Unter dieser Voraussetzung kann der gesamtbankbezogene Fristentransformationsbeitrag als Differenz aus dem Zinsüberschuß und den insgesamt kalkulierten Konditionsbeiträgen darstellt werden:

$$
\begin{aligned}
FB \;=\;& \sum_{i=1}^{m} opp_i^{A}\,V_i^{A,f} - \sum_{j=1}^{n} opp_j^{P}\,V_j^{P,f} \\[2mm]
(9)\qquad =\;& \sum_{i=1}^{m} pz_i^{A}\,V_i^{A,f} - \sum_{j=1}^{n} pz_j^{P}\,V_j^{P,f} \\[2mm]
& -\sum_{i=1}^{m}\left(pz_i^{A} - opp_i^{A}\right)V_i^{A,f} - \sum_{j=1}^{n}\left(opp_j^{P} - pz_j^{P}\right)V_j^{P,f} \\[2mm]
=\;& Z\ddot{U} - KB
\end{aligned}
$$

mit $Z\ddot{U}$:   Zinsüberschuß [DM]

Die folgende Tabelle 1 faßt das bereits beschriebene Kalkulationsbeispiel zusammen.

Geschäftsart	Volumen [DM]	Positions-zins [%]	Opportu-nitätszins [%]	Tagesgeld-zins [%]	Fristentransfor-mationsbeitrag [DM]	Konditions-beitrag [DM]
Kredit (2 Jahre)	100.000,00	9,0000	7,0000	5,0000	2.000,00	2.000,00
Termineinlage (1 Jahr)	100.000,00	5,5000	6,0000	5,0000	-1.000,00	500,00
Summe					1.000,00	2.500,00

Tabelle 1: Kalkulation von Konditions- und Fristentransformationsbeiträgen

Schließt ein Kreditinstitut die beschriebenen Kundengeschäfte ab, dann können Konditions- und Fristentransformationsbeiträge in der kalkulierten Höhe sowohl erfolgsrechnerisch als auch pagatorisch realisiert werden. Für letztgenannte Fristen-transformationsbeiträge gilt dies allerdings nur bei Betrachtung der Gesamtheit aller Aktiv- und Passivgeschäfte – der Tatsache entsprechend, daß Fristentransforma-tionsbeiträge nicht einzelgeschäftsbezogen, sondern als Resultat der insgesamt be-triebenen Fristentransformation erwirtschaftet werden.[103]

b) Die Kalkulation von Währungstransformationsbeiträgen

Werden neben Kundengeschäften in Inlandswährung auch Kundengeschäfte in Fremdwährung abgeschlossen, lassen sich analog zu Fristentransformationsbeiträ-gen Währungstransformationsbeiträge kalkulieren. Unter dem Begriff Wäh-rungstransformation wird sowohl die Anlage von Mitteln in Fremdwährung, die in Inlandswährung aufgenommen wurden, als auch die Refinanzierung von in In-landswährung angelegten Mittel durch Aufnahme von Geldern in Fremdwährung verstanden. Ursächlich für das Betreiben von Währungstransformation ist das Be-streben nach Ausnutzung von Differenzen zwischen den Zinsstrukturen der betref-fenden Währungen.[104]

---

[103] Vgl. **Wimmer, Konrad**: Bankkalkulation – Neue Konzepte der Kosten- und Erlösrechnung von Kreditinstituten. 2. Auflage, Berlin 1996, S. 114. Um so mehr verwundert der von Wim-mer im folgenden (S. 132-133) unternommene Versuch, eine einzelgeschäftsbezogene Reali-sierbarkeit von Fristentransformationsbeiträgen durch den Abschluß sowohl von Alternativge-schäften der jeweils gleichen Bilanzseite als auch von Gegengeschäften der jeweils anderen Bilanzseite unter Inkaufnahme eines insgesamt verdreifachten Geschäftsvolumens zu demon-strieren.

[104] Vgl. **Banken, Robert**: Die Marktzinsmethode als Instrument der pretialen Lenkung in Kredit-instituten. Frankfurt/Main, S. 75-76.

Positive Währungstransformationsbeiträge lassen sich immer dann erzielen, wenn der Zinssatz für Aktivgeschäfte in Fremdwährung über demjenigen für Aktivgeschäfte in Inlandswährung liegt und/oder wenn der Zinssatz für Passivgeschäfte in Inlandswährung über demjenigen für vergleichbare Geschäfte in Fremdwährung liegt. Währungstransformationsbeiträge werden durch einem Vergleich der Sätze am Geld- und Kapitalmarkt gleicher Fristigkeit für Inlands- und Fremdwährung bestimmt.[105] Für den Währungstransformationsbeitrag einer Aktivposition gilt:

$$(10) \qquad WB_i^A = \left(opp_i^{A,FW} - opp_i^{A,IW} \right) V_i^{A,f}$$

mit WB_i^A :   Währungstransformationsbeitrag der Aktivposition i [DM]

      $opp_i^{A,FW}$:   Verzinsung der der Aktivposition i zugeordneten Opportunität in Fremdwährung [Dezimalschreibweise]

      $opp_i^{A,IW}$:   Verzinsung der der Aktivposition i zugeordneten Opportunität in Inlandswährung [Dezimalschreibweise]

Der einer Passivposition zuzurechnende Währungstransformationsbeitrag ist folgendermaßen definiert:

$$(11) \qquad WB_j^P = \left(opp_j^{P,IW} - opp_j^{P,FW} \right) V_j^{P,f}$$

mit WB_j^P :   Währungstransformationsbeitrag der Passivposition j [DM]

      $opp_j^{P,IW}$:   Verzinsung der der Passivposition j zugeordneten Opportunität in Inlandswährung [Dezimalschreibweise]

      $opp_j^{P,FW}$:   Verzinsung der der Passivposition j zugeordneten Opportunität in Fremdwährung [Dezimalschreibweise]

---

[105]   Derart kalkulierte Währungstransformationsbeiträge beinhalten trotz der Übereinstimmung der Fristigkeit der verglichenen Geld- und Kapitalmarktsätze einen Fristentransformationseffekt, wenn die Zinsstrukturkurven von Inlands- und Auslandswährung unterschiedliche Steigungen besitzen. Hierauf weisen Droste et al. hin. Vgl. hierzu **Droste, Klaus D.; Faßbender, Heino; Pauluhn, Burkhard; Schlenzka, Peter F.; Löhneysen, Eberhard von:** Falsche Ergebnisinformationen – Häufige Ursache für Fehlentwicklungen in Banken. In: Die Bank 7/1983, S. 313-323, hier S. 323, Fußnote 3.

Der Gesamt-Währungstransformationsbeitrag eines betrachteten Geschäftsbestands setzt sich aus der Summe der einzelgeschäftsbezogenen Währungstransformationsbeiträge zusammen:

$$(12) \qquad WB \; = \; \sum_{i=1}^{m} WB_i^A + \sum_{j=1}^{n} WB_j^P$$

mit WB: Gesamt-Währungstransformationsbeitrag [DM]

Entscheidet sich beispielsweise das Kreditinstitut, den oben beschriebenen Kredit nicht durch die Aufnahme eines Kundengelds in Inlandswährung, sondern am Geldmarkt in Fremdwährung zu refinanzieren, ergibt sich bei einem Geldmarktzins von 4,70 % für 1-Jahres-Geld in Fremdwährung ein Währungstransformationsbeitrag von 1.300,00 DM. Tabelle 2 faßt das derart modifizierte Kalkulationsbeispiel zusammen.

Währungstransformationsbeiträge lassen sich materiell weder als Konditions- noch als Fristentransformationsbeiträge interpretieren.[106] Die Begründung hierfür liegt zum einen darin, daß der Erfolg, der aus dem Abschluß von Geschäften am ausländischen Geld- und Kapitalmarkt resultiert, nicht – wie etwa im Kundengeschäft – auf Marktmacht oder Verhandlungsgeschick zurückzuführen ist. Zum anderen liegt zwischen der in- und der ausländischen Opportunität keine fristenmäßige Inkongruenz vor, so daß sich durch den Abschluß von Fremdwährungsgeschäften keine Änderung der Fristenstruktur ergibt. Währungstransformationsbeiträge entsprechen damit einer Marktwechselprämie, die in dem beschriebenen Fall dafür vergütet wird, daß die Refinanzierung am ausländischen anstatt am inländischen Geld- und Kapitalmarkt erfolgt.[107]

---

[106] Vgl. **Banken, Robert**: Die Marktzinsmethode als Instrument der pretialen Lenkung in Kreditinstituten. Frankfurt/Main, S. 77-78.

[107] Der von Dankovsky in diesem Zusammenhang vorgebrachte Einwand, bei Fremdwährungsgeschäften handele es sich „um ein Agieren auf einem anderen Markt, das in keinerlei Zusammenhang mit dem Markt der Heimatwährung gebracht werden" dürfe (S. 357), relativiert sich durch die Pflicht der Kreditinstitute, Erfolge aus Fremdwährungsgeschäften in der Gewinn- und Verlustrechnung in Inlandswährung umzurechnen. Vgl. **Dankovsky, Michael**: Der Zinssensaldo – ein Konglomerat von Ergebniskomponenten. In: Österreichisches Bank Archiv 5/1991, S. 352-359, hier S. 356-357.

Geschäftsart	Volumen [DM]	Positions-zins [%]	Opportunitätszins FW [%]	Opportunitätszins IW [%]	Tagesgeld-zins IW [%]	Fristentransformationsbeitrag [DM]	Währungstransformationsbeitrag [DM]	Konditionsbeitrag [DM]
Kredit (2 Jahre)	100.000,00	9,0000		7,0000	5,0000	2.000,00		2.000,00
Termineinlage (1 Jahr)	100.000,00	4,7000	4,7000	6,0000	5,0000	-1.000,00	1.300,00	0,00
Summe						1.000,00	1.300,00	2.000,00

Tabelle 2: Kalkulation eines Währungstransformationsbeitrags

Werden dagegen Kundengeschäfte in Fremdwährung abgeschlossen, können – analog zur Bewertung von Kundengeschäften in Inlandswährung – die Konditionsbeiträge dieser Geschäfte durch einen Vergleich der Kundenzinssätze in Fremdwährung und der zugehörigen Opportunitätszinssätze in Fremdwährung bestimmt werden.

3. Die Steuerungsrelevanz von Transformationserfolgen

a) Die Steuerungsrelevanz von Fristentransformationsbeiträgen

Durch die Trennung von Konditions- und Transformationsbeiträgen läßt sich der Zinsüberschuß eines Kreditinstituts auf die Verantwortungsbereiche

- Kundenbereich Aktivgeschäft,
- Kundenbereich Passivgeschäft und
- Treasury

aufteilen. Die Höhe der einzelgeschäftsbezogenen Konditionsbeiträge wird innerhalb bestimmter Grenzen durch die Verhandlungsmacht und das Verhandlungsgeschick der dezentralen Kundenbereiche beeinflußt und diesen zugerechnet. Der Transformationserfolg fällt in den Verantwortungsbereich des Treasury.[108] Dies erscheint zunächst problematisch, da dessen Höhe unmittelbar von der durch den Abschluß der Kundengeschäfte entstehenden Fristen- und Währungsstruktur abhängt. Zugrunde liegt hier jedoch die Überlegung, daß diese Fristen- und Währungsstruktur durch den Abschluß von Gegengeschäften des Treasury beeinflußt resp. neutralisiert werden kann, so daß die resultierenden Transformationserfolge und das damit verbundene Eingehen von Zinsänderungs- und Währungsrisiken immer auf bewußte Dispositionsentscheidungen des Treasury zurückzuführen sind.

Die Tatsache, daß der Transformationserfolg als zentral zurechenbare Größe zunächst (zum Zeitpunkt der Abschlüsse der Kundengeschäfte) von der Summe der dezentral getroffenen Einzelentscheidungen abhängt, läßt nicht den Schluß zu, die Größe als Residuum zu interpretieren, das lediglich dazu diene, den pagatorischen Zinsüberschuß mit den kalkulatorischen Erfolgsgrößen der Marktzinsmethode in Übereinstimmung zu bringen.[109] Vielmehr sind die durch die Kundenbereiche verur-

---

[108] Vgl. **Schierenbeck, Henner; Rolfes, Bernd:** Entscheidungsorientierte Margenkalkulation. Frankfurt/Main 1988, S. 31-32.

[109] Dies tut Wimmer. Vgl. hierzu **Wimmer, Konrad:** Bankkalkulation – Neue Konzepte der Kosten- und Erlösrechnung von Kreditinstituten. 2. Auflage, Berlin 1996, S. 130.

sachten Fristen- und Währungsstrukturen als eine Art Ausgangspunkt der Dispositionsmaßnahmen des Treasury zu interpretieren. Die Spannbreite möglicher Dispositionsmaßnahmen reicht von einer Neutralisierung bis zu einer Erhöhung der Risikoposition in Zinsänderungs- und Währungsrisiken.

Ein derartiges Kalkül impliziert als wesentliche Prämisse die Aufhebung des Zusammenhangs zwischen dem Abschluß einzelner Kundengeschäfte und der insgesamt betriebenen Fristen- und Währungstransformation, verbunden mit einer organisatorischen Trennung der Verantwortlichkeit für die Vertriebs- und Risikosteuerung im Kundengeschäft einerseits und die Steuerung von Zinsänderungs-, Währungs- und Liquiditätsrisiken andererseits.[110] Seine Grenzen findet diese Vorstellung allerdings – insbesondere bei einer auf den Abschluß konventioneller Geld- und Kapitalmarktgeschäfte reduzierten Betrachtungsweise – in dem durch derartige Ausgleichsoperationen verursachten Wachstum der Bilanzsumme und in einer möglichen Tangierung aufsichtsrechtlicher Strukturnormen. Hieran wird deutlich, daß der Einsatz der Marktzinsmethode einer Ergänzung um strukturelle Steuerungsmaßnahmen im Sinne von Rahmenbedingungen bedarf. Dies gilt sowohl für die Steuerung der Vetriebsleistung der Kundenbereiche als auch für die Limitierung der Dispositionsmöglichkeiten des Treasury.[111]

Durch die Kalkulation von Konditionsbeiträgen lassen sich erste Impulse für die Steuerung des Kundengeschäfts gewinnen, die zumindest diejenigen Abschlüsse sanktionieren, deren Konditionsbeitrag negativ ist. Damit wird der einem Kundengeschäft zuzurechnende Konditionsbeitrag einer grundlegenden Steuerungsfunktion im Sinne der Pretialen Lenkung gerecht.[112] Dient der Fristentransformationsbeitrag als Beurteilungsmaßstab für die Dispositionsmaßnahmen des Treasury, so stellt sich unmittelbar die Frage, inwieweit dieser ebenfalls als Indikator für den Risikogehalt der Steuerungsentscheidungen eingesetzt werden kann.[113] Ein an der Höhe des Fri-

---

[110] Vgl. **Flesch, Hans-Rudolf; Piaskowski, Friedrich; Sievi, Christian R.**: Erfolgsquellensteuerung durch Effektivzinsen im Konzept der Wertsteuerung. In: Die Bank 8/1984, S. 357-366, hier S. 358.

[111] Im Gegensatz zu der von Djebbar vertretenen Interpretation. Vgl. hierzu **Djebbar, Jan F.**: Zur Kritik an der Marktzinsmethode. In: Österreichisches Bank Archiv 11/1990, S. 920-931, hier S. 927.

[112] Dies gilt unter einer Reihe einschränkender Annahmen, die im Rahmen dieser Arbeit nicht erörtert werden. Vgl. **Hölscher, Reinhold**: Die Marktzinsmethode als Basiskonzept der Zinsergebnismessung von Einzelgeschäften. In: Henner Schierenbeck; Hubertus Moser (Hrsg.): Handbuch Bankcontrolling, Wiesbaden 1995, S. 243-265, hier S. 250.

[113] Vgl. **Flechsig, Rolf; Flesch, Hans-Rudolf**: Die Wertsteuerung – Ein Ansatz des operativen Controlling im Wertbereich. In: Die Bank 10/1982, S. 454-465, hier S.468-469.

stentransformationsbeitrags gemessenes Treasury wird also dessen Maximierung als Dispositionsziel formulieren.

Unterstellt man ein dieses Kalkül, dann führt eine derartige Dispositionsstrategie bei normaler Zinsstruktur zu einer Investition in Anlagen mit hohen Laufzeiten, die möglichst kurzfristig refinanziert werden.[114] Das Treasury ist in der Lage, durch ein dieses Verhalten den Saldo aus erhaltenen und bezahlten Laufzeitprämien und damit den zugerechneten Erfolg zu maximieren.[115] Dieses Dispositionsverhalten führt zu einem hohen Maß an Transformation mit einem damit verbundenen tendenziell hohen Zinsänderungsrisiko[116], das durch den Fristentransformationsbeitrag zunächst korrekt abgeschätzt wird. Abbildung 7 zeigt eine derartige Situation, in der eine Anlage in 2-Jahres-Geld durch eine revolvierende Aufnahme von Tagesgeld refinanziert wird.

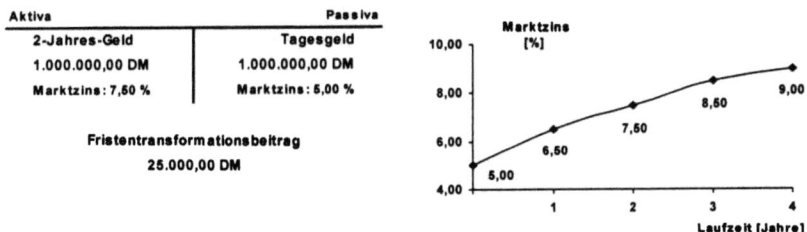

Abbildung 7: Positive Fristentransformation bei normaler Zinsstruktur

Steigen die Marktzinssätze an, worauf aufgrund der Erwartungshypothese beim Vorliegen einer normalen Zinsstruktur zumindest zu schließen ist, führt die betriebene Fristentransformation dann zu negativen Ergebnisveränderungen und damit zu schlagend werdenden Zinsänderungsrisiken, wenn der Anstieg der kurzfristigen Sätze stärker ausgeprägt ist als der Anstieg der längerfristigen Sätze. Der ursprünglich kalkulierte Fristentransformationsbeitrag läßt also ex ante keine Aussage über den tatsächlich realisierbaren Erfolg und damit über den Umfang der übernommenen Zinsänderungsrisiken resp. Zinsänderungschancen zu. Abbildung 8 gibt einen derartigen Fall wieder.

---

[114] Analoge Überlegungen gelten für den Fall einer inversen Zinsstruktur.

[115] Vgl. im folgenden **Breuer, Ralf:** Probleme der Risikosteuerung im Rahmen der Marktzinsmethode. Berlin 1994, S. 28.

[116] Vgl. **Banken, Robert:** Die Marktzinsmethode als Instrument der pretialen Lenkung in Kreditinstituten. Frankfurt/Main 1987, S. 193.

Aktiva	Passiva
2-Jahres-Geld	Tagesgeld
1.000.000,00 DM	1.000.000,00 DM
Marktzins: 7,50%	Marktzins: 8,50%

Fristentransformationsbeitrag
-10.000,00 DM

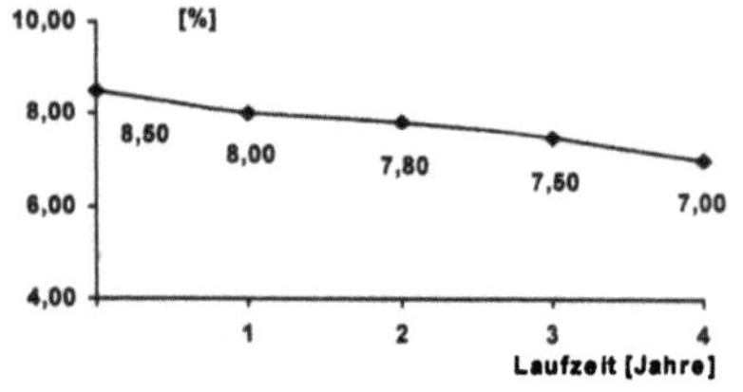

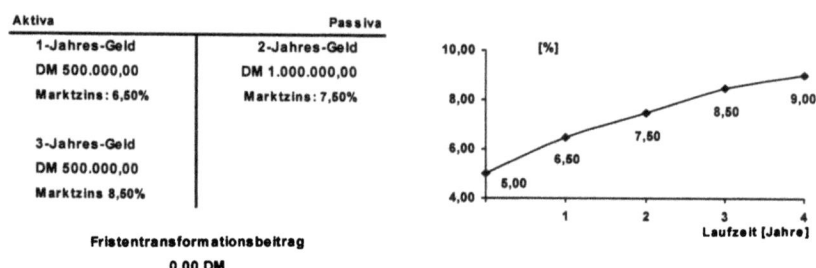

Abbildung 8: Positive Fristentransformation bei inverser Zinsstruktur

Die unzureichende Abschätzung eingegangener Zinsänderungsrisiken kann auch für den Fall eines insgesamt ausgeglichenen Fristentransformationsbeitrags konstruiert werden.[117] Angenommen, die Bilanz eines Kreditinstituts setze sich auf der Aktivseite je zur Hälfte aus einem 1-Jahres-Geld und einem 3-Jahres-Geld zusammen. Die Aktivpositionen seien durch Aufnahme eines 2-Jahres-Gelds refinanziert. Alle Positionen seien bei einer vorliegenden normalen Zinsstruktur marktkonform verzinst.

Aktiva	Passiva
1-Jahres-Geld	2-Jahres-Geld
DM 500.000,00	DM 1.000.000,00
Marktzins: 6,50%	Marktzins: 7,50%
3-Jahres-Geld	
DM 500.000,00	
Marktzins 8,50%	

Fristentransformationsbeitrag
0,00 DM

Abbildung 9: Ausgeglichener Fristentransformationsbeitrag bei normaler Zinsstruktur

Der Transformationsbeitrag beträgt durch die Gewichtung der einzelnen Geschäfte und der im relevanten Intervall von einem bis drei Jahren linear ansteigenden Zinsstruktur 0,00 DM, obwohl durch die Notwendigkeit zur Refinanzierung bzw. Wiederanlage nach einem Jahr Zinsänderungsrisiken entstehen können. Abbildung 9 zeigt diese Situation.

---

[117] Vgl. **Breuer, Ralf:** Probleme der Risikosteuerung im Rahmen der Marktzinsmethode. Berlin 1994, S. 30-31.

Wird nach einem Jahr das auslaufende 1-Jahres-Geld auf der Aktivseite durch eine Anlage mit einer Laufzeit von vier Jahren ersetzt, wie dies in Abbildung 10 dargestellt ist, ergibt sich durch die Bewertung der Altgeschäfte mit ihren historischen Einstandssätzen und des Neugeschäfts mit inzwischen verändertem Marktzinssatz ein ausgeglichener Transformationsbeitrag, obwohl die Laufzeittransformation weiterhin vorhanden ist und damit auch das Zinsänderungsrisiko weiterhin besteht.

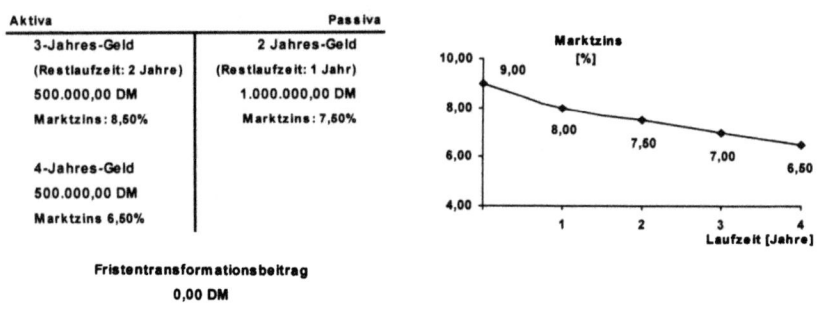

Abbildung 10: Ausgeglichener Fristentransformationsbeitrag bei inverser Zinsstruktur

Unterstellt man abschließend, daß nach Ablauf eines weiteren Jahres die Passivposition in voller Höhe durch Tagesgeld ersetzt werde, ist eine wie in Abbildung 11 dargestellte Situation möglich. Durch die inzwischen flache Zinsstruktur beträgt das Transformationsergebnis wieder 0,00 DM, obwohl Fristentransformation in erheblichem Umfang betrieben wird.

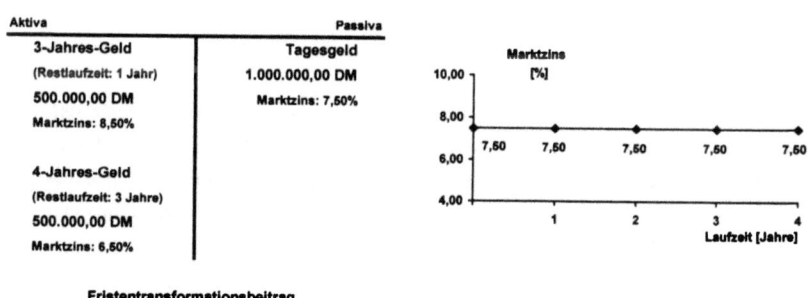

Abbildung 11: Ausgeglichener Fristentransformationsbeitrag bei flacher Zinsstruktur

Insgesamt wird deutlich, daß Fristentransformationsbeiträge

– ex post den Erfolg der betriebenen Fristentransformation nur dann richtig wiedergeben, wenn sie sich nicht auf zeitpunktbezogene Daten stützen, sondern die gesamte Zinsentwicklung des betrachteten Dispositionszeitraums berücksichtigen,

– ex ante den Erfolg nur dann korrekt quantifizieren, wenn sowohl die Zinsstruktur als auch der betrachtete Geschäftsbestand während des gesamten Dispositionszeitraums unverändert bleiben.[118]

b) Die Steuerungsrelevanz von Währungstransformationsbeiträgen

Eine an der Maximierung von Währungstransformationsbeiträgen ausgerichtete Dispositionsstrategie des Treasury liefert der Betrachtung der Fristentransformation entsprechende Resultate. Ohne auf die einzelnen Fälle im Detail einzugehen, kann festgehalten werden, daß beispielsweise das Vorliegen einer höheren Zinsstruktur in Fremdwährung dazu führt, möglichst viele Aktiva in Fremdwährung umzuschichten. Der zunächst ausgewiesene Währungstransformationsbeitrag gibt die Situation nur dann richtig wieder, wenn die Differenz der Zinsstrukturen über die gesamte Laufzeit der betrachteten Geschäfte hinweg konstant bleibt. Aussagen über die Vorteilhaftigkeit sowie den Risikogehalt einer derartigen Dispositionsstrategie lassen sich auf der Basis von Währungstransformationsbeiträgen ex ante nicht treffen. Zur Steuerung der Fristentransformation analoge Ergebnisse ergeben sich auch dann, wenn

– nichtlineare Zinsdifferenzen zwischen den betrachteten Zinsstrukturen vorliegen und/oder

– mehrere Fremdwährungen betrachtet werden.

Unmittelbar ersichtlich ist, daß auch hier ausgeglichene Währungstransformationsergebnisse aus Mischungen von historischen Einstandssätzen und Opportunitätszinssätzen des Neugeschäfts bei zwischenzeitlich veränderten Zinsstrukturen sowie bei Anlagen und Refinanzierungen in verschiedenen Fremdwährungen entstehen können. Die sich aus der Währungstransformation ergebenden Risiken können nicht abgeschätzt werden, womit die Grundlage für deren Steuerung fehlt.

---

[118] Vgl. **Kotz, Hans-Helmut; Braun, Ulrich:** Zinsstruktur und Aktiv-Passiv-Steuerung: Der Prognoseteil. In: Sparkasse 2/1991, S. 556-561, hier S. 557.

Zusammenfassend läßt sich festhalten, daß die Marktzinsmethode in ihrer Grundkonzeption für eine Steuerung von Zinsänderungs- und Währungsrisiken keine Anhaltspunkte im Sinne von Dispositionsimpulsen liefert. Wesentlich ist allerdings der Aspekt, daß durch die Zurechnung von Konditionsbeiträgen auf dezentrale Entscheidungsträger eines Kreditinstituts und die damit verbundene Abkoppelung der erfolgsrechnerischen Bewertung dezentraler Vertriebsentscheidungen von der Beurteilung der insgesamt betriebenen Fristen- und Währungstransformation deren isolierte Betrachtung möglich wird. Damit ist die grundlegende kalkulatorische Basis für eine zentrale Steuerung von Zinsänderungs- und Währungsrisiken geschaffen.

Die Marktzinsmethode unterliegt in ihrer Grundform – insbesondere durch die Beschränkung auf den Ausweis periodisierter Erfolgsgrößen – einer eingeschränkten praktischen Anwendbarkeit. Zur Überwindung dieser Mängel wurde die Marktzinsmethode durch Berücksichtigung von Barwertkalkülen zum erweiterten Marktzinsmodell weiterentwickelt. Dessen Charakterisierung ist Gegenstand des folgenden Abschnitts B.

B. Das erweiterte Marktzinsmodell

1. Überblick

Ansatzpunkt der Weiterentwicklung der Marktzinsmethode von ihrer Grundform zum erweiterten Marktzinsmodell war die Erkenntnis, daß sich das Grundkonzept als erste Umsetzung der Idee einer marktbezogenen Bewertung von Bankgeschäften zwar bewährt hatte, für detaillierte Anforderungen der bankbetrieblichen Praxis jedoch als unzureichend bezeichnet werden mußte.[119] Die Fixierung auf periodisierte Erfolgsgrößen in Form von Konditions- und Transformationserfolgen im Grundkonzept der Marktzinsmethode verursacht grundsätzliche Probleme bei einer Bestimmung der relativen Vorteilhaftigkeit mehrerer kontrahierbarer Geschäfte unterschiedlicher Laufzeiten und Tilgungsstrukturen. Diese Überlegungen führten zu einer Erweiterung[120] des Betrachtungshorizonts weg von einer auf periodisierte Erfolgsgrößen abstellenden Bewertung hin zu einer Berücksichtigung von Barwertkalkülen und bilden die wesentliche Entwicklungsrichtung der Marktzinsmethode.[121]

Die grundlegende Anforderung bestand somit darin, ein Maß zu finden, das die Vorteilhaftigkeit des Abschlusses von Bankgeschäften, ausgerichtet an deren gesamter Laufzeit und unter Berücksichtigung von Tilgungsstrukturen, so abbildet, daß auch

---

[119] Vgl. stellvertretend **Franke, Karl-Heinz**: Möglichkeiten und Grenzen der Marktzinsmethode aus Sicht der Praxis. In: Dieter Boening; Heinz J. Hockmann (Hrsg.): Bank- und Finanzmanagement – Marketing – Rechnungswesen – Finanzierung – Reflexionen aus der Praxis, Wiesbaden 1993, S. 143-153, hier S. 151.

[120] Die Erweiterung der Marktzinsmethode geht im wesentlichen auf die Arbeiten von Flesch et al. und von Marusev zurück. Vgl. hierzu: **Flesch, Hans-Rudolf; Piaskowski, Friedrich; Sievi, Christian R.**: Erfolgsquellensteuerung durch Effektivzinsen im Konzept der Wertsteuerung. In: Die Bank 8/1984, S. 357-366; **Flesch, Hans-Rudolf; Piaskowski, Friedrich; Seegers, Jürgen**: Marktzinsmethode bzw. Wertsteuerung – Neue Thesen und Erkenntnisse aus der Realisierung. In: Die Bank 9/1987, S. 485-494 und **Marusev, Alfred W.**: Das Marktzinsmodell in der bankbetrieblichen Einzelgeschäftskalkulation. Frankfurt/Main 1990.

[121] Weitere Überlegungen werden vor allem hinsichtlich der Berücksichtigung aufsichtsrechtlicher Strukturnormen durch die Kalkulation sogenannter engpaßorientierter Bewertungszinssätze angestellt. Vgl. hierzu **Schierenbeck, Henner; Marusev, Alfred W.; Wiedemann, Arnd**: Einzelgeschäftsbezogene Aussteuerung von Engpässen mit Hilfe der Marktzinsmethode. In: Die Betriebswirtschaft 4/1992, S. 443-471, hier S. 452-459 und **Marusev, Alfred W.; Sievert, Klaus-Jürgen**: Das engpaßbezogene Bonus-/Malus-System im Marktzinsmodell. In: Die Bank 4/1990, S. 217-224. Problematisch an derartigen Konzepten scheint zum einen deren praktische Umsetzbarkeit zu sein, zum anderen die Tatsache, daß durch eine Integration aufsichtsrechtlicher Strukturnormen in das Opportunitätskalkül – in Form einer Kalkulation von Boni und Mali – indirekt Bodensatz- und Schichtungsüberlegungen wieder in das Verrechnungspreissystem eingeführt werden. Vgl. hierzu **Benke, Holger; Piaskowski, Friedrich; Sievi, Christian R.**: Neues vom Barwertkonzept. In: Die Bank 2/1995, S. 119-125, hier S. 123 sowie die Alternativvorschläge von **Blattmann, Jörg**: Stand der Theoriediskussion zur »Marktzinsmethode«. In: Die Bank 11/1987, S. 621-627, hier S. 625-627 und **Gnoth, Karl**: Kalkulation von Zinsgeschäften – Teil I: Marktzins als Meßlatte. In: Die Bank 4/1987, S. 184-189.

Erfolgsbeiträge späterer Perioden in das Entscheidungskalkül einfließen. Diese Verdichtung des Erfolgs eines Bankgeschäfts läßt sich durch einen Rekurs auf die betriebswirtschaftliche Investitionstheorie[122] umsetzen. Zugrunde liegt die Idee, daß mit dem Abschluß eines Bankgeschäfts prinzipiell die Anwartschaft auf einen in der Zukunft liegenden Zahlungsstrom verbunden ist. Aus dieser Perspektive lassen sich derartige Zahlungsströme direkt mit Investitionsentscheidungen bei sicheren Erwartungen vergleichen und deren Vorteilhaftigkeit analog zu diesen bewerten.

Hierbei liegt es – dem Grundkonzept der Marktzinsmethode entsprechend – zunächst nahe, die Vorteilhaftigkeit dieser Investitionsentscheidungen auf Basis eines (Effektiv-) Zinsvergleichs zwischen dem zu bewertenden Bankgeschäft und einem am Geld- und Kapitalmarkt durchführbaren Opportunitätsgeschäft zu überprüfen. Voraussetzung einer derartigen Vergleichbarkeit ist dann allerdings eine zu allen Zahlungszeitpunkten identische Kapitalbindung von Kunden- und Opportunitätsgeschäft, so daß Prämissen zur zwischenzeitlichen Nachfinanzierung resp. Wiederanlage nicht erforderlich sind. Diese der Internen-Zinsfuß-Methode entsprechende Vorgehensweise ermöglicht die Beurteilung der absoluten Vorteilhaftigkeit eines derartigen Geschäftsabschlusses.[123] Liegen allerdings mehrere zu bewertende Kundengeschäfte (relative Vorteilhaftigkeit) vor, greift die Interne-Zinsfuß-Methode immer dann nicht, wenn die Kapitalbindung der einzelnen Geschäfte zu bestimmten Zeitpunkten unterschiedlich ist.

Diese Problematik läßt sich durch Anwendung der Kapitalwertmethode umgehen.[124] Vorteilhaftigkeitskriterium beim Vergleich verschiedener Kundengeschäfte ist dann der Nettokapitalwert.[125] Als problematisch aus Sicht der Bankkalkulation erscheint zunächst, daß der zur Anwendung der Kapitalwertmethode erforderliche Kalkulationszins nicht bekannt ist. Damit wird ein Verfahren benötigt, das es ermöglicht, den Nettokapitalwert eines Bankgeschäfts durch Konstruktion eines Opportunitätsgeschäfts oder einer Kombination aus mehreren Opportunitätsgeschäften zu be-

---

[122] Vgl. grundlegend und stellvertretend **Hax, Herbert**: Investitionstheorie. 5. Auflage, Würzburg – Wien 1985, S. 33-61 sowie **Uhlir, Helmut; Steiner, Peter**: Wertpapieranalyse. 3. Auflage, Heidelberg 1994, S. 7-20.

[123] Vgl. zur Internen-Zinsfuß-Methode **Bieg, Hartmut**: Betriebswirtschaftslehre 1 – Investition und Unternehmensbewertung. Freiburg 1990/91, S. 99-107.

[124] Vgl. zur Kapitalwertmethode **Bieg, Hartmut**: Betriebswirtschaftslehre 1 – Investition und Unternehmensbewertung. Freiburg 1990/91, S. 84-95.

[125] Der Nettokapitalwert einer Investition ist allgemein definiert als Barwert der Rückflüsse abzüglich der Anfangsauszahlung.

stimmen.[126] Derartige Opportunitätsgeschäfte können entweder explizit konstruiert oder implizit über die Berechnung sogenannter Zerobond-Abzinsfaktoren erzeugt werden.[127]

2. Grundmodell

a) Die Bestimmung von Zerobond-Abzinsfaktoren

Bei Zerobond-Abzinsfaktoren handelt es sich um Abzinsfaktoren, die im Gegensatz zu den auf einem über die gesamte Laufzeit konstanten Kalkulationszins beruhenden Barwertfaktoren eine laufzeitbezogene Zinsstruktur erfassen. Zerobond-Abzinsfaktoren sind allgemein als prozentualer Barwert eines in der Zukunft fällig werdenden Betrags definiert, wobei alle zwischenzeitlich anfallenden Zinszahlungen durch Abschluß entsprechender Gegengeschäfte neutralisiert werden.[128] Aufgrund dieser Freiheit von impliziten Prämissen der zwischenzeitlichen Nachfinanzierung resp. Wiederanlage können Zerobond-Abzinsfaktoren zur Bewertung beliebiger deterministischer Zahlungsströme eingesetzt werden.[129] Die Konstruktion von Zerobond-Abzinsfaktoren soll anhand des folgenden Beispiels erläutert werden:

Angenommen, ein Anleger beabsichtige bei einer Zinsstruktur von 6,00 % für 1-Jahres-Anlagen und -Aufnahmen, 7,00 % für 2-Jahres-Anlagen und -Aufnahmen und 8,00 % für 3-Jahres-Anlagen und -Aufnahmen zum heutigen Zeitpunkt ($t = 0$) einen bestimmten Betrag Z anzulegen, dessen Rückzahlung nach drei Jahren ($t = 3$) unter Berücksichtigung der zwischenzeitlichen Zinszahlungen nach einem ($t = 1$) und nach zwei Jahren ($t = 2$) genau 10.000,00 DM betragen soll. Hierzu bieten sich zwei Alternativen, nämlich erstens die Investition eben in einen dreijährigen Zerobond und zweitens der Abschluß mehrerer konventioneller Geld- und Kapitalmarktgeschäfte in Form von Aufnahmen und Anlagen, die in ihrer Gesamtheit genau den Zahlungsstrom des Zerobonds nachbilden. Im zweiten Fall müßten in $t = 0$ insgesamt drei Geschäfte abgeschlossen werden, nämlich

---

[126] Vgl. ausführlich **Wimmer, Konrad**: Bankkalkulation – Neue Konzepte der Kosten- und Erlösrechnung von Kreditinstituten. 2. Auflage, Berlin 1996, S. 143-148 mit weiteren Nachweisen. Wimmer verdeutlicht diesen Sachverhalt anhand einer Beispielrechnung.

[127] Vgl. **Siegert, Helmut**: Vom Umgang mit Zahlungsströmen. In: Die Bank 7/1994, S. 422-426, hier S. 425-426.

[128] Eine derartige Vorgehensweise wird auch als Stripping-Strategie bezeichnet. Vgl. hierzu **Doerks, Wolfgang**: Die Berücksichtigung von Zinsstrukturkurven bei der Bewertung von Kuponanleihen. In: Wirtschaftswissenschaftliches Studium 6/1991, S. 275-280, hier S. 277.

[129] Vgl. **Schierenbeck, Henner; Marusev, Alfred W.**: Margenkalkulation von Bankprodukten im Marktzinsmodell. In: Zeitschrift für Betriebswirtschaft 8/1990, S. 789-813, hier S. 794.

(a) die Anlage eines Teilbetrags z_3 für drei Jahre, der zum Zeitpunkt $t = 3$ einschließlich 8,00 % Zinsertrag den gewünschten Rückzahlungsbetrag von 10.000,00 DM ergibt

$$(\rightarrow \quad 1,08\, z_3 \quad = \quad 10.000,00\,\text{DM}),$$

(b) die Aufnahme eines Teilbetrags z_2 für zwei Jahre, dessen Rückzahlung zum Zeitpunkt $t = 2$ einschließlich 7,00 % Zinsertrag genau die zu diesem Zeitpunkt fällig werdende Zinszahlung (Zinsertrag) von z_3 ausgleicht

$$(\rightarrow \quad 1,07\, z_2 \quad + \quad 0,08\, z_3 \quad = \quad 0,00\,\text{DM})\text{ und}$$

(c) die Aufnahme eines Teilbetrags z_1 für ein Jahr, dessen Rückzahlung zum Zeitpunkt $t = 1$ einschließlich 6,00 % Zinsertrag genau die zu diesem Zeitpunkt fällig werdenden Zinszahlungen von z_2 (Zinsaufwand) und z_3 (Zinsertrag) ausgleicht

$$(\rightarrow \quad 1,06\, z_1 \quad + \quad 0,07\, z_2 \quad + \quad 0,08\, z_3 \quad = \quad 0,00\,\text{DM}).$$

Der gesuchte Anlagebetrag Z entspricht der Summe aus z_1, z_2, z_3 und läßt sich durch Lösen des folgenden linearen Gleichungssystems bestimmen:

$$
\begin{array}{rcrcrcr}
z_1 & + & z_2 & + & z_3 & = & Z\ \text{DM} \\
1,06\, z_1 & + & 0,07\, z_2 & + & 0,08\, z_3 & = & 0,00\ \text{DM} \\
& & 1,07\, z_2 & + & 0,08\, z_3 & = & 0,00\ \text{DM} \\
& & & & 1,08\, z_3 & = & 10.000,00\ \text{DM}
\end{array}
$$

(13)

Als Lösung dieses Gleichungssystems ergibt sich konkret:[130]

$$
\begin{array}{rcl}
Z & = & 7.913,89\ \text{DM} \\
z_1 & = & -653,09\ \text{DM} \\
z_2 & = & -692,28\ \text{DM} \\
z_3 & = & 9.259,26\ \text{DM}
\end{array}
$$

(14)

Die folgende Tabelle 3 enthält die Einzelzahlungen, die bei einer derart synthetischen Nachbildung des Zerobond-Zahlungsstroms anfallen.

---

[130] Positive Beträge kennzeichnen eine Anlage, negative Beträge eine Aufnahme zum Zeitpunkt $t = 0$.

Zahlungen		Zeitpunkt			
		0	1	2	3
z_3 Kapital	[DM]	-9259,26			9259,26
Zins	[DM]		740,74	740,74	740,74
z_2 Kapital	[DM]	692,28		-692,28	
Zins	[DM]		-48,46	-48,46	
z_1 Kapital	[DM]	653,09	-653,09		
Zins	[DM]		-39,19		
Summe	[DM]	-7913,89	0,00	0,00	10000,00

Tabelle 3: Einzelzahlungen bei synthetischer Nachbildung des Zerobond-Zahlungsstroms

Normiert man den Rückzahlungsbetrag auf 1, dann liefert das Gleichungssystem als Lösung den entsprechenden Zerobond-Abzinsfaktor. Das in *(13)* beispielhaft beschriebene Gleichungssystem hat damit für ganzjährige Laufzeiten allgemein die folgende Struktur:

$$\sum_{t=1}^{T} z_t \quad = \quad ZAF^T$$

(15) $\quad \left(1+i_t\right)z_t \; + \; \sum_{t=1}^{T} i_{t+1}\,z_{t+1} \quad = \quad 0 \qquad \textit{für } t = 1,...,T-1$

$$\left(1+i_t\right)z_t \quad = \quad 1 \qquad \textit{für } t = T$$

mit $\quad ZAF^T$: Zerobond-Abzinsfaktor einer Laufzeit von T Jahren [Dezimal-schreibweise]

$\quad i_t$: Marktzinssatz einer Laufzeit von t Jahren ($t = 0, ..., T$) [Dezimal-schreibweise]

$\quad z_t$: Zerobond-Tranche einer Laufzeit von t Jahren [Dezimalschreibweise]

Alternativ zur Lösung derartiger Gleichungssysteme mit T Gleichungen für jeden Zerobond-Abzinsfaktor lassen sich diese sukzessiv aus einer vorliegenden Zinsstruktur berechnen.[131] Hierbei wird der Umstand ausgenutzt, daß sich der Zerobond-Abzinsfaktor einer bestimmten Laufzeit aus dem einjährigen Abzinsungsfaktor des zu der betrachteten Laufzeit gehörenden Zinssatzes und der kumulierten Zerobond-

---

[131]   Vgl. hierzu auch **Schierenbeck, Henner; Wiedemann, Arnd:** Treasury-Management in Banken. Forschungsbericht 1/95 des Wirtschaftswissenschaftlichen Zentrums der Universität Basel, Basel 1995, S. 38-41.

Abzinsfaktoren der Vorjahre zusammensetzt. Betrachtet man zunächst den Fall einer 1-jährigen Laufzeit, dann gilt für den zugehörigen Zerobond-Abzinsfaktor:

$$(16) \qquad ZAF^1 = \frac{1}{1+i_1}$$

Erweitert man die Laufzeit um ein Jahr, ergibt sich folgendes Gleichungssystem zur Bestimmung des zweijährigen Zerobond-Abzinsfaktors:

$$(17) \qquad \begin{aligned} z_1 + z_2 &= ZAF^2 \\ \left(1+i_1\right)z_1 + i_2\,z_2 &= 0 \\ \left(1+i_2\right)z_2 &= 1 \end{aligned}$$

Für die beiden Zerobond-Tranchen z_1 und z_2 gilt:

$$(18) \qquad \begin{aligned} z_2 &= \frac{1}{1+i_2} \\ z_1 &= -\frac{i_2}{\left(1+i_1\right)\left(1+i_2\right)} \end{aligned}$$

Bildet man die Summe aus z_1 und z_2, läßt sich der 2-jährige Zerobond-Abzinsfaktor folgendermaßen darstellen:

$$(19) \qquad \begin{aligned} ZAF^2 &= -\frac{i_2}{\left(1+i_1\right)\left(1+i_2\right)} + \frac{1}{1+i_2} \\ &= \frac{1}{1+i_2}\left(1 - i_2\,\frac{1}{1+i_1}\right) \\ &= \frac{1}{1+i_2}\left(1 - i_2\,ZAF^1\right) \end{aligned}$$

Bei einer weiteren Ausdehnung der Laufzeit um ein Jahr kann, wieder ausgehend von dem grundlegenden Gleichungssystem *(20)*, einer Bestimmung der einzelnen Zerobond-Tranchen *(21)* und deren Addition *(22)*, gezeigt werden, daß allgemein der jeweils gesuchte Zerobond-Abzinsfaktor aus dem zu der betrachteten Laufzeit gehörenden Zinssatz und der Summe der Zerobond-Abzinsfaktoren der kürzeren Laufzeiten bestimmt werden kann.[132]

(20)
$$
\begin{aligned}
z_1 + z_2 + z_3 &= ZAF^3 \\
(1+i_1)z_1 + i_2 z_2 + i_3 z_3 &= 0 \\
(1+i_2)z_2 + i_3 z_3 &= 0 \\
(1+i_3)z_3 &= 1
\end{aligned}
$$

(21)
$$
\begin{aligned}
z_3 &= \frac{1}{1+i_3} \\
z_2 &= -\frac{i_3}{(1+i_2)(1+i_3)} \\
z_1 &= \frac{i_2\, i_3}{(1+i_1)(1+i_2)(1+i_3)} - \frac{i_3}{(1+i_1)(1+i_3)}
\end{aligned}
$$

(22)
$$
\begin{aligned}
ZAF^3 &= \frac{i_2\, i_3}{(1+i_1)(1+i_2)(1+i_3)} - \frac{i_3}{(1+i_1)(1+i_3)} - \frac{i_3}{(1+i_2)(1+i_3)} + \frac{1}{1+i_3} \\
&= \frac{1}{1+i_3}\left(1 - i_3\left(ZAF^1 + ZAF^2\right)\right)
\end{aligned}
$$

Allgemein gilt:

(23)
$$
\begin{aligned}
ZAF^1 &= \frac{1}{1+i_1} \\
ZAF^T &= \frac{1}{1+i_T}\left(1 - i_T \sum_{t=1}^{T-1} ZAF^t\right) \quad \text{für } T > 1
\end{aligned}
$$

Tabelle 4 gibt die Ergebnisse einer derartigen Bestimmung von Zerobond-Abzinsfaktoren für eine vierjährige Zinsstruktur wieder.

---

[132] Anlage 1 im Anhang dieser Arbeit enthält die einzelnen Umformungen von *(22)*, die zur Bestimmung von ZAF^3 erforderlich sind.

Laufzeit	Marktzins	Zerobond-Abzinsfaktor kumuliert	
[Jahre]	[%]		
1	6,0000	0,9433962	0,9433962
2	7,0000	1,8162581	0,8728619
3	8,0000	2,6076464	0,7913883
4	9,0000	3,3097673	0,7021209

Tabelle 4: Sukzessive Bestimmung von Zerobond-Abzinsfaktoren

b) Die Kalkulation von Konditionsbeitrags-Barwerten

Überträgt man das oben beschriebene Investitionsbeispiel auf die grundsätzliche Problematik der Bewertung von Kundengeschäften, dann kann jede einzelne Zahlung eines zu bewertenden Kundengeschäfts durch Multiplikation mit dem laufzeitmäßig zugehörigen Zerobond-Abzinsfaktor in eine Barwertgröße transformiert werden. Die Summe dieser Barwerte ist als Konditionsbeitrags-Barwert definiert und quantifiziert den Nettoerfolg des Kundengeschäfts in Form des Kassenüberschusses, der bei einem Abschluß der einzelnen Zerobond-Ausgleichsoperationen zum Zeitpunkt $t = 0$ anfallen würde.[133] Durch eine derartige Verdichtung des Erfolgs von Bankgeschäften auf jeweils eine einzige Größe können diese – unabhängig von ihren Laufzeiten und Zahlungscharakteristika – miteinander verglichen werden. Formal ist der Konditionsbeitrags-Barwert eines Kundengeschäfts bei Betrachtung ganzjähriger Laufzeiten damit definiert als:

$$(24) \qquad KB_0 \;=\; \sum_{t=0}^{T} cf_t^{\,k} \cdot ZAF^t$$

mit KB_0: Konditionsbeitrags-Barwert [DM]

$cf_t^{\,k}$: Zum Zeitpunkt t fällig werdende Zahlung eines Kundengeschäfts [DM]

Betrachtet man beispielsweise ein endfälliges Kreditgeschäft mit einem Volumen von 300.000,00 DM, einer Laufzeit von 4 Jahren, einer Nominalverzinsung von 10,00 % p.a. bei 100-prozentiger Auszahlung sowie jährlich nachschüssiger Zinszahlung, dann beträgt dessen Konditionsbeitrags-Barwert zum Zeitpunkt der Kon-

---

[133] Vgl. **Marusev, Alfred W.:** Einzelgeschäftskalkulation – Ziele und aktueller Stand. In: Bank Information 1/1990, S. 44-46, hier S. 44.

trahierung resp. Auszahlung bei Gültigkeit der in Tabelle 4 unterstellten Zinsstruktur am Geld- und Kapitalmarkt 9.929,30 DM. Abbildung 12 illustriert die Vorgehensweise der Berechnung des Konditionsbeitrags-Barwerts.

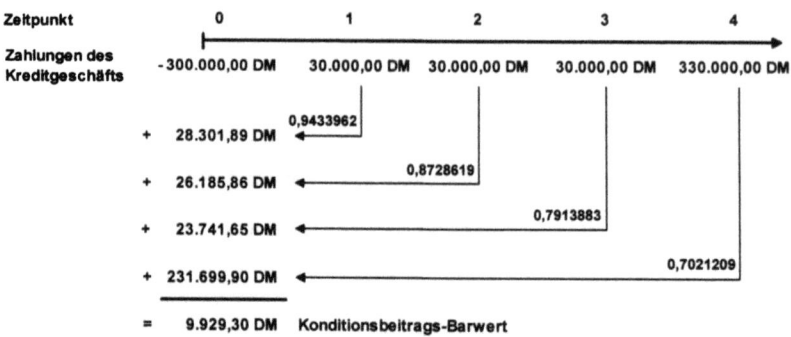

Abbildung 12: Berechnung des Konditionsbeitrags-Barwerts

Der bei Abschluß der (Zerobond-)Opportunitätsgeschäfte realisierbare Konditionsbeitrags-Barwert ist in seiner Höhe während der gesamten Laufzeit des betrachteten Kundengeschäfts von Marktzinsänderungen unabhängig, weil sämtliche in der Zukunft liegende Zahlungen bereits zum Zeitpunkt $t = 0$ durch entsprechende Gegengeschäfte neutralisiert werden. Somit kann keine Notwendigkeit zur Aufnahme oder Anlage einzelner Beträge zu unbekannten Marktzinsen bestehen und es herrscht damit ein Zustand der Zinsänderungsrisikofreiheit.

Während es für die interne Ergebnisrechnung der Kundenbereiche eines Kreditinstituts bedeutsam ist, ob und wenn ja, auf welche Weise der Konditionsbeitrags-Barwert auf die einzelnen Laufzeitjahre des abgeschlossenen Geschäfts zu verteilen ist[134], stellt sich aus der Sicht des Treasury zunächst die Frage, durch welche konkreten Operationen am Geld- und Kapitalmarkt sich der Konditionsbeitrag tatsächlich realisieren und damit der Zustand der Zinsänderungsrisikofreiheit herstellen läßt. Zu diesem Zweck sollen die synthetischen Zerobond-Transaktionen in die zugrunde liegenden konventionellen Geld- und Kapitalmarktgeschäfte aufgelöst werden.[135]

---

[134]   Auf die einzelnen Alternativen dieser sogenannten Verrentung wird im Rahmen der vorliegenden Arbeit nicht eingegangen. Vgl. hierzu: **Schierenbeck, Henner:** Ertragsorientiertes Bankmanagement – Controlling in Kreditinstituten. 4. Auflage, Wiesbaden 1994, S. 175-194.

[135]   Vgl. **Grabiak, Stephan:** Die moderne Marktzinsmethode im Tagesgeschäft der Banken. In: Zeitschrift für das gesamte Kreditwesen 17/1988, S. 787-790, hier S. 787.

Man unterscheidet hier zwei grundsätzliche Varianten, nämlich am Verlauf des gebundenen Kapitals orientierte, sogenannte kapitalstrukturkongruente und am Zahlungsstrom des Kundengeschäfts orientierte, sogenannte zahlungsstrukturkongruente Opportunitätsgeschäfte.

c) Die Konstruktion expliziter Opportunitätsgeschäfte

(1) Zahlungsstrukturkongruente Opportunitäten

Die Konstruktion zahlungsstrukturkongruenter Opportunitäten orientiert sich an der Zahlungsreihe des zu disponierenden Kundengeschäfts. Ziel ist die Herstellung entgegengerichteter Liquiditätswirkungen der Zahlungen von Kundengeschäft und Opportunität zu allen auf die Auszahlung des Kundengeschäfts folgenden Zeitpunkten. Die Opportunitätstranchen werden so bestimmt, daß sie sich unter Berücksichtigung sämtlicher, zu den jeweiligen Zeitpunkten fällig werdenden Zinszahlungen genau mit den Zahlungen des Kundengeschäfts ausgleichen. Demnach lautet die Bildungsvorschrift für die zahlungsstrukturkongruente Opportunität:[136]

$$(25) \qquad \begin{aligned} \left(1+i_t\right)x_t + \sum_{t=1}^{T-1} i_{t+1}\, x_{t+1} &= cf_t^k \qquad \text{für } t = 1, \ldots, T-1 \\ \left(1+i_t\right)x_t &= cf_t^k \qquad \text{für } t = T, T \ge 1 \end{aligned}$$

mit x_t : Opportunitätstranche einer Befristung von t Jahren [DM]

Für das bereits beschriebene Kalkulationsbeispiel nimmt dieses Gleichungssystem folgende Form an[137]:

$$(26) \qquad \begin{aligned} 1{,}06\,x_1 + 0{,}07\,x_2 + 0{,}08\,x_3 + 0{,}09\,x_4 &= 30.000{,}00 \text{ DM} \\ 1{,}07\,x_2 + 0{,}08\,x_3 + 0{,}09\,x_4 &= 30.000{,}00 \text{ DM} \\ 1{,}08\,x_3 + 0{,}09\,x_4 &= 30.000{,}00 \text{ DM} \\ 1{,}09\,x_4 &= 330.000{,}00 \text{ DM} \end{aligned}$$

---

[136] Unterstellt ist bei der folgenden Beschreibung des theoretischen Konzepts zunächst die Berücksichtigung ganzjähriger Laufzeiten ohne unterjährige Zahlungen.

[137] Vgl. zur Beschreibung des zugrunde liegenden Bankgeschäfts S. 53 dieser Arbeit.

Die Lösung des Gleichungssystems lautet:

$$
\begin{aligned}
x_1 &= 2.246{,}89 \text{ DM}\\
x_2 &= 2.381{,}70 \text{ DM}\\
(27) \qquad x_3 &= 2.548{,}42 \text{ DM}\\
x_4 &= 302.752{,}29 \text{ DM}
\end{aligned}
$$

Der Refinanzierungsplan dieses Beispiels ist in Tabelle 5 wiedergegeben.

			Zeitpunkt	0	1	2	3	4
Zahlungen des Kundengeschäfts								
	Kapital	[DM]		-300.000,00				300.000,00
10,00 %	Zins	[DM]			30.000,00	30.000,00	30.000,00	30.000,00
Opportunitätszahlungen								
4-Jahres-Tranche	Kapital	[DM]		302.752,29				-302.752,29
9,00 %	Zins	[DM]			-27.247,71	-27.247,71	-27.247,71	-27.247,71
3-Jahres-Tranche	Kapital	[DM]		2.548,42			-2.548,42	
8,00 %	Zins	[DM]			-203,87	-203,87	-203,87	
2-Jahres-Tranche	Kapital	[DM]		2.381,70		-2.381,70		
7,00 %	Zins	[DM]			-166,72	-166,72		
1-Jahres-Tranche	Kapital	[DM]		2.246,89	-2.246,89			
6,00 %	Zins	[DM]			-134,81			
Summe der Opportunitätszahlungen		[DM]		309.929,30	-30.000,00	-30.000,00	-30.000,00	-330.000,00
Summe aller Zahlungen		[DM]		9.929,30	0,00	0,00	0,00	0,00
Gewinn- und Verlustrechnung								
Zinsertrag		[DM]			30.000,00	30.000,00	30.000,00	30.000,00
Zinsaufwand		[DM]			27.753,11	27.618,30	27.451,58	27.247,71
Zinsüberschuß		[DM]			2.246,89	2.381,70	2.548,42	2.752,29
Summe der Zinsüberschüsse		[DM]		9.929,30				

Tabelle 5: Refinanzierungsplan und GuV-Wirkungen der
zahlungsstrukturkongruenten Opportunität

Bei Durchführung der zahlungsstrukturkongruenten Refinanzierung werden insgesamt 309.929,30 DM aufgenommen, so daß der Konditionsbeitrags-Barwert nach Auszahlung des Kredits zum Zeitpunkt $t = 0$ liquiditätswirksam anfällt. Die Zahlungsströme des Kundengeschäfts sowie der Refinanzierungstranchen gleichen sich für die restliche Laufzeit exakt aus. Die Summe der in der Gewinn- und Verlustrechnung ausgewiesenen Zinsüberschüsse entspricht dem Konditionsbeitrags-Barwert. Dies läßt sich durch Anwendung des Kongruenzprinzips auf den Fall der zahlungsstrukturkongruenten Opportunität nachvollziehen.[138]

Nach dem Kongruenzprinzp ist der Totalerfolg eines Unternehmens, also die Summe aller Zahlungen, die während der gesamten Lebensdauer erhalten und geleistet werden, identisch mit der Summe aller periodisierten Gewinne. Es gilt somit:[139]

$$(28) \qquad \sum_{t=0}^{T} cf_t = \sum_{t=0}^{T} g_t$$

mit $\quad cf_t$:   Zum Zeitpunkt t fällig werdende Zahlung [DM]

$\quad g_t$:   Gewinn zum Zeitpunkt t [DM]

Da sich im Fall der zahlungsstrukturkongruenten Opportunität ab dem Zeitpunkt $t = 1$ alle Zahlungsströme zu Null saldieren, gilt:

$$(29) \qquad \sum_{t=1}^{T} cf_t = 0$$

Damit entspricht die Summe aller Gewinne dem zum Zeitpunkt $t = 0$ resultierenden Zahlungsstrom. Dieser setzt sich aus den Einzahlungen der einzelnen Opportunitätstranchen sowie der Auszahlung des Kreditbetrags zusammen und ist als Konditionsbeitrags-Barwert KB_0 definiert:

$$(30) \qquad KB_0 = cf_0 = \sum_{t=0}^{T} g_t$$

---

[138]   Das Kongruenzprinzip geht auf die von Schmalenbach entwickelte dynamische Bilanzlehre zurück und besagt, daß die Summe der Abschnitts- oder Periodenerfolge eines Unternehmens über dessen gesamte Lebensdauer betrachtet dem Totalerfolg entsprechen muß. Vgl. hierzu **Münstermann, Hans:** Kongruenzprinzip und Vergleichbarkeitsgrundsatz im Rahmen der dynamischen Bilanzlehre – Bemerkungen zu Gedankengängen von Hasenack. In: Betriebswirtschaftliche Forschung und Praxis o.Nr./1964, S. 426-438, hier S. 431-433.

[139]   Vgl. **Pfingsten, Andreas; Thom, Susanne:** Der Konditionsbeitrags-Barwert in der Gewinn- und Verlustrechnung. In: Die Bank 4/1995, S. 242-245, hier S. 242.

(2) Kapitalstrukturkongruente Opportunitäten

Alternativ zu der am Zahlungsstrom des Kundengeschäfts ausgerichteten zahlungsstrukturkongruenten Opportunität ist es Ziel der Konstruktion kapitalstrukturkongruenter Opportunitäten, einen identischen Verlauf des gebundenen Kapitals von Kundengeschäft und Opportunität zu erzeugen.[140] Für die Bestimmung der einzelnen Opportunitätstranchen muß daher die Zahlungsreihe des Kundengeschäfts in Zins- und Kapitaltranchen aufgespalten werden. Die Opportunität wird so konstruiert, daß die einzelnen Tranchen der Opportunität betragsmäßig und zeitlich genau mit den Kapitaltranchen des Kundengeschäfts (Tilgungen) übereinstimmen. Demnach lautet die Bildungsvorschrift kapitalstrukturkongruenter Opportunitäten:

$$(31) \qquad x_t = k_t \qquad \textit{für } t = 1, ..., T$$

mit k_t :   Zum Zeitpunkt t fällig werdende Kapitaltranche [DM]

Für das Kalkulationsbeispiel besteht die kapitalstrukturkongruente Opportunität aus einer einzigen Tranche in Höhe von 300.000,00 DM, die für vier Jahre aufgenommen wird. Tabelle 6 gibt den Refinanzierungsplan und die GuV-Wirkungen dieser kapitalstrukturkongruenten Refinanzierung wieder.

Die kapitalstrukturkongruente Opportunität dieses Beispielfalls stimmt mit der im Grundmodell der Marktzinsmethode als Opportunität bestimmten 4-Jahres-Refinanzierung überein. Die liquiditätsmäßig vorhandenen Überschüsse zu den Zeitpunkten $t = 1$ bis $t = 4$ entsprechen den in der GuV ausgewiesenen Zinsüberschüssen. Nachträgliche Veränderungen des Zinsniveaus wirken sich weder auf die Liquidität noch auf die GuV-Überschüsse aus, wobei implizit eine Ausschüttung der Zinsüberschüsse zu den jeweiligen GuV-Terminen unterstellt wird.[141] Der Konditionsbeitrags-Barwert entspricht im Gegensatz zur zahlungsstrukturkongruenten Variante dem Barwert der in der GuV ausgewiesenen Zinsüberschüsse und läßt sich unter Verwendung der laufzeitspezifischen Zerobond-Abzinsfaktoren bestimmen.

---

[140] Kapitalstrukturkongruente Opportunitäten werden in der Praxis auch als tilgungskongruent bezeichnet.

[141] Vgl. hierzu die Ausführungen auf S. 131-141 dieser Arbeit.

Zeitpunkt	0	1	2	3	4
Zahlungen des Kundengeschäfts					
Kapital [DM]	-300.000,00				300.000,00
10,00 % Zins [DM]		30.000,00	30.000,00	30.000,00	30.000,00
Opportunitätszahlungen					
4-Jahres-Tranche Kapital [DM]	300.000,00				-300.000,00
9.00 % Zins [DM]		-27.000,00	-27.000,00	-27.000,00	-27.000,00
Summe der Opportunitätszahlungen [DM]	300.000,00	-27.000,00	-27.000,00	-27.000,00	-327.000,00
Summe aller Zahlungen [DM]	0,00	3.000,00	3.000,00	3.000,00	3.000,00
Gewinn- und Verlustrechnung					
Zinsertrag [DM]		30.000,00	30.000,00	30.000,00	30.000,00
Zinsaufwand [DM]		27.000,00	27.000,00	27.000,00	27.000,00
Zinsüberschuß [DM]		3.000,00	3.000,00	3.000,00	3.000,00
Barwert der Zinsüberschüsse [DM]	9.929,30				

Tabelle 6: Refinanzierungsplan und GuV-Wirkungen der kapitalstrukturkongruenten Opportunität

Solange keine Kundengeschäfte mit unterjährigen Zahlungen und gebrochenen Laufzeiten betrachtet werden, ist die Bestimmung kapitalstrukturkongruenter Refinanzierungen unproblematisch. Kalkulationsprobleme ergeben sich erst dann, wenn das im Kreditgeschäft gebundene Kapital mittels eines Effektivzinsverfahrens bestimmt wird und wenn – wie regelmäßig zu beobachten – Effektivzinsverfahren von Kunden- und Opportunitätsgeschäft voneinander abweichen.[142]

Hinsichtlich der Bedeutung strukturkongruenter Opportunitätsgeschäfte läßt sich bisweilen ein gewisses Mißverständnis feststellen.[143] Dies liegt vor allem in Bezug auf deren tatsächliche Disposition durch das Treasury vor. Strukturkongruente Opportunitätsgeschäfte sind nicht als zwingende Dispositionsanweisung unter Aufgabe der Fristentransformationsfunktion zu interpretieren. Sie dienen vielmehr

(a) als Trennlinie zwischen Konditions- und Dispositionserfolg[144],

---

[142] Diese Fragestellung wird auf S. 148-150 dieser Arbeit erörtert.

[143] Diesen Schluß lassen insbesondere die Aussagen Djebbars zu. Vgl. hierzu: **Djebbar, Jan F.**: Zur Kritik an der Marktzinsmethode. In: Österreichisches Bank Archiv 11/1990, S. 920-931, hier S. 926.

[144] Vgl. **Flesch, Hans-Rudolf; Piaskowski, Friedrich; Sievi, Christian R.**: Effektivzinsrechnung und Marktzinsmethode – Stellungnahme zu dem Aufsatz von Schierenbeck/Rolfes. In: Die Bank 4/1987, S. 190-193, hier S. 192.

(b) als Standard-Dispositionsvorschlag, bei dessen Realisierung unter bestimmten Prämissen Zinsänderungsrisiken ausgeschaltet werden können[145] und

(c) als Überleitungsinstrument der Kalkulation von Konditionsbeitrags-Barwerten in eine periodenbezogene Bestimmung von Zinsüberschüssen[146].

Auf Basis des Bewertungsansatzes des erweiterten Marktzinsmodells wurden eine Reihe von Kalkulationsvorschlägen zur Entscheidungsunterstützung des Treasury entwickelt, die im folgenden Abschnitt vorgestellt werden.

3. Entscheidungsunterstützung des Treasury auf Basis des erweiterten Marktzinsmodells

a) Die Bewertung offener Zinspositionen

(1) Die Trennung von Struktur- und Niveaueffekten

Schierenbeck/Wiedemann schlagen ein Konzept zur Trennung sogenannter Struktur- und Niveaueffekte vor.[147] Die Idee besteht darin, den Barwert des Zahlungsstroms von Opportunitätsgeschäften als Maßgröße zur Beurteilung der Vorteilhaftigkeit von Fristentransformationsentscheidungen zu verwenden. Ausgangsbasis sind die durch die abgeschlossenen Kundengeschäfte ausgelösten Zahlungsströme, die durch Unterstellung einer bestimmten Refinanzierungs- resp. Anlagestrategie in Opportunitätszahlungsreihen transformiert werden. Auf diese Weise soll zunächst sichergestellt werden, daß die kalkulierten Konditionsbeiträge nicht in die an den Belangen des Treasury ausgerichtete Betrachtung eingehen.

---

[145] Die Fragestellung, welche Variante bei der Konzeption eines konkreten Treasuy-Modells anzuwenden ist, hängt von institutsindividuellen Prämissen ab, die in Teil III auf S. 131-141 dieser Arbeit erläutert werden.

[146] Entgegen der Auffassung von Grabherr/Stoss, nach der bei „einer solchen Methode (...) jede Brücke zur herkömmlichen Ergebnisrechnung unmöglich" sei (**Grabher, Christof; Stoss, Karl:** Banks under stress – Neue Managementmethoden. In: Österreichisches Bank Archiv 1/1993, S. 5-9, hier S. 8), wird diese Überleitung von Probson demonstriert. Vgl. **Probson, Stefan:** Identität von Barwert und Finanzbuchhaltung. In: Die Bank 3/1994, S. 180-184.

[147] Vgl. im folgenden **Schierenbeck, Henner; Wiedemann, Arnd:** Das Treasury-Konzept der Marktzinsmethode (I): Integration von Grundmodell und Barwertkalkül. In: Die Bank 11/1993, S. 670-676 sowie gleichlautend **Schierenbeck, Henner:** Ertragsorientiertes Bankmanagement – Controlling in Kreditinstituten. 4. Auflage, Wiesbaden 1994, S. 215-218 und **Schierenbeck, Henner:** Neue Wege im Treasury-Management der Banken. In: Bernd Rolfes; Henner Schierenbeck; Stephan Schüller (Hrsg.): Bilanzstruktur- und Treasury-Management in Kreditinstituten, Frankfurt/Main 1994, S. 1-31, hier S. 13-17.

Wendet man dieses Verfahren sowohl auf aktive als auch auf passive Kundengeschäfte an und verdichtet die Zahlungsreihen der Opportunitätsgeschäfte zu einem
Zahlungsstrom der Gesamtopportunität, dann stellt dieser den Verlauf der gesamten
offenen Zinsposition des betrachteten Kreditinstituts dar. Durch die Fixierung der
Refinanzierungs- resp. Anlagestrategie ist sichergestellt, daß bei Neutralisierung
dieses Zahlungsstroms genau die erwünschten periodisierten Konditionsbeiträge
erwirtschaftet werden.

Im folgenden soll an das bereits beschriebene Kreditbeispiel angeknüpft werden.
Unterstellt man, wie in Tabelle 6 dargestellt, eine kapitalstrukturkongruente Refinanzierung des Kredits, dann ergibt sich bei Betrachtung der Opportunitätsgeschäfte
eine offene Zinsposition von jeweils 27.000,00 DM zu den Zeitpunkten $t = 1$ bis
$t = 3$ und von 327.000,00 DM zum Zeitpunkt $t = 4$.

Analog zur Bestimmung des Konditionsbeitrags-Barwerts läßt sich ein sogenannter
Strukturbeitrags-Barwert bestimmen, indem man die einzelnen Zahlungen der
Opportunitätszahlungsreihe mit den zugehörigen Zerobond-Abzinsfaktoren multipliziert und die resultierenden Barwerte addiert.[148] Der Strukturbeitrags-Barwert ist
damit definiert als:

(32)
$$SB_0 = \sum_{t=0}^{T} cf_t^{opp} \cdot ZAF^t$$

mit SB_0 :   Strukturbeitrags-Barwert [DM]

cf_t^{opp} :   Zum Zeitpunkt t fällig werdende Zahlung einer betrachteten Opportunität [DM]

Zur Bestimmung der zum Zeitpunkt $t = 0$ vorliegenden offenen Zinsposition werden
sämtliche Zahlungen betrachtet, die ab diesem Zeitpunkt zu leisten sind oder die ab
diesem Zeitpunkt erhalten werden. Aus diesem Grund wird – wie in Tabelle 7 dargestellt – die zum Betrachtungszeitpunkt $t = 0$ fällige Zahlung der Opportunität
(-300.000,00 DM) nicht mehr betrachtet. Der Barwert der offenen Zinsposition entspricht dem Nominalbetrag der Opportunität. Dies ergibt sich unmittelbar aus deren
marktkonformer Verzinsung.

---

[148]   Vgl. **Marusev, Alfred W.; Pfingsten, Andreas:** Die Entstehung des Strukturbeitrags. In: Die
Bank 4/1993, S. 223-228, hier S. 224

Zeitpunkt	Zahlungsreihe Opportunität kapitalstrukturkongruent [DM]	Marktzins [%]	Zerobond-Abzinsfaktor	Barwert [DM]
1	27.000,00	6,0000	0,94339623	25.471,70
2	27.000,00	7,0000	0,87286193	23.567,27
3	27.000,00	8,0000	0,79138829	21.367,48
4	327.000,00	9,0000	0,70212094	229.593,55
Summe				300.000,00

Tabelle 7: Barwert der offenen Zinsposition zum Zeitpunkt $t = 0$

Unterstellt man keine Veränderung der Marktzinssätze bis zum Zeitpunkt $t = 1$, dann beträgt zu diesem Zeitpunkt der Barwert der verbleibenden offenen Zinsposition 307.882,94 DM. Die Differenz zu den in $t = 0$ kalkulierten 300.000,00 DM läßt sich auf die durch die Verkürzung der Restlaufzeit veränderten Bewertungszinsen zurückführen, die bei einer wie hier vorliegenden normalen Zinsstruktur zu einem positiven Effekt führen. Dieser Effekt wird im folgenden als Struktureffekt bezeichnet, weil er sich ohne Veränderung des Zinsniveaus ausschließlich durch die Verkürzung der Restlaufzeit ergibt. Die Berechnung des Barwerts der offenen Zinsposition zum Zeitpunkt $t = 1$ ist in Tabelle 8 wiedergegeben.

Zeitpunkt	Zahlungsreihe Opportunität kapitalstrukturkongruent [DM]	Marktzins [%]	Zerobond-Abzinsfaktor	Barwert [DM]
2	27.000,00	6,0000	0,94339623	25.471,70
3	27.000,00	7,0000	0,87286193	23.567,27
4	327.000,00	8,0000	0,79138829	258.783,97
Summe				307.822,94

Tabelle 8: Barwert der offenen Zinsposition zum Zeitpunkt $t = 1$ bei unveränderten Marktzinsen

Tritt dagegen eine Veränderung der Zinsstruktur zum Zeitpunkt $t = 1$ ein, wie in Tabelle 9 unterstellt, erfolgt die Bewertung der offenen Zinsposition auf Basis der aus der jetzt vorliegenden Zinsstruktur abgeleiteten Zerobond-Abzinsfaktoren.

Zeitpunkt	Zahlungsreihe Opportunität kapitalstrukturkongruent	Marktzins	Zerobond- Abzinsfaktor	Barwert
	[DM]	[%]		[DM]
2	27.000,00	9,5000	0,91324201	24.657,53
3	27.000,00	9,0000	0,84202589	22.734,70
4	327.000,00	8,5000	0,78414952	256.416,89
Summe				303.809,12

Tabelle 9: Barwert der offenen Zinsposition zum Zeitpunkt $t = 1$ bei veränderten Marktzinsen

Die Differenz der Bewertung der offenen Zinsposition zum Zeitpunkt $t = 0$ und ihrer Bewertung zum Zeitpunkt $t = 1$ auf Basis der zu diesem Zeitpunkt vorliegenden, veränderten Zinsstruktur wird als Gesamteffekt bezeichnet. Dieser Gesamteffekt läßt sich in den bereits beschriebenen Struktureffekt, der sich aus der reinen Verkürzung der Restlaufzeit ergibt, und in einen verbleibenden Niveaueffekt unterteilen. Der Niveaueffekt beschreibt die Bewertungswirkung, die ausschließlich aus der Veränderung der Zinsstruktur – bei Eliminierung des Effekts der reinen Verkürzung der Restlaufzeit – zustande kommt. Rechnerisch wird der Niveaueffekt als Differenz aus Gesamt- und Struktureffekt ermittelt. Tabelle 10 faßt Gesamt-, Struktur- und Niveaueffekt zusammen.

Barwert der offenen Position (t = 1; veränderte Marktzinssätze)	[DM]		303.809,12
- Barwert der offenen Position (t = 0)	[DM]	-	300.000,00
= Gesamteffekt	[DM]	=	3.809,12
Barwert der offenen Position in (t = 1; unveränderte Marktzinssätze)	[DM]		307.822,94
- Barwert der offenen Position (t = 0)	[DM]	-	300.000,00
= Struktureffekt	[DM]	=	7.822,94
Gesamteffekt	[DM]		3.809,12
- Struktureffekt	[DM]	-	7.822,94
= Niveaueffekt	[DM]	=	- 4.013,82

Tabelle 10: Gesamt-, Struktur- und Niveaueffekt

Das beschriebene Kalkulationsmodell kann aus der Sicht des Treasury sowohl als Simulationsinstrument als auch als Instrument zur ex post-Beurteilung der Dispositionsentscheidungen eingesetzt werden. Die Trennung von Struktur- und Niveaueffekten ist allerdings für beide Anwendungsbereiche ohne Belang. In beiden Fällen sind ausschließlich die Ergebniswirkungen, die sich aus der erwarteten resp. aus der tatsächlich eingetretenen Zinssituation ergeben, relevant.

Die Abspaltung des Struktureffekts entspricht der Quantifizierung der Veränderung des Barwerts der offenen Zinsposition bei gleichbleibender Zinsstruktur. Ex ante ist allerdings ausschließlich die prognostizierte Ergebniswirksamkeit der Zinsmeinung im Sinne einer Zinsprognose von Bedeutung, so daß die Betrachtung von zwei Effekten hier überflüssig ist. Gleiches gilt für die ex post-Beurteilung der Dispositionsentscheidungen des Treasury. Stellt sich beispielsweise ein negativer Gesamteffekt heraus, dann wird auch eine Rechtfertigung über einen möglicherweise positiven Struktureffekt nicht verfangen, entspräche sie inhaltlich doch der Aussage: „Wenn die Zinsen so geblieben wären, wäre die Dispositionsentscheidung richtig gewesen." Analoges gilt sowohl für den Fall eines negativen Gesamteffekts bei gleichzeitig negativem Struktureffekt als auch für die Fälle eines insgesamt positiven Gesamteffekts. Somit reduziert sich der Anwendungsbereich einer derartigen Bewertung offener Zinspositionen auf eine Abschätzung des Zinsaufwands resp. -ertrags, der zu einer vollständigen Schließung erforderlich ist. Abbildung 13 gibt abschließend die Trennung von Struktur- und Niveaueffekt in schematischer Form wieder.

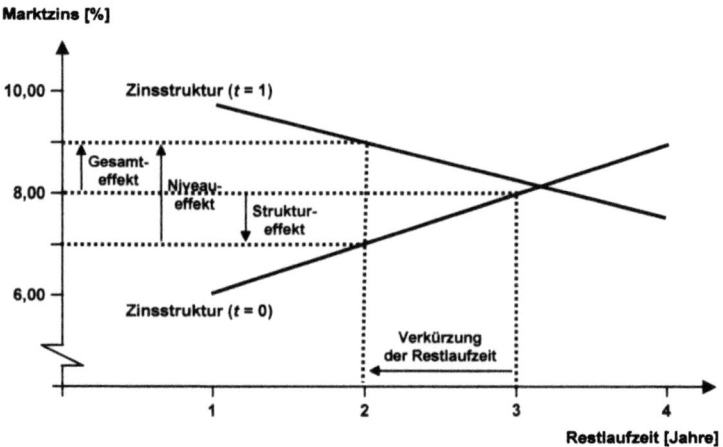

Abbildung 13: Schematische Darstellung von Struktur- und Niveaueffekt

(2) Die Bestimmung in der Zukunft liegender Kurswerte offener Zinspositionen

Alternativ zu Schierenbeck/Wiedemann schlagen Marusev/Pfingsten eine Bewertung der offenen Zinsposition zu zukünftigen Zeitpunkten auf Basis von bereits zum Betrachtungszeitpunkt realisierbaren Zinssätzen vor.[149] Ausgangspunkt ist hier nicht der Zahlungsstrom der Opportunitätsgeschäfte, sondern der originäre, durch die betrachteten Kundengeschäfte ausgelöste Zahlungsstrom. Da die Zinssätze der Zukunft nicht bekannt sind, werden die Kurswerte der offenen Zinsposition durch Verwendung von Zerobond-Abzinsfaktoren bestimmt, die auf zukünftige Zeitpunkte transformiert werden.

Der zukünftige Kurswert eines Zahlungsstroms kann bestimmt werden, indem zunächst sämtliche Zahlungen durch Multiplikation mit den auf den Gegenwartszeitpunkt bezogenen Zerobond-Abzinsfaktoren in Barwertgrößen transformiert werden. Deren Summe wird anschließend durch den Zerobond-Abzinsfaktor dividiert, dessen Laufzeitende dem in der Zukunft liegenden Bewertungszeitpunkt entspricht. Auf diese Weise lassen sich sämtliche, auf zukünftige Zeitpunkte bezogenen Zerobond-Abzinsfaktoren aus den bereits definierten Zerobond-Abzinsfaktoren erzeugen. Es gilt damit:

$$(33) \qquad ZAF_t^T = \frac{ZAF^T}{ZAF^t}$$

mit: ZAF_t^T: Zerobond-Abzinsfaktor mit einer zum Zeitpunkt t beginnenden und einer zum Zeitpunkt T endenden Laufzeit

Unterstellt man die bereits bekannte Marktzinsstruktur, dann beträgt beispielsweise der Zerobond-Abzinsfaktor mit einer zum Zeitpunkt $t = 1$ beginnenden und einer zum Zeitpunkt $T = 3$ endenden Laufzeit 0,8388716. Dieser Wert ergibt sich als Quotient aus dem dreijährigen und dem einjährigen Zerobond-Abzinsfaktor mit jeweils zum Zeitpunkt $t = 0$ beginnender Laufzeit:

$$(34) \qquad ZAF_1^3 = \frac{ZAF_0^3}{ZAF_0^1} = \frac{0,7913883}{0,9433962} = 0,8388716$$

---

[149] Vgl. im folgenden **Marusev, Alfred W.; Pfingsten, Andreas:** Die Entstehung des Strukturbeitrags. In: Die Bank 4/1993, S. 223-228.

Tabelle 11 gibt alle zukünftigen Zerobond-Abzinsfaktoren auf der Basis dieser Marktzinsstruktur wieder.

Laufzeitende	Marktzins	Zerobond-Abzinsfaktor Laufzeitbeginn			
	[%]	0	1	2	3
1	6,0000	0,9433962			
2	7,0000	0,8728819	0,9252336		
3	8,0000	0,7913883	0,8388716	0,9066592	
4	9,0000	0,7021209	0,7442482	0,8043895	0,8872016

Tabelle 11: Zukünftige Zerobond-Abzinsfaktoren

Die zukünftigen Kurswerte der offenen Zinsposition werden durch Multiplikation der einzelnen Zahlungen des Kundengeschäfts mit den zugehörigen Zerobond-Abzinsfaktoren berechnet.

$$(35) \qquad K_s = \sum_{t=s+1}^{T} cf_t^k \cdot ZAF_s^t$$

mit $\quad K_s$:   Kurswert zum Zeitpunkt s [DM]

Unterstellt man das bereits beschriebene Kreditbeispiel, ergibt sich folgender, in Tabelle 12 zusammengefaßter Kursverlauf.[150] Der Kurswert der offenen Zinsposition liegt zum Zeitpunkt $t = 1$ bei 298.525,06 DM, kann allerdings bereits zum Zeitpunkt $t = 0$ festgeschrieben werden. Hierzu müßte das Treasury die gesamte offene Zinsposition durch Abschluß entsprechender Geld- und Kapitalmarktgeschäfte glattstellen und würde zunächst einen Kurswert von 309.929,30 DM realisieren. Dieser könnte dann zum herrschenden Marktzins von 6,00 % für ein Jahr angelegt werden. Dies würde zu einem Rückzahlungsbetrag von 328.525,06 DM zum Zeitpunkt $t = 1$ führen. Von diesem Betrag müßte dann die in $t = 1$ fällig werdende Rückzahlung der zur Neutralisierung der offenen Zinsposition in $t = 0$ getätigten 1-Jahres-Aufnahme in Höhe von 30.000,00 DM einschließlich 6,00 % Zinsen subtrahiert werden. Der verbleibende Betrag wären dann 298.525,06 DM.

---

[150]   Vgl. hierzu S. 53-54 dieser Arbeit.

Zeitpunkt	Zahlung Kundengeschäft	Barwert zum Zeitpunkt			
	0	0	1	2	3
	[DM]	[DM]	[DM]	[DM]	[DM]
1	30.000,00	28.301,89			
2	30.000,00	26.185,86	27.757,01		
3	30.000,00	23.741,65	25.166,15	27.199,78	
4	330.000,00	231.699,91	245.601,90	265.448,52	292.776,52
Summe		309.929,30	298.525,06	292.648,30	292.776,52

Tabelle 12: Kurswerte der offenen Zinsposition auf Basis
der aktuellen Zinsstruktur zum Zeitpunkt $t = 0$

Verändern sich die Marktzinsen, wird eine Neukalkulation der Zerobond-Abzinsfaktoren erforderlich, wie dies in Tabelle 13 für eine angenommene Zinsänderung
zum Zeitpunkt $t = 1$ dargestellt ist.

Laufzeitende	Marktzins	Zerobond-Abzinsfaktor Laufzeitbeginn		
	[%]	1	2	3
2	9,5000	0,9132420		
3	9,0000	0,8420259	0,9220183	
4	8,5000	0,7841495	0,8586437	0,9312653

Tabelle 13: Zerobond-Abzinsfaktoren bei veränderten Marktzinsen zum Zeitpunkt $t = 1$

Auf Basis dieser neu kalkulierten Zerobond-Abzinsfaktoren kann die zum Zeitpunkt
$t = 1$ bestehende offene Zinsposition neu bewertet werden. Die Ergebnisse dieser
Bewertung zeigt Tabelle 14. Abbildung 14 faßt die Informationen aus Tabelle 12
und Tabelle 14 in graphischer Form zusammen.

Zeitpunkt	Zahlung Kundengeschäft	Barwert zum Zeitpunkt		
		1	2	3
	[DM]	[DM]	[DM]	[DM]
2	30.000,00	27.397,26		
3	30.000,00	25.260,78	27.660,55	
4	330.000,00	258.769,34	283.352,43	307.317,56
Summe		311.427,38	311.012,98	307.317,56

Tabelle 14: Kurswerte der offenen Zinsposition auf Basis der Zinsstruktur zum Zeitpunkt $t = 1$

Das von Marusev/Pfingsten vorgeschlagene Modell der Bewertung offener
Zinspositionen läßt sich zur Bestimmung sogenannter Null-Linien einsetzen, indem

der realisierbare Kurswert als Maßgröße für die Dispositionsleistung verwendet wird. Denkbar ist beispielsweise, daß der auf Basis der Zahlungsströme abgeschlossener Kundengeschäfte erzeugte Kurswertverlauf mit dem Kurswertverlauf, der sich unter Berücksichtigung der tatsächlich durchgeführten Dispositionsmaßnahmen des Treasury ergibt, verglichen wird. Abweichungen zeigen dann realisierbare zukünftige Treasury-Erfolge resp. -Mißerfolge, wobei Informationen hinsichtlich deren GuV-Wirksamkeit in zukünftigen Perioden nicht unmittelbar abgeleitet werden können.

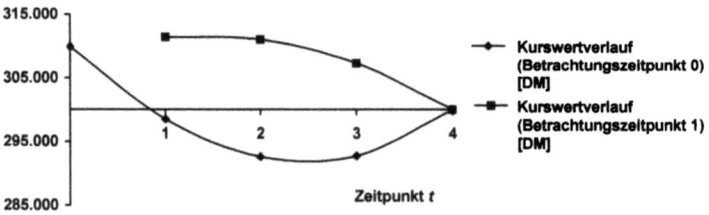

Abbildung 14: Kursverlauf der offenen Zinsposition

(3) Die Identifikation von Möglichkeiten des Gewinntransfers

Die Herstellung des Bezugs zur Gewinn- und Verlustrechnung ist Grundlage des von Marusev/Zumbach konzipierten Modells der Identifikation von Möglichkeiten des Gewinntransfers.[151] Als Grundlage dient die Zinsbindungsbilanz[152] eines Kreditinstituts, in der die Fälligkeiten der zinstragenden Bestände in einer zeitlichen Abfolge geordnet sind. In der folgenden Tabelle 15 ist die Zinsbindungsbilanz des bereits erwähnten Kreditbeispiels mit folgender Modifikation dargestellt: Zwischen Kreditinstitut und Kunde werden Tilgungen von 100.000,00 DM zum Ende des ersten, von 80.000,00 DM zum Ende des zweiten und von 50.000,00 DM zum Ende des dritten Laufzeitjahrs vereinbart. Die Angabe von Zinszahlungen aus dem Kundengeschäft soll aus Vereinfachungsgründen unterbleiben.

---

[151]   Vgl. im folgenden **Marusev, Alfred W.; Zumbach, Uwe:** Arbitragefreier Gewinntransfer durch Veränderung von Festzinsüberhängen. In: Die Bank 10/1993, S. 608-612.

[152]   Vgl. hierzu auch die Ausführungen auf S. 105 dieser Arbeit.

Zeitpunkt	Zinsbindung		Aktiv-/Passiv-	
	aktiv	passiv	Überhang	Vorlauf
	[DM]	[DM]	[DM]	[DM]
0	300.000,00	0,00	300.000,00	-300.000,00
1	200.000,00	0,00	200.000,00	100.000,00
2	120.000,00	0,00	120.000,00	80.000,00
3	70.000,00	0,00	70.000,00	50.000,00
4	0,00	0,00	0,00	70.000,00

Tabelle 15: Zinsbindungsbilanz

In der Zinsbindungsbilanz werden die jeweiligen aktivischen und passivischen Kapitalbindungen einander gegenübergestellt. Die betragsmäßigen Differenzen zu den jeweiligen Zeitpunkten sind als Überhänge definiert. Sind zu einem bestimmten Zeitpunkt die aktivischen Zinsbindungen höher als die passivischen, dann spricht man von einem Aktivüberhang, im umgekehrten Fall handelt es sich um einen Passivüberhang:

$$(36) \qquad\qquad \ddot{U}B_t = ZB_t^A - ZB_t^P$$

mit $\ddot{U}B_t$: Zinsbindungs-Überhang der Fälligkeit t [DM]

ZB_t^A : Aktivische Zinsbindung der Fälligkeit t [DM]

ZB_t^P : Passivische Zinsbindung der Fälligkeit t [DM]

Während Überhänge die jeweiligen Bestandsdifferenzen zwischen aktiven und passiven Zinsbindungen beschreiben, geben sogenannte Vorläufe an, um welchen Betrag sich der Überhang gegenüber dem zuletzt ausgewiesenem Wert verändert. Zusammengefaßt gilt hier:

$$(37) \qquad \begin{aligned} VL_0 &= -\ddot{U}B_t \\ VL_t &= \ddot{U}B_{t-1} - \ddot{U}B_t \quad \text{für } t > 0 \end{aligned}$$

mit VL_t : Vorlauf innerhalb des Intervalls $[t-1, t]$; [DM]

Nimmt die aktivische Zinsbindung stärker ab als die passivische, werden also mehr Kredite getilgt als Einlagen zurückgezahlt, handelt es sich um einen sogenannten Aktivvorlauf, im umgekehrten Fall um einen Passivvorlauf. Vorläufe beschreiben damit die Zahlungsströme innerhalb des jeweils betrachteten Intervalls einer Zinsbindungsbilanz.

Angenommen, die Zinsposition eines Kreditinstituts würde nur aus dem in Tabelle 15 wiedergegebenen Geschäft bestehen, dann lassen sich die Eckpunkte des dispositiven Verhaltens durch die beiden Alternativen beschreiben, nämlich entweder die Zinsposition zum Zeitpunkt $t = 0$ komplett zu schließen, oder aber die Zinsposition für die gesamte Laufzeit offen zu halten, wobei hierunter eine Abfolge revolvierender Ausgleichsoperationen mit möglichst kurzfristiger Laufzeit zu verstehen ist. Für das betrachtete Beispiel soll vereinfachend angenommen werden, daß es sich bei diesen laufzeitkürzesten Geschäften um revolvierende 1-Jahres-Geschäfte handelt.

Die erste Handlungsalternative läßt sich durch Konstruktion einer zahlungs- oder kapitalstrukturkongruenten Opportunität, hier in Form einer Refinanzierung, darstellen. Orientiert man sich an der Zinsbindungsbilanz, dann führt die Bildung der kapitalstrukturkongruenten Refinanzierung dazu, daß die einzelnen fällig werdenden Tranchen genau der Veränderung der Kapitalbindung und damit den jeweiligen Vorläufen entsprechen. Die folgende Tabelle 16 gibt die GuV-Wirkungen einer derartigen Refinanzierung wieder.

			Zeitpunkt	0	1	2	3	4
Aktiv-/Passiv-Vorlauf			[DM]	-300.000,00	100.000,00	80.000,00	60.000,00	70.000,00
Ausgleichsoperationen ($t = 0$)								
4-Jahres-Tranche	Kapital	[DM]		70.000,00				-70.000,00
9,00 %	Zins	[DM]			-6.300,00	-6.300,00	-6.300,00	-6300,00
3-Jahres-Tranche	Kapital	[DM]		50.000,00			-50.000,00	
8,00 %	Zins	[DM]			-4.000,00	-4.000,00	-4.000,00	
2-Jahres-Tranche	Kapital	[DM]		80.000,00		-80.000,00		
7,00 %	Zins	[DM]			-5.600,00	-5.600,00		
1-Jahres-Tranche	Kapital	[DM]		100.000,00	-100.000,00			
6,00 %	Zins	[DM]			-6.000,00			
Summe	Kapital	[DM]		300.000,00	-100.000,00	-80.000,00	-50.000,00	-70.000,00
	Zins	[DM]			-21.900,00	-15.900,00	-10.300,00	-6.300,00

Tabelle 16: Ausgleich aller Aktiv-/Passiv-Vorläufe

Alternativ zu dieser Dispositionsstrategie besteht für das Treasury die Möglichkeit, die Zinsposition offen zu halten. Hierzu müssen zu den Zeitpunkten $t = 0$ bis $t = 3$ insgesamt vier 1-Jahres-Geschäfte abgeschlossen werden. Da lediglich der Zinssatz für das erste dieser Geschäfte zum Zeitpunkt $t = 0$ bekannt ist, muß eine Annahme über die zukünftigen 1-Jahres-Zinssätze zu den Zeitpunkten $t = 1$ bis $t = 3$ getroffen werden. Marusev/Zumbach schlagen hier vor, die sogenannten arbitragefreien Forward-Rates zu verwenden.[153] Forward-Rates sind als zukünftige 1-Jahres-Zinssätze definiert, die sich bereits zum Betrachtungszeitpunkt durch eine geeignete Kombination von Kassageschäften realisieren lassen. Die zukünftigen Forward-Rates lassen sich aus den vorliegenden Zerobond-Abzinsfaktoren ermitteln. Rechnerisch geschieht dies durch Auflösen der auf S. 52 in *(23)* angegebenen Gleichungen nach dem Zinssatz.

Betrachtet man zunächst den einjährigen Fall ($T = t + 1$), dann gilt:

$$(38) \qquad i_t^T \;=\; \frac{1}{ZAF_t^T} - 1$$

mit: i_t^T : Zinssatz einer zum Zeitpunkt t beginnenden und einer zum Zeitpunkt T endenden Laufzeit [Dezimalschreibweise]

Für $T > t + 1$ lassen sich die zukünftigen Zinsstrukturen folgendermaßen aus den vorliegenden zukünftigen Zerobond-Abzinsfaktoren bestimmen:

$$ZAF_t^T \;=\; \frac{1}{1 + i_t^T}\left(1 - i_t^T \sum_{x=1}^{T-t-1} ZAF_t^{T-x}\right)$$

$$ZAF_t^T\left(1 + i_t^T\right) \;=\; 1 - i_t^T \sum_{x=1}^{T-t-1} ZAF_t^{T-x}$$

$$(39) \qquad ZAF_t^T + i_t^T\, ZAF_t^T \;=\; 1 - i_t^T \sum_{x=1}^{T-t-1} ZAF_t^{T-x}$$

$$ZAF_t^T \;=\; 1 - i_t^T \sum_{x=1}^{T-t-1} ZAF_t^{T-x} - i_t^T\, ZAF_t^T$$

$$=\; 1 - i_t^T \sum_{x=0}^{T-t-1} ZAF_t^{T-x}$$

---

[153] Vgl. zur Definition von Forward-Rates **Faßbender, Heino:** Die Theorie der Fristigkeitsstruktur der Zinssätze: Ein Überblick. In: Wirtschaftswissenschaftliches Studium 3/1977, S. 97-103, hier S. 98 und **Steiner, Manfred; Bruns, Christoph:** Wertpapiermanagement. 4. Auflage, Stuttgart 1995, S. 236-239.

$$ZAF_t^T - 1 = -i_t^T \sum_{x=0}^{T-t-1} ZAF_t^{T-x}$$

(39)

$$i_t^T = \frac{1 - ZAF_t^T}{\sum_{x=0}^{T-t-1} ZAF_t^{T-x}}$$

Unterstellt man die Marktzinsstruktur aus Tabelle 4, dann gilt beispielsweise für den 1-Jahres-Forward-Rate mit Laufzeitbeginn zum Zeitpunkt $t = 1$:[154]

(40)
$$i_1^2 = \frac{1}{ZAF_1^2} - 1 = \frac{1}{0,9252336} - 1 = 0,080808$$
$$= 8,0808\,\%$$

Der 2-Jahres-Forward-Rate mit Laufzeitbeginn zum Zeitpunkt $t = 1$ läßt sich folgendermaßen bestimmen:

(41)
$$i_1^3 = \frac{1 - ZAF_1^3}{ZAF_1^3 + ZAF_1^2} = \frac{1 - 0,8388716}{0,8388716 + 0,9252336} = 0,091337$$
$$= 9,1337\,\%$$

Tabelle 17 gibt zusammenfassend die zukünftigen Zinssätze auf Basis der Marktzinsstruktur aus Tabelle 4 wieder.

Laufzeitende	Forward-Rates [%] Laufzeitbeginn		
	1	2	3
2	8,0808		
3	9,1337	10,2950	
4	10,1960	11,4322	12,7140

Tabelle 17: Zukünftige Zinssätze

Im Gegensatz zu der an den einzelnen Vorläufen der Zinsbindungsbilanz ausgerichteten kongruenten Schließung bezieht sich die inkongruente Variante auf die Überhänge der Zinsbindungsbilanz, das heißt, der Kapitalbetrag der jeweiligen 1-Jahres-

---

[154]   Vgl. hierzu S. 53 dieser Arbeit.

Ausgleichsoperation entspricht genau dem Volumen des zu den jeweiligen Zeit-punkten vorliegenden Überhangs. Die folgende Tabelle 18 zeigt diese Ausgleichs-operationen und ihre GuV-Wirksamkeit.

Zeitpunkt		0,00	1,00	2,00	3,00	4,00
Aktiv-/Passiv-Überhang	[DM]	300.000,00	200.000,00	120.000,00	70.000,00	0,00
Ausgleichsoperationen (t = 0, ..., 4)						
1-Jahres-Forward (t = 3) Kapital	[DM]				70.000,00	-70.000,00
12,7140 % Zins	[DM]					-8.899,77
1-Jahres-Forward (t = 2) Kapital	[DM]			120.000,00	-120.000,00	
10,2950 % Zins	[DM]				-12.354,03	
1-Jahres-Forward (t = 1) Kapital	[DM]		200.000,00	-200.000,00		
8,0808 % Zins	[DM]			-16.161,62		
1-Jahres-Forward (t = 0) Kapital	[DM]	300.000,00	-300.000,00			
6,0000 % Zins	[DM]		-18.000,00			
Summe Kapital	[DM]	300.000,00	200.000,00	120.000,00	70.000,00	0,00
Zins	[DM]		-18.000,00	-16.161,62	-12.354,03	-8.899,77

Tabelle 18: Ausgleich aller Aktiv-/Passiv-Überhänge

Vergleicht man die Ergebniswirkungen zwischen dem kongruenten Schließen und dem Abschluß der Forward-Geschäfte, ergibt sich der mögliche Gewinntransfer, der in der folgenden Tabelle 19 abgebildet ist.

Zeitpunkt		1,00	2,00	3,00	4,00
GuV-Wirkung					
Ausgleich aller Aktiv-/ Passiv-Vorläufe	[DM]	-21.900,00	-16.900,00	-10.300,00	-6.300,00
Ausgleich aller Aktiv-/ Passiv-Überhänge	[DM]	-18.000,00	-16.161,62	-12.354,03	-8.899,77
Differenz (Gewinntransfer)	[DM]	-3.900,00	261,62	2.064,03	2.599,77

Tabelle 19: Bestimmung des Gewinntransfers

Das von Marusev/Zumbach vorgeschlagene Modell spannt durch einen Vergleich der grundsätzlichen Handlungsalternativen den Entscheidungsraum des Treasury zum Zeitpunkt $t = 0$ auf. Hierzu werden deterministische Zinssätze der Zukunft verwandt, die sich durch eine geeignete Kombination von Geld- und Kapitalmarkt-geschäften bereits zum Betrachtungszeitpunkt realisieren lassen. Ein Spielraum für

Spekulationserfolge eröffnet sich also immer dann, wenn die Zinsmeinung des Entscheidungsträgers von den deterministischen Zinssätzen der Zukunft abweicht.[155]

In diesem Zusammenhang darf allerdings folgendes nicht vernachlässigt werden: Bei einer tatsächlichen Realisierung der deterministischen Forward-Rates bereits zum Zeitpunkt $t = 0$ ergeben sich neben der grundsätzlichen Problematik der Vergrößerung des Bilanzvolumens[156] weitere GuV-wirksame Effekte in den Perioden, die zwischen dem Zeitpunkt $t = 0$ und dem Zeitpunkt der Zinssatzfixierung liegen. Dies ist unmittelbare Folge der Bestimmungsvorschrift für die Konstruktion der einzelnen Kassa-Geschäfte, die in diesen Perioden Liquiditätsneutralität verlangt.[157] Da in den einzelnen Perioden jeweils Kapitaltranchen fällig werden, saldieren sich die Zinszahlungen nicht zu Null, das heißt GuV-Neutralität ist nicht gegeben. Derartige Effekte müßten konsequenterweise in einem GuV-orientierten Steuerungsansatz abgebildet werden.

Dem möglicherweise erhobenen Einwand, anstelle deterministischer Forward-Rates die Zinssätze von Forward Rate Agreements zu verwenden und damit diese Problematik auszublenden, kann mit den handelbaren Laufzeiten, die für dieses Instrument kontrahierbar sind, begegnet werden.[158]

---

[155] Vgl. hierzu **Schmitz, Elmar; Pesch, André:** Abweichungsanalyse für Zinsstruktur-Kurven. In: Die Bank 9/1994, S. 550-553, hier S. 551, die im Rahmen einer empirischen Untersuchung der Zinsstrukturen der Jahre 1980-1992 die Abweichungen der tatsächlich eingetretenen von den deterministischen Zinssätzen analysiert haben.

[156] Vgl. hierzu **Wiedemann, Arnd; Nolte, Matthias:** Kalkulation und Einsatz von Forward Rate Agreements im Treasury-Management. In: Zeitschrift für Betriebswirtschaft 5/1994, S. 629-654, hier S. 638.

[157] Vgl. **Marusev, Alfred W.; Pfingsten, Andreas:** Arbitragefreie Herleitung zukünftiger Zinsstruktur-Kurven und Kurswerte. In: Die Bank 3/1992, S. 169-172, hier S. 170.

[158] Üblicherweise werden Forward Rate Agreements für 3-, 6- und 9-Monats-Zeiträume gehandelt, wobei die Gesamtlaufzeit 12 Monate nicht übersteigt. Vgl. hierzu **Schierenbeck, Henner; Wiedemann, Arnd:** Marktwertrechnungen im Finanzcontrolling. Stuttgart 1996, S. 279-281.

b) Die Bestimmung des Treasury-Erfolgs

Aufbauend auf dem unter a) (1) dieses Abschnitts beschriebenen Ansatz zur Bewertung offener Zinspositionen, schlagen Schierenbeck/Wiedemann ein Konzept zur Messung des Dispositionserfolgs des Treasury vor.[159] Zur Erläuterung dieses Vorschlags soll an das vorangegangene Kreditbeispiel angeknüpft werden. Ergänzt man die Angaben aus Tabelle 16 um die Zinszahlungen des Kundengeschäfts (Zinssatz = 10,00 %), dann könnten bei Durchführung einer zinsänderungsrisikofreien Refinanzierung in kapitalstrukturkongruenter Form die in Tabelle 20 wiedergegebenen Zinsüberschüsse realisiert werden.

Zeitpunkt			0	1	2	3	4
Zahlungen des Kundengeschäfts							
	Kapital	[DM]	-300.000,00	100.000,00	80.000,00	60.000,00	70.000,00
10,00 % Zins		[DM]		30.000,00	20.000,00	12.000,00	7.000,00
Zahlungen der Refinanzierung							
4-Jahres-Tranche	Kapital	[DM]	70.000,00				-70.000,00
9,00 % Zins		[DM]		-6.300,00	-6.300,00	-6.300,00	-6.300,00
3-Jahres-Tranche	Kapital	[DM]	50.000,00			-50.000,00	
8,00 % Zins		[DM]		-4.000,00	-4.000,00	-4.000,00	
2-Jahres-Tranche	Kapital	[DM]	80.000,00		-80.000,00		
7,00 % Zins		[DM]		-5.600,00	-5.600,00		
1-Jahres-Tranche	Kapital	[DM]	100.000,00	-100.000,00			
6,00 % Zins		[DM]		-6.000,00			
Summe der Refinanzierungszahlungen		[DM]	300.000,00	-121.900,00	-95.900,00	-60.300,00	-76.300,00
Gewinn- und Verlustrechnung							
Zinsertrag		[DM]		30.000,00	20.000,00	12.000,00	7.000,00
Zinsaufwand		[DM]		21.900,00	15.900,00	10.300,00	6.300,00
Zinsüberschuß		[DM]		8.100,00	4.100,00	1.700,00	700,00

Tabelle 20: Zinsüberschüsse bei kapitalstrukturkongruenter Refinanzierung

Der Barwert der Zinsüberschüsse entspricht dem Konditionsbeitrags-Barwert und beträgt 13.057,08 DM. Unterstellt man die theoretisch mögliche Entnahme des

---

[159] Vgl. **Schierenbeck, Henner; Wiedemann, Arnd:** Das Treasury-Konzept der Marktzinsmethode (II): Die Messung des Treasury-Erfolgs. In: Die Bank 12/1993, S. 731-737 sowie gleichlautend **Schierenbeck, Henner:** Ertragsorientiertes Bankmanagement – Controlling in Kreditinstituten. 4. Auflage, Wiesbaden 1994, S. 219-229 und **Schierenbeck, Henner:** Neue Wege im Treasury-Management der Banken. In: Bernd Rolfes; Henner Schierenbeck; Stephan Schüller (Hrsg.): Bilanzstruktur- und Treasury-Management in Kreditinstituten, Frankfurt/Main 1994, S. 1-31, hier S. 17-28.

Konditionsbeitrags-Barwerts zum Zeitpunkt $t = 0$ und dessen Anlage am Geld- und Kapitalmarkt zum herrschenden Zinssatz (6,00 %) für ein Jahr, dann ließe sich zum Zeitpunkt $t = 1$ eine Rückzahlung von 13.840,50 DM erzielen. Da ein derartiger Überschuß unabhängig von Marktzinsänderungen bereits zum Zeitpunkt $t = 0$ festgeschrieben werden könnte, wird er als deterministischer Zinsüberschuß-Barwert bezeichnet. Die Bestimmung dieses deterministischen Zinsüberschuß-Barwerts ist in Tabelle 21 wiedergegeben.

Zeitpunkt	Zahlungsreihe Zinsüberschuß kapitalstrukturkongruent [DM]	Marktzins [%]	Zerobond- Abzinsfaktor	Barwert [DM]
1	8.100,00	6,0000	0,9433962	7.641,51
2	4.100,00	7,0000	0,8728619	3.578,73
3	1.700,00	8,0000	0,7913883	1.345,36
4	700,00	9,0000	0,7021209	491,48
Summe				13.057,08

Tabelle 21: Deterministischer Zinsüberschuß-Barwert zum Zeitpunkt $t = 1$

Angenommen, das Treasury würde sich zum Zeitpunkt $t = 0$ nicht zur Durchführung dieser risikofreien Alternative, sondern zur Aufnahme einer 1-Jahres-Refinanzierung in Höhe von 300.000,00 DM zu 6,00 % entscheiden, dann ergäbe sich zum Zeitpunkt $t = 1$ bei Unterstellung einer zwischenzeitlich eingetretenen Inversion der Zinssituation die in Tabelle 22 abgebildete Situation.

Zeitpunkt	Zahlungsreihe Kundengeschäft und Ist-Refinanzierung [DM]	Marktzins [%]	Zerobond- Abzinsfaktor	Barwert [DM]
1	-188.000,00			-188.000,00
2	100.000,00	9,5000	0,9132420	91.324,20
3	62.000,00	9,0000	0,8420259	52.205,61
4	77.000,00	8,5000	0,7841495	60.379,51
Summe				15.909,32

Tabelle 22: Ist-Zinsüberschuß-Barwert zum Zeitpunkt $t = 1$

Die zu diesem Zeitpunkt vorliegende offene Zinsposition setzt sich für die Zeitpunkte $t = 2$ bis $t = 4$ aus den Zahlungen des Kundengeschäfts lt. Tabelle 20, zum Zeitpunkt $t = 1$ aus den Zahlungen des Kundengeschäfts und der erforderlichen Rückzahlung der 1-Jahres-Refinanzierung zuzüglich 18.000,00 DM Zinsaufwand zusammen. Der Barwert dieser Zahlungsreihe beträgt 15.909,32 DM und beinhaltet wiederum die Vorstellung, die offene Zinsposition durch eine geeignete Kombination aus Geld- und Kapitalmarktgeschäften zum Zeitpunkt $t = 1$ zu schließen. Die Differenz aus Ist- und deterministischem Zinsüberschuß-Barwert beträgt 2.068,82 DM und ist als Treasury-Ergebnis definiert. Tabelle 23 gibt die Berechnung des Treasury-Ergebnisses wieder.

Ist-Zinsüberschuß-Barwert ($t = 1$)	[DM]		15.909,32
- Deterministischer Zinsüberschuß-Barwert ($t = 1$)	[DM]	-	13.840,50
= Treasury-Ergebnis ($t = 1$)	[DM]	=	2.068,82

Tabelle 23: Treasury-Ergebnis zum Zeitpunkt $t = 1$

Benke et al., die als alternativen Steuerungsansatz das sogenannte Barwertkonzept vertreten, kritisieren an einer derartigen Bestimmung des Dispositionserfolgs vor allem dessen Fixierung auf einen konkreten Planungszeitpunkt in der Zukunft.[160] Dies sei unter Praxisaspekten nicht relevant. Allerdings gehen Schierenbeck/Wiedemann hier zunächst genauso vor, wie im Barwertkonzept gefordert, indem durch die Marktbewertung GuV-Erträge und nicht realisierte Abschreibungen zusammengefaßt werden.[161] Der Unterschied in der Vorgehensweise besteht lediglich darin, daß sich die Wahl des Planungshorizonts an der GuV-Periode orientiert. Unter dem Aspekt der Praxisrelevanz ist zu dem Vorschlag von Schierenbeck/Wiedemann vielmehr folgendes zu bemerken:

(a) Die Problematik von Bestandsveränderungen, insbesondere von Bestandsminderungen, zwischen zwei Bewertungszeitpunkten wird nicht angesprochen.

(b) Wechsel in der personellen Verantwortlichkeit führen zur Notwendigkeit, Treasury-Ergebnisse unter Umständen für mehrere Teilperioden getrennt bestimmen zu müssen. Dies ist auf Basis des vorgestellten Ansatzes nur unter Inkaufnahme einer aufwendigen Neukalkulation sämtlicher betrachteter Einzelgeschäfte darstellbar, weil das Ende einer derartigen Teilperiode

---

[160] „Die »risikofreie« Anlage ist also nur möglich, wenn unter »Risikofreiheit« ein fester Wert an einem einzigen Zeitpunkt verstanden wird, was fern jeglicher Praxis ist." **Benke, Holger; Piaskowski, Friedrich; Sievi, Christian R.:** Neues vom Barwertkonzept. In: Die Bank 2/1995, S. 119-125, hier S. 120.

[161] Vgl. **Piaskowski, Friedrich:** Treasury im Barwertkonzept. In: Die Bank 5/1993, S. 290-295, hier S. 292.

zum Zeitpunkt der Bestimmung des deterministischen Zinsüberschuß-Barwerts nicht bekannt ist.

(c) Eine Integrationsmöglichkeit in ein Rechenwerk zur Planung des Zinsüberschusses ist auf Basis dieses Vorschlags nicht gegeben.

Die Weiterentwicklung der Marktzinsmethode wurde neben dem erweiterten Marktzinsmodell mit der Vorstellung des bereits erwähnten Barwertkonzepts um einen weiteren Steuerungsansatz ergänzt. Dessen Charakterisierung ist Gegenstand des folgenden Abschnitts C.

C. Das Barwertkonzept

1. Überblick

Die Entwicklung des Barwertkonzepts[162] erfolgte zunächst als Resultat einer fundamentalen Kritik an dem auf dem Grundmodell der Marktzinsmethode basierenden Konzept zur Steuerung der Kundenbereiche auf Grundlage von Mindest- oder Nettomargen.[163] Der Kern dieser Kritik bestand in der Auffassung, daß nicht die aus Informationen der Vergangenheit abgeleiteten Mindest- resp. Nettomargen, sondern allein der durch den einzelnen Geschäftsabschluß erzielbare Nettoerfolg als Steuerungsvorgabe relevant sein könne. Verbunden mit dieser Kritik war eine Ablehnung des auf Mindestmargen beruhenden Konzepts der Profit-Center-Steuerung in Kreditinstituten.[164]

Konsequenz war die Forderung nach umfassender Neugeschäftsorientierung, wobei als Neugeschäft nicht nur das tatsächlich kontrahierte Neugeschäft in Form von Konditionierungen und Prolongationen, sondern auch jede Entscheidung des Treasury zu verstehen ist, auch wenn diese beispielsweise darin besteht, eine bestimmte Transformationsposition unverändert geöffnet zu halten.[165] Mit dieser Sichtweise unmittelbar verbunden war die Forderung, jegliche zeitraumbezogene, durch eine am Zeitpunkt der Kontrahierung ausgerichtete Betrachtungsweise zu ersetzen.

Maßgröße für einen derart definierten Erfolgsbegriff ist der (Konditionsbeitrags-) Barwert eines betrachteten Bankgeschäfts, der sich analog zu der unter B.2.b) beschriebenen Vorgehensweise bestimmen läßt. Im Verständnis des Barwertkonzepts soll der Barwert die Marge auch in ihrer Funktion als Preisfindungsinstrument für Bankgeschäfte ablösen, indem die einem Geschäft zuzurechnenden Kosten sowohl

---

[162] Vgl. grundlegend zum Barwertkonzept **Flesch, Hans-Rudolf; Piaskowski, Friedrich; Seegers, Jürgen:** Marktzinsmethode bzw. Wertsteuerung – Neue Thesen und Erkenntnisse aus der Realisierung. In: Die Bank 9/1987, S. 485-494; **Benke, Holger; Gebauer, Burkhard; Piaskowski, Friedrich:** Die Marktzinsmethode wird erwachsen: Das Barwertkonzept (I). In: Die Bank 8/1991, S. 457-463 und **Benke, Holger; Gebauer, Burkhard; Piaskowski, Friedrich:** Die Marktzinsmethode wird erwachsen: Das Barwertkonzept (II). In: Die Bank 9/1991, S. 514-521.

[163] Vgl. zum Konzept der Margensteuerung **Schierenbeck, Henner; Rolfes, Bernd:** Entscheidungsorientierte Margenkalkulation. Frankfurt/Main 1988, S. 219-282 und **Schmidt, Werner:** Möglichkeiten der Verbesserung des Zinsüberschusses durch ein Mindestmargenkonzept. In: Henner Schierenbeck; Hans Wielens (Hrsg.): Bilanzstrukturmanagement in Kreditinstituten, Frankfurt/Main 1984, S. 29-46, hier S. 31-35.

[164] Vgl. **Grabher, Christof; Stoss, Karl:** Banks under stress – Neue Managementmethoden. In: Österreichisches Bank Archiv 1/1993, S. 5-9, hier S. 7.

[165] So etwa die Aussage von Zerwas. Vgl. hierzu **Zerwas, Arnold:** Perspektiven des Bankcontrolling – Neue Definition. In: Betriebswirtschaftliche Blätter 5/1992, S. 268-273, hier S. 271.

in Form einmalig anfallender Kostenkomponenten als auch in Form laufender Kosten durch Barwertbestimmung in die Kalkulation einfließen.[166] Resultat dieser Kalkulation ist eine Art Deckungsbeitrag in Form eines Barwertüberschusses der Zinskonditionsbeiträge über die Barwerte der verrechneten Kostenkomponenten.[167]

Der grundlegende Unterschied zwischen dem Barwertkonzept und dem ebenfalls auf einem Barwertkalkül beruhenden Steuerungsansatz des erweiterten Marktzinsmodells liegt in der Negierung jeglicher Relevanz einer periodenbezogenen Erfolgs- resp. Ergebnisrechnung. Während im Rahmen der Diskussion um das erweiterte Marktzinsmodell die Überführbarkeit barwertorientierter Kalkulationsgrößen in eine Zinsüberschußrechnung explizit angestrebt, nachgewiesen und als Bestandteil einzelner Steuerungsvorschläge umgesetzt wird, wird eine derartige Überleitung im Rahmen des Barwertkonzepts als nicht sinnvoll erachtet. Als Begründung werden vornehmlich die unterschiedlichen Zielsetzungen der handelsrechtlichen Erfolgsmessung und der internen Ergebnisrechnung auf der einen Seite und einer an betriebswirtschaftlichen Gesichtspunkten ausgerichteten barwertorientierten Risikosteuerung auf der anderen Seite angeführt, zwischen denen kein Zusammenhang bestehe.[168] Es wird vielmehr die Ansicht vertreten, daß ein Kreditinstitut, das – ausschließlich anhand einer Barwertkalkulation gemessen – erfolgreich disponiert habe, aufgrund handelsrechtlicher Bewertungsvorschriften nicht in Bedrängnis kommen könne.[169]

Als Dispositionsziel des Treasury wird im Rahmen des Barwertkonzepts die Maximierung des Barwerts der betrachteten Bestände innerhalb vorgegebener Limite verstanden. Risiken liegen in unvorhergesehenen Schwankungen dieses Barwerts. Der Dispositionserfolg wird durch einen Vergleich des Barwerts zu zwei Zeitpunkten eines Zeitintervalls bestimmt und anhand einer Gegenüberstellung mit der durchschnittlichen Performance vergleichbarer Märkte beurteilt. Damit – und hierin liegt eine implizite Prämisse des Barwertkonzepts – soll das dispositive Agieren des

---

[166] Vgl. **Benke, Holger; Gebauer, Burkhard; Piaskowski, Friedrich:** Die Marktzinsmethode wird erwachsen: Das Barwertkonzept (I). In: Die Bank 8/1991, S. 457-463, hier S. 460-461.

[167] Vgl. **Heinz, Ulrich; Herr, Wolfgang; Fritz, Robert:** Praxisorientierte Überlegungen zur Erfolgsermittlung ausgewählter Finanzinnovationen. In: Gesellschaft zur Förderung der wissenschaftlichen Forschung über das Spar- und Girowesen e.V. (Hrsg.): Aktuelle Probleme des Controlling und der Rechnungslegung, Stuttgart 1993, S. 95-121, hier S. 99.

[168] Vgl. **Benke, Holger; Gebauer, Burkhard; Piaskowski, Friedrich:** Die Marktzinsmethode wird erwachsen: Das Barwertkonzept (II). In: Die Bank 9/1991, S. 514-521, hier S. 517.

[169] Vgl. hierzu **Flesch, Johann Rudolf; Lichtenberg, Michael:** Integration des Treasury-Managements in die Unternehmensplanung. In: Bernd Rolfes; Henner Schierenbeck; Stephan Schüller (Hrsg.): Bilanzstruktur- und Treasury-Management in Kreditinstituten, Frankfurt/Main 1994, S. 33-53, hier S. 52.

Treasury von Kreditinstituten mit der Strukturierung von Portfolios, beispielsweise von Investmentfonds, vergleichbar gemacht werden. Ausgangspunkt der Anwendung des Barwertkonzepts ist die sogenannte Ablaufbilanz, die im folgenden beschrieben wird.

2. Die Ablaufbilanz als Steuerungsinstrument

Die Ablaufbilanz dient dazu, die durch den Abschluß der betrachteten Positionen ausgelösten Ungleichgewichte zukünftiger Zahlungsströme in einer Art Bestandsaufnahme festzuhalten. Dazu werden sämtliche Zahlungsströme der betrachteten Geschäftsbestände den gebildeten Planungsperioden zugeordnet und in Form einer Übersicht zusammengefaßt dargestellt. Als Planungshorizont wird der durch dispositive Maßnahmen beeinflußbare Zeitraum, also im Zinsbereich in der Regel der 10-Jahres-Zeitraum, vorgeschlagen.

Zur Bildung einer Ablaufbilanz im Sinne des Barwertkonzepts ist es unerheblich, ob die betrachteten Positionen durch Abschluß von Kunden- oder von Eigengeschäften aufgebaut wurden resp. welche Motivation (Trading, Hedge) und Zuordnung (Liquiditätsreserve, Handelsbestand, Anlagevermögen) bei diesen Eigengeschäften vorliegt.[170] Positionen, denen kein fixierbarer Ablauf zugeordnet werden kann, wie beispielsweise den Beständen an Spareinlagen, werden durch Definition sogenannter Ablauffiktionen in Festzins-Zahlungsströme transformiert.[171] Außerbilanzielle Geschäftsarten werden durch Bildung von Zahlungsströmen resp. durch Verwendung von Optionspreismodellen in der Ablaufbilanz abgebildet.[172]

Stellt man einen derartigen Gesamt-Zahlungsstrom auf und bestimmt die strukturkongruente Opportunität, dann läßt sich zum einen ein Standard-Dispositionsvorschlag auf Gesamtbankebene zur Eliminierung des Zinsänderungsrisikos im Sinne

---

[170] Vgl. **Akmann, Michael; Benke, Holger:** Die Steuerung des Zinsänderungsrisikos im Rahmen eines Gesamtrisikokonzepts. In: Gesellschaft zur Förderung der wissenschaftlichen Forschung über das Spar- und Girowesen e.V. (Hrsg.): Aktuelle Probleme des Controlling und der Rechnungslegung, Stuttgart 1993, S. 55-93, hier S. 81.

[171] Vgl. zu dieser Vorgehensweise **Sievi, Christian R.:** Kalkulation und Disposition – Betriebswirtschaftliche Grundlagen, Rechenverfahren, Anwendungen. Bretten 1995, S. 262-273.

[172] Vgl. hierzu die Beispielrechnungen von **Heinz, Ulrich; Herr, Wolfgang; Fritz, Robert:** Praxisorientierte Überlegungen zur Erfolgsermittlung ausgewählter Finanzinnovationen. In: Gesellschaft zur Förderung der wissenschaftlichen Forschung über das Spar- und Girowesen e.V. (Hrsg.): Aktuelle Probleme des Controlling und der Rechnungslegung, Stuttgart 1993, S. 95-121, hier S. 102-117.

einer Orientierungsgröße des Treasury bestimmen.[173] Zum anderen ergibt sich die Nettovermögensposition des betrachteten Geschäftsbestands. Ziel des Treasury im Barwertkonzept ist die Strukturierung dieser abstrakten Vermögensposition entsprechend einer definierten Risiko-/Ertrags-Präferenz.[174] Die Erfolgsmessung wird als Performance-Berechnung durch einen Vergleich des Barwerts am Anfang und am Ende einer Planungsperiode durchgeführt.

(42)
$$P_t = \frac{B_t - B_{t-1}}{B_{t-1}} \cdot 100$$

mit P_t :   Performance des Intervalls $[t - 1, t]$; [%]

B_t :   Barwert zum Zeitpunkt t

Sind während des betrachteten Intervalls Kapitalzuflüsse und/oder Kapitalabflüsse zu berücksichtigen, erfolgt pro Zufluß bzw. Abfluß eine Anpassung der Kapitalbasis und die Performance ergibt sich durch Multiplikation der einzelnen Performance-Werte der so entstehenden Teilintervalle:

(43)
$$P_T = -1 + \prod_{t=1}^{T}(1 + P_t)$$

mit P_T :   Performance des Intervalls $[t = 0, T]$; [%]

---

[173]   Vgl. **Flesch, Hans-Rudolf; Piaskowski, Friedrich; Seegers, Jürgen:** Marktzinsmethode bzw. Wertsteuerung – Neue Thesen und Erkenntnisse aus der Realisierung. In: Die Bank 9/1987, S. 485-494, hier S. 488. Der in den Veröffentlichungen zum Barwertkonzept verwandte Begriff der Strukturkongruenz entspricht der auf S. 55-57 dieser Arbeit definierten Zahlungsstrukturkongruenz.

[174]   Vgl. **Piaskowski, Friedrich:** Treasury im Barwertkonzept. In: Die Bank 5/1993, S. 290-295, hier S. 292-293.

3. Kalkulations- und Steuerungsvorschläge im Rahmen des Barwertkonzepts

a) Performance-Simulation auf Basis der Ablaufbilanz

Ausgangsbasis der Performance-Simulation ist die Ablaufbilanz, in der die betrachteten Zahlungsströme nach Fälligkeiten zusammengefaßt wiedergegeben sind.[175] Der Barwert des Gesamt-Zahlungsstroms ergibt sich durch Multiplikation der einzelnen Zahlungen mit den zugehörigen Zerobond-Abzinsfaktoren und anschließender Summenbildung. Tabelle 24 zeigt eine beispielhaft angenommene Ablaufbilanz mit einem zugehörigen Barwert in Höhe von 106,01 Mio. DM.

Laufzeit	Marktzins	Fälligkeit	Zerobond-Abzinsfaktor	Barwert
[Jahre]	[%]	[Mio DM]		[Mio DM]
0	4,8000	-166,30	1,0000000	-166,30
1	5,5000	-18,40	0,9478673	-17,44
2	6,0000	33,10	0,8897434	29,45
3	6,3300	14,70	0,8310724	12,22
4	6,6700	92,40	0,7705999	71,20
5	7,0000	105,70	0,7095797	75,00
6	7,2500	25,80	0,6519417	16,82
7	7,5000	-12,90	0,5952927	-7,68
8	7,7500	23,80	0,5399559	12,85
9	8,0000	54,60	0,4862183	26,55
10	8,2500	122,80	0,4343304	53,34
Summe				106,01

Tabelle 24: Ablaufbilanz zum Zeitpunkt $t = 0$

Akmann/Benke schlagen vor, die Auswirkungen verschiedener Zinsszenarien auf den Barwert zu analysieren.[176] Hierzu sollen die folgenden zwei Szenarien betrachtet werden:

Szenario 1: Parallele Zinssenkung um einen Prozent-Punkt.

Szenario 2: Drehung der Zinsstruktur von einer normalen in eine inverse Form.

---

[175] Vgl. **Benke, Holger; Flesch, Hans-Rudolf:** Das Zinsänderungsrisiko steuern. In: bankkaufmann 4/1992, S. 37-41, hier S. 39-40.

[176] Vgl. im folgenden **Akmann, Michael; Benke, Holger:** Die Steuerung des Zinsänderungsrisikos im Rahmen eines Gesamtrisikokonzepts. In: Gesellschaft zur Förderung der wissenschaftlichen Forschung über das Spar- und Girowesen e.V. (Hrsg.): Aktuelle Probleme des Controlling und der Rechnungslegung, Stuttgart 1993, S. 55-93, hier S. 86-89.

Dem Modell von Akmann/Benke liegen folgende Prämissen zugrunde:

(1) Der Planungshorizont beträgt 1 Jahr.

(2) Die simulierte Zinsveränderung tritt als Zinsschock in vollem Umfang zum Zeitpunkt $t = 0$ ein.

(3) Der Gesamt-Zahlungsstrom bleibt bis zum Erreichen des Planungshorizonts unverändert. Es werden also weder zusätzliche Neugeschäfte im Kundenbereich noch Dispositionsmaßnahmen des Treasury unterstellt.

Unterstellt man zunächst keine Zinsveränderung, dann läßt sich der Barwert bei Erreichen des Planungshorizonts dadurch bestimmen, daß die Bewertungszinsen samt zugehörigen Zerobond-Abzinsfaktoren um eine Periode gegenüber den einzelnen Zahlungen verschoben werden. Anschließend erfolgt die Barwertbestimmung in bekannter Form. Der in der ersten Zeile der nach einem Jahr zu erstellenden Ablaufbilanz einzutragende Wert beträgt -193,85 Mio. DM. Er setzt sich aus den zu diesem Zeitpunkt fällig werdenden -18,40 Mio. DM und einer fällig werdenden Rückzahlung von -175,45 Mio. DM zusammen. Letztere ergibt sich durch Unterstellung einer Finanzierung der ursprünglich ausgewiesenen -166,30 Mio. DM (in Tabelle 24) für ein Jahr zu 5,50 %. Tabelle 25 enthält die Berechnung dieses Barwerts.

Laufzeit	Marktzins	Fälligkeit	Zerobond-Abzinsfaktor	Barwert
[Jahre]	[%]	[Mio DM]		[Mio DM]
0	4,8000	-193,85	1,0000000	-193,85
1	5,5000	33,10	0,9478673	31,37
2	6,0000	14,70	0,8897434	13,08
3	6,3300	92,40	0,8310724	76,79
4	6,6700	105,70	0,7705999	81,45
5	7,0000	25,80	0,7095797	18,31
6	7,2500	-12,90	0,6519417	-8,41
7	7,5000	23,80	0,5952927	14,17
8	7,7500	54,60	0,5399559	29,48
9	8,0000	122,80	0,4862183	59,71
Summe				122,10

Tabelle 25: Ablaufbilanz zum Zeitpunkt $t = 1$

Hierzu analog werden die Ablaufbilanzen für die Szenarien 1 und 2 bestimmt. Die jeweils unterstellten Zinssätze sind in der folgenden Tabelle 26 wiedergegeben.

Restlaufzeit	Marktzins		
	Ist	Szenario 1	Szenario 2
[Jahre]	[%]	[%]	[%]
0	4,8000	3,8000	9,000
1	5,5000	4,5000	8,800
2	6,0000	5,0000	8,600
3	6,3300	5,3300	8,400
4	6,6700	5,6700	8,200
5	7,0000	6,0000	8,000
6	7,2500	6,2500	8,000
7	7,5000	6,5000	8,000
8	7,7500	6,7500	8,000
9	8,0000	7,0000	8,000
10	8,2500	7,2500	8,000

Tabelle 26: Markt- und Simulationszinsen

Tabelle 27 enthält die Ablaufbilanz bei Unterstellung von Szenario 1, Tabelle 28 zeigt die Ablaufbilanz bei Annahme von Szenario 2.

Laufzeit	Marktzins	Fälligkeit	Zerobond-Abzinsfaktor	Barwert
[Jahre]	[%]	[Mio DM]		[Mio DM]
0	3,8000	-192,18	1,0000000	-192,18
1	4,5000	33,10	0,9569378	31,67
2	5,0000	14,70	0,9068125	13,33
3	5,3300	92,40	0,8550860	79,01
4	5,6700	105,70	0,8004561	84,61
5	6,0000	25,80	0,7441910	19,20
6	6,2500	-12,90	0,6903833	-8,91
7	6,5000	23,80	0,6366184	15,15
8	6,7500	54,60	0,5832714	31,85
9	7,0000	122,80	0,5306889	65,17
Summe				138,90

Tabelle 27: Ablaufbilanz zum Zeitpunkt $t = 1$ bei Szenario 1

Laufzeit	Marktzins	Fälligkeit	Zerobond-Abzinsfaktor	Barwert
[Jahre]	[%]	[Mio DM]		[Mio DM]
0	9,0000	-199,33	1,0000000	-199,33
1	8,8000	33,10	0,9191176	30,42
2	8,6000	14,70	0,8480256	12,47
3	8,4000	92,40	0,7855719	72,59
4	8,2000	105,70	0,7307553	77,24
5	8,0000	25,80	0,6827059	17,61
6	8,0000	-12,90	0,6321350	-8,15
7	8,0000	23,80	0,5853102	13,93
8	8,0000	54,60	0,5419539	29,59
9	8,0000	122,80	0,5018092	61,62
Summe				107,99

Tabelle 28: Ablaufbilanz zum Zeitpunkt $t = 1$ bei Szenario 2

Die simulierte Performance läßt sich gemäß *(42)* auf S. 82 bestimmen. So beträgt beispielsweise die Performance bei Unterstellung keiner Zinsveränderung 15,18 %. Dieser Wert ergibt sich aus:

$$(44) \qquad P_1 = \frac{B_1 - B_0}{B_0} \cdot 100 = \frac{122,10 - 106,01}{106,01} \cdot 100 = 15,18\%$$

Die Ergebnisse der Performance-Simulation sind in Tabelle 29 zusammengefaßt.

Situation	Barwert	Performance
	[Mio DM]	[%]
Ist	122,10	15,18
Szenario 1	138,90	31,03
Szenario 2	107,99	1,87

Tabelle 29: Ergebnisse der Performance-Berechnung

Die Performance-Simulation kann grundsätzlich dazu eingesetzt werden, auf Basis verschiedener Zinserwartungen Ausgleichsoperationen in die Ablaufbilanz einzuplanen, die zu angestrebten Veränderungen des Barwerts und damit verbunden zu Veränderungen der Performance führen. Dynamische Effekte im Zeitverlauf in Form fortschreitender Zinsänderungen sowie dem Auslaufen von Altgeschäftspositionen und dem Abschluß von Neugeschäften werden nicht berücksichtigt, womit die durch die Simulation erfolgte Abschätzung lediglich eine tendenzielle Aussage ermöglicht.

b) Die Bestimmung indexorientierter Null-Linien

Die Identifizierung konkreter Dispositionsvorschläge ist Ziel des Konzepts index-orientierter Null-Linien. Ausgangspunkt ist eine portfolioorientierte Interpretation des bankbetrieblichen Zinsänderungsrisikos, das als Schwankung der betrachteten Performance um einen mittleren Ertrag definiert wird.[177] Folgt man dieser Sicht-weise, dann herrscht ein Zustand der Risikofreiheit, wenn der als repräsentativ er-achtete Ertrag durch Dispositionsmaßnahmen des Treasury erreicht wird. Im Zinsbe-reich kann das Zinsänderungsrisiko damit an der Performance (resp. deren Schwan-kung) des gesamten Zinsmarkts gemessen werden. Dieser wiederum läßt sich durch einen Index repräsentieren, beispielsweise durch den Rentenindex REX.[178]

Aufgrund der Tatsache, daß das dispositive Erreichen einer Null-Linie durch Nachbildung eines dem REX entsprechenden Spiegelportfolios für Kreditinstitute als nicht praxisrelevant verworfen werden muß, erfolgt die Orientierung nicht am Bestand des Indexes, sondern an dessen Zahlungsstrom.[179] Der Zahlungsstrom des Indexes kann gebildet werden, indem die Zahlungsströme der im Index enthaltenen Anleihen bestimmt und mit den relativen Anteilen der jeweiligen Anleihe am Ge-samtindex gewichtet werden. Dieser Index-Zahlungsstrom bildet dann die erforder-liche Null-Linie (Benchmark) des Treasury. Zur Bestimmung der Ausgleichsopera-tionen des Treasury ist weiterhin eine Gewichtung der Zahlungsströme des Indexes erforderlich. Die Vorgehensweise soll anhand des folgenden Beispiels beschrieben werden.

Angenommen, das betrachtete Kreditinstitut weise die in Tabelle 24 auf S. 83 darge-stellte Ablaufbilanz auf. Der als Benchmark betrachtete Index, an dessen Zahlungs-strom eine Anpassung erfolgen soll, habe die in Tabelle 30 wiedergegebene Fällig-keitsstruktur und bei einem unterstellten Nominalvolumen von 100,00 Mio. DM einen aktuellen Kurswert von 96,49 Mio. DM. Die volumenmäßige Angleichung der Index-Zahlungsströme und der Ablaufbilanz des Kreditinstituts erfolgt durch Be-stimmung eines Multiplikators als Quotient aus dem Barwert der betrachteten Ab-laufbilanz und dem Kurswert des Indexes. In diesem konkreten Fall beträgt der Wert des Multiplikators (106,01 Mio. DM/96,49 Mio. DM =) 1,0987.

---

[177] Vgl. zu diesem Vorschlag **Benke, Holger:** Benchmarkorientierung im Zinsmanagement. In: Die Bank 2/1993, S. 106-111.

[178] Der REX beinhaltet ein Portfolio mit 30 Bundesanleihen, die als repräsentativ für den Ren-tenmarkt ausgewählt wurden. Vgl. **Deutsche Börse AG:** Die Frankfurter Wertpapierbörse. Frankfurt/Main 1995, S. 14.

[179] Vgl. zur Bildung derartiger Spiegelportfolios **Häußler, Walter M.; Hiller, Jürgen:** Spiegel-portfolios festverzinslicher Wertpapiere. In: Die Bank 12/1992, S. 723-729, hier S. 727-729.

Laufzeit	Marktzins	Zerobond-Abzinsfaktor	Ablaufbilanz		Index	
			Fälligkeit	Barwert	Fälligkeit	Barwert
[Jahre]	[%]		[Mio DM]	[Mio DM]	[Mio DM]	[Mio DM]
0		1,0000000	-166,30	-166,30	11,80	11,80
1	5,5000	0,9478673	-18,40	-17,44	12,60	11,94
2	6,0000	0,8897434	33,10	29,45	11,20	9,97
3	6,3300	0,8310724	14,70	12,22	11,80	9,81
4	6,6700	0,7705999	92,40	71,20	12,90	9,94
5	7,0000	0,7095797	105,70	75,00	11,70	8,30
6	7,2500	0,6519417	25,80	16,82	12,30	8,02
7	7,5000	0,5952927	-12,90	-7,68	12,40	7,38
8	7,7500	0,5399559	23,80	12,85	15,10	8,15
9	8,0000	0,4862183	54,60	26,55	11,30	5,49
10	8,2500	0,4343304	122,80	53,34	13,10	5,69
Summe				106,01		96,49

Tabelle 30: Fälligkeitsstruktur von Ablaufbilanz und Benchmark-Index

Anschließend werden die Zahlungsströme der Ablaufbilanz und des Indexes miteinander verglichen. Die Differenzen geben an, in welchen Laufzeitbereichen Ausgleichsoperationen erforderlich sind, um den Zahlungsstrom des Indexes nachzubilden.

Laufzeit	Ablaufbilanz Fälligkeit	Index Fälligkeit	Index Multiplikator	Fälligkeit angepaßt	Differenz-zahlungsstrom
[Jahre]	[Mio DM]	[Mio DM]		[Mio DM]	[Mio DM]
0	-166,30	11,80	1,0987	12,96	179,26
1	-18,40	12,60	1,0987	13,84	32,24
2	33,10	11,20	1,0987	12,31	-20,79
3	14,70	11,80	1,0987	12,96	-1,74
4	92,40	12,90	1,0987	14,17	-78,23
5	105,70	11,70	1,0987	12,85	-92,85
6	25,80	12,30	1,0987	13,51	-12,29
7	-12,90	12,40	1,0987	13,62	26,52
8	23,80	15,10	1,0987	16,59	-7,21
9	54,60	11,30	1,0987	12,42	-42,18
10	122,80	13,10	1,0987	14,39	-108,41

Tabelle 31: Bestimmung von Differenz-Zahlungsströmen

Die Bestimmung der konkreten Ausgleichsoperationen folgt dem bereits beschriebenen Verfahren der Bestimmung expliziter Opportunitätsgeschäfte und wird an dieser Stelle nicht mehr beschrieben.[180] Tabelle 31 zeigt exemplarisch die Berechnung der Differenz-Zahlungsströme.

c) Die Kalkulation von Marktwechselprämien

Die Auseinandersetzung um die Kalkulation sogenannter Marktwechselprämien bildet einen weiteren Aspekt in der Diskussion um das Barwertkonzept. Benke et al. schlagen hier vor, teilmarktsegmentierte Bewertungssätze zu bilden.[181] Hierzu wird folgendes Beispiel angeführt: Angenommen, ein Kreditinstitut schließe bei einer am Rentenmarkt gemessenen, flachen Zinsstruktur von 6,00 % ein Swap-Geschäft ab, aus dem es 6,20 % fix für eine bestimmte Laufzeit erhält. Die Refinanzierung erfolge durch Begebung eines festverzinslichen Wertpapiers zu 5,98 %. Benke et al. messen den Erfolg sowohl der Swap- als auch der Rentenmarkttransaktion anhand der jeweils vorliegenden Opportunität. Lassen sich beispielsweise am Swapmarkt 6,23 % erzielen, wird dem Swaphandel ein barwertiger Erfolgsbeitrag von -0,03 % belastet, der Rentenhandel erhält einen Erfolgsbeitrag von 0,02 % gutgeschrieben. Die Differenz zwischen Swap- und der Rentenmarktopportunität (0,23 %) ist als Marktwechselprämie (Spread) definiert und dem Treasury zuzurechnen, da das Treasury als zentrale Instanz für diesen Marktwechsel verantwortlich ist.

Problematisch an dieser Vorgehensweise erscheint zunächst die Bestimmung willkürfreier Opportunitäten für derartige Teilmärkte und die erforderliche Verknüpfung von Aktiv- und Passivgeschäften. Dies impliziert eine Rückkehr in die Welt der Einzelgeschäftsorientierung und Bilanzschichtung, die von den Vertretern des Barwertkonzepts eigentlich abgelehnt wird.[182] Weiterhin stellt sich die Frage, welcher Zinssatz dann als Bewertungszinssatz für Kundengeschäfte heranzuziehen ist. Benke et al. empfehlen hier, den günstigsten Zinssatz zu verwenden, zu dem die Bank zum jeweiligen Zeitpunkt agieren kann. Mit diesem Vorschlag ist allerdings eine Reihe von Problemen verbunden:

---

[180]   Vgl. hierzu das auf S. 55-57 dieser Arbeit beschriebene Verfahren. Der Unterschied zur Opportunitätsbestimmung in bisheriger Form liegt darin, daß der Differenz-Zahlungsstrom den Ergebnisvektor des zu lösenden linearen Geichungssystems bildet.

[181]   Vgl. **Benke, Holger; Piaskowski, Friedrich; Sievi, Christian R.**: Neues vom Barwertkonzept. In: Die Bank 2/1995, S. 119-125, hier S. 121-122.

[182]   „Darüber hinaus handelt es sich hier eben um eine Einzelgeschäftsbetrachtung, die (...) bar jeder praktischen Steuerungsrelevanz ist." **Benke, Holger; Piaskowski, Friedrich; Sievi, Christian R.**: Neues vom Barwertkonzept. In: Die Bank 2/1995, S. 119-125, hier S. 120.

Unabhängig von den praktischen Umsetzungsproblemen einer derartigen Kalkulation verlassen die Autoren die theoretische Grundlage der Marktzinsmethode, weil nicht mehr das Opportunitätskalkül resp. Duplikationsüberlegungen Hintergrund derartiger Überlegungen sind, sondern die Frage des jeweils günstigsten Gegengeschäfts ohne Berücksichtigung der damit verbundenen Qualität. Bankgeschäfte werden deswegen nur mit bestimmten Opportunitätsgeschäften verglichen, weil hinter dieser Bewertung die Idee steht, die mit dem Abschluß der Kundengeschäfte verbundenen Marktrisiken auf eine andere Steuerungsinstanz, nämlich das Treasury, zu übertragen. Darum ist Voraussetzung für die Opportunität, daß diese im wesentlichen diese Risiken trägt und frei von Kontrahentenrisiken ist. Dies ist im Gegensatz zu einer beispielsweise an Bundesanleihen ausgerichteten Opportunitätszinsstruktur bei Swaps nicht unmittelbar gewährleistet.

4. Fazit

Das Barwertkonzept greift den Aspekt der Zukunftsorientierung bei der Steuerung des Zinsänderungsrisikos konsequent auf und setzt ihn entsprechend um. Mit der Argumentation einher geht eine vollständige Abkoppelung von periodisierten Erfolgsgrößen und damit eine Verschärfung der Auseinandersetzung um die Überleitbarkeit der Ergebnisse betriebswirtschaftlicher Rechenwerke und der aufgrund handelsrechtlicher Vorschriften erstellten Erfolgsrechnung. Dem Anspruch, einen umfassenden Steuerungsansatz für Kreditinstitute darzustellen, wird das Barwertkonzept nicht gerecht. Wesentliche Gründe hierfür sind:

(1) **Funktionale Ausprägung:** Die beschriebenen Steuerungsansätze in Form der Sensitivitätsanalyse und der Bestimmung indexgebundener Null-Linien decken nur Teilbereiche des Prozesses der Risikosteuerung ab. Die Funktion einer Null-Linie – unabhängig davon, ob diese zur Eliminierung zukünftiger Liquiditätsüberhänge oder zur Nachbildung bestimmter Zahlungsströme dient – kann nur als Hilfsinstrument des Treasury fungieren. Die Ableitung konkreter Dispositionsmaßnahmen erfordert zusätzliche instrumentelle Unterstützung.[183]

(2) **Unterstellte Liquidierbarkeit der Bestände:** Implizite Prämisse des Barwertkonzepts ist eine Liquidierbarkeit der betrachteten Bestände. Hierauf deuten insbesondere die Aussagen, die im Zusammenhang mit der Dispo-

---

[183] Vgl. hierzu auch die Kritik von **Brammertz, Willi; Spillmann, Martin:** Zinselastizität: Ein unstabiles Maß. In: Die Bank 7/1991, S. 386-390, hier S. 390.

nierbarkeit des Barwerts getroffen werden, hin. Die Tatsache, daß eine derartige Liquidierbarkeit insbesondere bei den für das Treasury relevanten Positionen des Kundengeschäfts nicht unmittelbar gegeben ist, schränkt die Anwendbarkeit des Barwertkonzepts dementsprechend ein.[184]

(3) **Übertragbarkeit der Steuerungskonzeption von Investmentfonds auf Kreditinstitute:** Im Barwertkonzept wird eine Vergleichbarkeit des Entscheidungsraums des Managements eines Investmentfonds mit dem Treasury-Management von Kreditinstituten unterstellt. Diese besteht nur in eingeschränktem Umfang. Während es das Ziel des Managements von Investmentfonds ist, ein zu weiten Teilen liquidierbares Gesamtvermögen unter Akzeptanz eines bestimmten Risikos durch permanente Umschichtung zu maximieren, liegt die Zielsetzung des Treasury-Managements in der Steuerung der Transformationsposition. Diese ist anderen Einflußgrößen unterworfen.

(4) **Mangelnde Steuerungsrelevanz des Barwerts:** Durch die vorgenommene Fokussierung auf den Barwert erfolgt eine faktische Verkürzung des Planungshorizonts auf einen Tag, verbunden mit einer Aufgabe des going-concern und einer Quantifizierung des unter diesem Aspekt realisierbaren Reinvermögens.[185] Aufgrund der Tatsache, daß im mittel- bis langfristig ausgerichteten Treasury hiervon deutlich abweichende Planungshorizonte vorliegen, liefert das Konzept lediglich unvollständige Ansatzpunkte zur diesbezüglichen Formulierung von Dispositionsstrategien. Sämtliche für die Steuerung des Zinsüberschusses erforderlichen Informationen gehen bei konsequenter Anwendung des Barwertkonzepts verloren.

(5) **Praxisrelevanz:** Die im Rahmen der Beschreibung des Barwertkonzepts vorgebrachten Konzepte zur Erzielung konstanter Zinsüberschüsse, beispielsweise durch eine strukturkongruente Refinanzierung aller Positionen mit anschließender rollierender Anlage des Barwerts für jeweils zehn Jahre, entbehren der Praxisrelevanz.[186] Gleiches gilt für die als operationale Zielsetzung beschriebene Strategie, das Zinsänderungsrisiko der nächsten zehn

---

[184] Vgl. **Voss, Bernd W.; Bezold, Andreas:** Bilanzstrukturmanagement im Spannungsfeld finanzmathematischer Risikomessung und handelsrechtlicher Periodisierung. In: Henner Schierenbeck; Hubertus Moser (Hrsg.): Handbuch Bankcontrolling, Wiesbaden 1994, S. 595-610, hier S. 608.

[185] Vgl. **Rolfes, Bernd; Hassels, Michael:** Das Barwertkonzept in der Banksteuerung – Möglichkeiten und Grenzen. In: Österreichisches Bank Archiv 5/1994, S. 337-349, hier S. 348.

[186] Vgl. **Benke, Holger; Gebauer, Burkhard; Piaskowski, Friedrich:** Die Marktzinsmethode wird erwachsen: Das Barwertkonzept (II). In: Die Bank 9/1991, S. 514-521, hier S. 514.

Jahre so zu gestalten, daß ein optimales Ergebnis erzielt werde.[187] Unbestritten bleibt, daß die Erzielung eines bestimmten geplanten Zinsüberschusses eine wesentliche Komponente in der Steuerung der Fristen- und Währungstransformation in Kreditinstituten bildet.[188] Letztlich ist damit die These, daß nur durch Einsatz des Barwertkonzepts ein optimaler Gesamtbanksteuerungsprozeß implementierbar sei,[189] als nicht haltbar zu bezeichnen.

---

[187] Vgl. **Flesch, Hans-Rudolf; Piaskowski, Friedrich; Seegers, Jürgen:** Marktzinsmethode bzw. Wertsteuerung – Neue Thesen und Erkenntnisse aus der Realisierung. In: Die Bank 9/1987, S. 485-494, hier S. 489.

[188] Diese Erkenntnis wird auch von den Vertretern des Barwertkonzepts nicht bestritten. Vgl. hierzu **Sievi, Christian R.:** Kalkulation und Disposition – Betriebswirtschaftliche Grundlagen, Rechenverfahren, Anwendungen. Bretten 1995, S. 351.

[189] Vgl. hierzu **Benke, Holger; Piaskowski, Friedrich; Sievi, Christian R.:** Neues vom Barwertkonzept. In: Die Bank 2/1995, S. 119-125, hier S. 119.

D. Das Elastizitätskonzept

1. Überblick

Das Elastizitätskonzept basiert auf einer Analyse von Zinssensitivitäten. Es wurde in der deutschsprachigen Literatur von Rolfes vorgestellt.[190] Das Konzept setzt die Anwendung der Marktzinsmethode nicht voraus, läßt sich aber in diese integrieren und soll in dieser Arbeit deswegen Berücksichtigung finden, weil die Diskussion um die Eigenschaften des Elastizitätskonzepts regelmäßig im Zusammenhang mit einer Auseinandersetzung mit der Marktzinsmethode geführt wird.[191]

Ausgangspunkt der Entwicklung des Elastizitätsansatzes ist die Erkenntnis, daß sich die interne Struktur der mit den Kunden vereinbarten Zinssätze aufgrund einer unterschiedlich stark ausgeprägten Reagibilität bei Änderungen des allgemeinen Marktzinsniveaus verschiebt. Diese Zinsreagibilität wird im wesentlichen von der Zinsbindungsfrist der betrachteten Geschäftsart bestimmt und ist mit dieser negativ korreliert.[192] Zinsänderungsrisiken lassen sich unter diesem Aspekt nicht nur auf die Existenz von Festzinspositionen, sondern vielmehr auch auf Positionen in variabel verzinslichen Geschäftsarten zurückführen. Die explizite Berücksichtigung dieser Bankgeschäfte ist konstruktives Charakteristikum des Elastizitätsansatzes und gleichzeitig mit einer grundsätzlichen Kritik des lediglich an Festzinsbeständen ausgerichteten Konzepts der Duration und der Zinsbindungsbilanz verbunden.[193]

---

[190] Vgl. **Schierenbeck, Henner:** Ertragsorientiertes Bankmanagement – Controlling in Kreditinstituten. 4. Auflage, Wiesbaden 1994, S. 523. Geschlossene Darstellungen des Elastizitätskonzepts finden sich bei **Rolfes, Bernd:** Die Steuerung von Zinsänderungsrisiken in Kreditinstituten. Frankfurt/Main 1985 und **Rolfes, Bernd:** Ansätze zur Steuerung von Zinsänderungsrisiken. In: Kredit und Kapital 4/1985, S. 529-552.

[191] Vgl. bspw. **Herzog, Walter:** Zinsänderungsrisiken in Kreditinstituten – Eine Analyse unterschiedlicher Steuerungskonzepte auf der Grundlage eines Simulationsmodells. Wiesbaden 1990, S. 51-62 und **Breuer, Ralf:** Probleme der Risikosteuerung im Rahmen der Marktzinsmethode. Berlin 1994, S. 33-45 und S. 111-118.

[192] Diese Erkenntnis ist allgemeiner Bestandteil der Zinsstrukturtheorie. Vgl. hierzu **Kath, Dietmar:** Die verschiedenen Ansätze der Zinsstrukturtheorie – Versuch einer Systematisierung. In: Kredit und Kapital 1/1972, S. 28-71, hier S. 32 und **Filc, Wolfgang:** Theorie und Empirie des Kapitalmarktzinses. Stuttgart 1992, S. 120.

[193] Vgl. zum Konzept der Zinsbindungsbilanz **Scholz, Walter:** Zinsänderungsrisiken im Jahresabschluß der Kreditinstitute. In: Kredit und Kapital 4/1979, S. 517-544 und zu dessen Kritisierung beispielhaft **Schmidt, Hartmut:** Wege zur Ermittlung und Beurteilung der Marktzinsrisiken von Banken. In: Kredit und Kapital 14/1981, S. 249-286. Darstellungen des Grundkonzepts der Duration, abgeleiteter Risikostrategien und ihrer Anwendbarkeit auf Kreditinstitute finden sich bei **Rudolph, Bernd:** Zinsänderungsrisiken und die Strategie der durchschnittlichen Selbstliquidationsperiode. In: Kredit und Kapital 2/1979, S. 181-206 und bei **Wondrak, Bernhard:** Management von Zinsänderungschancen und -risiken. Heidelberg – Wien 1986.

Das Zinsänderungsrisiko setzt sich im Elastizitätskonzept aus dem variablen Zinsänderungsrisiko sowie dem Festzinsrisiko zusammen. Es resultiert aus einer unterschiedlichen durchschnittlichen Reaktion der Zinssätze von Aktiv- und Passivpositionen, einem sogenannten Zinselastizitätsüberhang oder -profil, in Kombination mit einer für die jeweilige Situation ungünstigen Veränderung des allgemeinen Zinsniveaus.[194] Dieser Elastizitätsüberhang eines Kreditinstituts wird von dessen Geschäftsstruktur und den Elastizitäten der einzelnen Geschäftsarten bestimmt. Letztgenannte sind neben der bereits genannten Zinsbindungsfrist von vertraglichen Einschränkungen im Rechtsverhältnis zwischen Kreditinstitut und Kunden, von den herrschenden Marktbedingungen und von der spezifischen Art der jeweils erbrachten Bankleistung abhängig.[195] Grundlage der Analyse des Zinsänderungsrisikos ist die Bestimmung positionsbezogener Zinselastizitäten.

2. Bestimmung positionsspezifischer Zinselastizitäten

a) Zinsanpassungselastizitäten

Die Zinsanpassungselastizität beschreibt in allgemeiner Form die Relation zwischen der absoluten Veränderung eines bestimmten Positionszinses als abhängiger und der absoluten Veränderung eines Referenzzinses als erklärender Variable.[196] Formal gilt:

$$(45) \qquad e^{ZA} = \frac{\Delta\,pz}{\Delta\,rz} = \frac{pz' - pz}{rz' - rz}$$

mit e^{ZA} :   Zinsanpassungselastizität

$\Delta\,pz$:   Absolute Veränderung des Positionszinses [Dezimalschreibweise]

$\Delta\,rz$:   Absolute Veränderung des Referenzzinses [Dezimalschreibweise]

---

[194] Vgl. **Rolfes, Bernd**: Das Elastizitätskonzept der Zinsrisikosteuerung. In: Henner Schierenbeck; Hubertus Moser (Hrsg.): Handbuch Bankcontrolling, Wiesbaden 1995, S. 711-733, hier S. 725-726.

[195] Vgl. **Rolfes, Bernd**: Die Steuerung von Zinsänderungsrisiken in Kreditinstituten. Frankfurt/Main 1985, S. 30-32.

[196] Anzumerken ist, daß der im Rahmen des Elastizitätskonzepts verwandte Elastizitätsbegriff mit dem als Quotient relativer Änderungen definierten Elastizitätsbegriff im engeren Sinn nicht übereinstimmt. Vgl. hierzu **Pfingsten, Andreas**: Zinsänderungsrisiken bei variablen Zinselastizitäten. In: bank und markt 6/1989, S. 33-34, hier S. 33 und **Wöhe, Günter**: Einführung in die Allgemeine Betriebswirtschaftslehre. 19. Auflage, München 1996, S. 666-667.

pz' :   Positionszins nach Veränderung des Referenzzinses [Dezimal-
schreibweise]

rz' :   Veränderter Referenzzins [Dezimalschreibweise]

Bei der Zinsanpassungselastizität handelt es sich um eine dimensionslose Größe.[197] Als Referenzzins wird regelmäßig der Tagesgeldsatz verwandt, da dieser hinreichend empfindlich auf Zinsniveauveränderungen reagiert und damit als Null-Linie für die Bestimmung laufzeitbezogener Komponenten der im folgenden zu beschreibenden Zinserfolgselastizitäten fungieren kann.[198]

b) Zinserfolgselastizitäten

Die Zinserfolgselastizität kennzeichnet allgemein die Relation zwischen der absoluten Veränderung der einer bestimmtem Position resp. Geschäftsart zuzurechnenden Gesamtmarge und der absoluten Veränderung des Referenzzinses:[199]

$$(46) \qquad\qquad e^{ZE} = \frac{\Delta m}{\Delta rz}$$

mit e^{ZE} :   Zinserfolgselastizität

Δm :   Absolute Veränderung der Gesamtmarge [Dezimalschreibweise]

Aggregiert man die Zinserfolgselastizitäten der betrachteten Positionen unter Gewichtung mit deren relativen Anteilen an dem analysierten Geschäftsvolumen, läßt sich die prozentuale Abhängigkeit der Bruttozinsspanne des Kreditinstituts von Zinsniveauänderungen bestimmen. Diese wird als Bruttozinsspannenelastizität bezeichnet:[200]

---

[197] Vgl. **Obermann, Raoul:** Zinsrisikopotential – Kennziffer zur Quantifizierung des Zinsrisikos von Zinsswaps, -futures und -optionen. Frankfurt/Main 1990, S. 10.

[198] Vgl. **Rolfes, Bernd:** Ansätze zur Steuerung von Zinsänderungsrisiken. In: Kredit und Kapital 4/1985, S. 529-552, hier S. 546.

[199] Vgl. **Bickart, Torsten:** Zinsrisikomanagement in Banken. In: Zeitschrift für das gesamte Kreditwesen 22/1992, S. 1025-1028, hier S. 1025-1026.

[200] Vgl. **Siegel, Bernd; Degener, Rolf:** Neuere Überlegungen zur Steuerung von Zinsänderungsrisiken I. In: Zeitschrift für das gesamte Kreditwesen 19/1988, S. 900-906, hier S. 900.

(47)

$$e^{BZSp} = \sum_{i=1}^{m} a_i\, e_i^{ZE,A} + \sum_{j=1}^{n} p_j\, e_j^{ZE,P}$$

mit e^{BZSp} :   Bruttozinsspannenelastizität

a_i :   Relativer Anteil der Aktivposition i am betrachteten Geschäftsvolumen [Dezimalschreibweise]

$e_i^{ZE,A}$:   Zinserfolgselastizität der Aktivposition i

p_j :   Relativer Anteil der Passivposition j am betrachteten Geschäftsvolumen [Dezimalschreibweise]

$e_j^{ZE,P}$:   Zinserfolgselastizität der Passivposition j

Wird eine konkrete Veränderung des Referenzzinses unterstellt, ergibt sich die absolute Veränderung der Bruttozinsspanne durch Multiplikation der Zinsänderung
mit der Bruttozinsspannenelastizität.

(48) $\Delta\, BZSp = \Delta\, rz \cdot e^{BZSp}$

mit $\Delta\, BZSp$: Absolute Veränderung der Bruttozinsspanne [Dezimalschreib-
weise]

Die einer Position zuzurechnende Marge kann – und hierin liegt der Ansatzpunkt
für die erwähnte Integrationsmöglichkeit in das Verrechnungskonzept der Marktzinsmethode – in eine Konditions- und eine Strukturmarge unterteilt werden.[201] Die
Konditionsmarge einer aktivischen Position ist damit als Differenz aus dem Posi-
tions- und einem zuzuordnenden Opportunitätszins definiert. Die Strukturmarge
umschreibt die dieser Position zuzurechnende Laufzeitprämie und resultiert aus der
Differenz zwischen Opportunitäts- und Referenzzins. Für die Gesamtmarge eines
Aktivgeschäfts gilt damit:

---

[201]   Die in diesem Zusammenhang von Pfeifer formulierte Feststellung, der Elastizitätsansatz ba-
siere direkt auf der Marktzinsmethode, trifft nicht zu. Vgl. hierzu **Pfeifer, Uwe**: Management
bankbetrieblicher Erfolgsrisiken unter besonderer Berücksichtigung des Zinsänderungsrisikos.
Rheinfelden – Berlin 1991, S. 156-157.

$$m_i^A = km_i^A + sm_i^A$$
$$= pz_i^A - rz$$

(49)

$$\text{mit } km_i^A = pz_i^A - opp_i^A$$
$$sm_i^A = opp_i^A - rz$$

mit m_i^A :   Gesamtmarge der Aktivposition i [Dezimalschreibweise]

km_i^A :   Konditionsmarge der Aktivposition i [Dezimalschreibweise]

sm_i^A :   Strukturmarge der Aktivposition i [Dezimalschreibweise]

Die Gesamtmarge einer Passivposition ist definiert als:

$$m_j^P = km_j^P + sm_j^P$$
$$= rz - pz_j^P$$

(50)

$$\text{mit } km_j^P = opp_j^P - pz_j^P$$
$$sm_j^P = rz - opp_j^P$$

mit m_j^P :   Gesamtmarge der Passivposition j [Dezimalschreibweise]

km_j^P :   Konditionsmarge der Passivposition j [Dezimalschreibweise]

sm_j^P :   Strukturmarge der Passivposition j [Dezimalschreibweise]

Die Zinserfolgselastizität und die Zinsanpassungselastizität eines Aktivgeschäfts stehen damit in folgendem Zusammenhang zueinander:[202]

---

[202]   Vgl. hierzu **Herzog, Walter:** Elastizitätsbilanz und Marktzinsmethode. In: Die Bank 12/1989, S. 684-688, hier S. 685-686.

$$
\begin{aligned}
e_i^{ZE,A} &= \frac{\Delta\, m_i^A}{\Delta\, rz} \\[2mm]
&= \frac{pz_i^{A\,\prime} - rz' - \left(pz_i^A - rz\right)}{\Delta\, rz} \\[2mm]
(51)\qquad &= \frac{\Delta\, pz_i^A - \Delta\, rz}{\Delta\, rz} \\[2mm]
&= \frac{\Delta\, pz_i^A}{\Delta\, rz} - 1 \\[2mm]
&= e_i^{ZA,A} - 1
\end{aligned}
$$

Dementsprechend besteht folgender Zusammenhang zwischen Zinserfolgs- und Zinsanpassungselastizität eines Passivgeschäfts:

$$
\begin{aligned}
e_j^{ZE,P} &= \frac{\Delta\, m_j^P}{\Delta\, rz} \\[2mm]
&= \frac{rz' - pz_j^{P\,\prime} - \left(rz - pz_j^P\right)}{\Delta\, rz} \\[2mm]
(52)\qquad &= \frac{\Delta\, rz - \Delta\, pz_j^P}{\Delta\, rz} \\[2mm]
&= 1 - \frac{\Delta\, pz_j^P}{\Delta\, rz} \\[2mm]
&= 1 - e_j^{ZA,P}
\end{aligned}
$$

c) Struktur- und Konditionserfolgselastizitäten

Der Aufteilung der Marge in eine Konditions- und eine Strukturkomponente folgend, lassen sich positionsspezifische Zinserfolgselastizitäten in Struktur- und Konditionserfolgselastizitäten aufspalten.[203] Strukturerfolgselastizitäten beschreiben die Veränderung des einer Bilanzposition zugeordneten Strukturerfolgs in Relation zur Veränderung des Referenzzinses. Aktive und passive Strukturerfolgselastizitäten sind folgendermaßen definiert:

---

[203] Vgl. **Schierenbeck, Henner:** Ertragsorientiertes Bankmanagement – Controlling in Kreditinstituten. 4. Auflage, Wiesbaden 1994, S. 531-532.

$$(53) \qquad \begin{aligned} e_i^{SE,A} &= \frac{\Delta\, opp_i^A - \Delta\, rz}{\Delta\, rz} \\[2mm] e_j^{SE,P} &= \frac{\Delta\, rz - \Delta\, opp_j^P}{\Delta\, rz} \end{aligned}$$

mit $e_i^{SE,A}$: Strukturerfolgselastizität der Aktivposition i

$\Delta\, opp_i^A$: Absolute Veränderung der der Aktivposition i zugeordneten Opportunitätsverzinsung [Dezimalschreibweise]

$\Delta\, opp_j^P$: Absolute Veränderung der der Passivposition j zugeordneten Opportunitätsverzinsung [Dezimalschreibweise]

$e_j^{SE,P}$: Strukturerfolgselastizität der Passivposition j

Analog hierzu kennzeichnen Konditionsbeitragselastizitäten die Veränderung des einer Bilanzposition zugeordneten Konditionsbeitrags in Abhängigkeit von Veränderungen des Referenzzinses:

$$(54) \qquad \begin{aligned} e_i^{KE,A} &= \frac{\Delta\, pz_i^A - \Delta\, opp_i^A}{\Delta\, rz} \\[2mm] e_j^{KE,P} &= \frac{\Delta\, opp_j^P - \Delta\, pz_j^P}{\Delta\, rz} \end{aligned}$$

mit $e_i^{KE,A}$: Konditionserfolgselastizität der Aktivposition i

$e_j^{KE,P}$: Konditionserfolgselastizität der Passivposition j

3. Kalkulations- und Steuerungsvorschläge auf Basis des Elastizitätskonzepts

a) Risikoabschätzung auf Basis von Elastizitätsbilanzen

(1) Die Statische Elastizitätsbilanz

Die Statische Elastizitätsbilanz dient der Quantifizierung der auf Basis von Zinselastizitäten abgeschätzten Reaktion des Zinsüberschusses eines Kreditinstituts auf eine Veränderung des Referenzzinses und kann aufgrund des gezeigten Zusammenhangs zwischen Zinserfolgs- und Zinsanpassungselastizitäten auf Basis beider Elastizitätsarten erstellt werden.[204] Bei der Bildung der Statischen Elastizitätsbilanz, im folgenden am Beispiel von Zinsanpassungselastizitäten beschrieben, werden zunächst durchschnittliche Elastizitätswerte sowohl der aktivischen und passivischen Gesamtbestände variabel verzinslicher Positionen als auch der gesamten Aktiv- und Passivseite der Elastizitätsbilanz bestimmt.[205]

Veränderungen des Zinsüberschusses ergeben sich immer dann, wenn die Aktiv- und die Passivseite der Elastizitätsbilanz unterschiedliche durchschnittliche Zinselastizitäten aufweisen. Das gesamte Zinsänderungsrisiko entspricht damit der Differenz aus der Ertragsveränderung variabel verzinslicher Aktivpositionen und der Aufwandsveränderung variabel verzinslicher Passivpositionen. Auf Basis dieser auch als Elastizitätsprofile bezeichneten Konstellationen können Ausgleichsoperationen zur Eliminierung des quantifizierten Zinsänderungsrisikos kalkuliert werden.[206] Für das Zinsänderungsrisiko gilt:

$$(55) \qquad Z\ddot{A}R \;=\; \Delta\,rz\left(\sum_{g=1}^{o} V_g^{A,v}\,e_g^{ZA,A,v} - \sum_{h=1}^{p} V_h^{P,v}\,e_h^{ZA,P,v}\right)$$

mit $Z\ddot{A}R$: Zinsänderungsrisiko [DM]

$V_g^{A,v}$: Volumen der variabel verzinslichen Aktivposition g ($g = 1, ..., o$) [DM]

$e_g^{ZA,A,v}$: Zinsanpassungselastizität der variabel verzinslichen Aktivposition g

$V_h^{P,v}$: Volumen der variabel verzinslichen Pasivposition h ($h = 1, ..., p$) [DM]

---

[204] Vgl. hierzu S. 96-98 dieser Arbeit. Beschreibungen der Statischen Elastizitätsbilanz finden sich bei **Rolfes, Bernd; Bellmann, Klaus; Napp, Udo**: Darstellung und Beurteilung von Zinsänderungsrisiken. In: bank und markt 12/1988, S. 12-16; **Rolfes, Bernd**: Risikosteuerung mit Zinselastizitäten. In: Zeitschrift für das gesamte Kreditwesen 5/1989, S. 196-201, hier S. 198-200; **Rolfes, Bernd**: Bilanzstrukturorientiertes Risikomanagement in Banken. Diskussionsbeiträge des Fachbereichs Wirtschaftswissenschaft der Universität – Gesamthochschule – Duisburg Nr. 157, Duisburg 1991, S. 12-14 und **Rolfes, Bernd**: Asset-Liability-Management in Banken und Sparkassen. In: Bernd Rolfes; Henner Schierenbeck; Stephan Schüller (Hrsg.): Bilanzstruktur- und Treasury-Management in Kreditinstituten, Frankfurt/Main 1994, S. 183-202, hier S. 187-191.

[205] Die Zinsanpassungselastizität einzelner Festzinspositionen und damit des gesamten Festzinsblocks ist definitionsgemäß gleich Null.

[206] Vgl. **Rolfes, Bernd**: Bilanzstrukturmanagement mit Zinsswaps. In: Zeitschrift für das gesamte Kreditwesen 15/1992, S. 674-682, hier S. 676-680. Rolfes demonstriert die Berechnung derartiger Sicherungsgeschäfte anhand des Einsatzes von Zinsswaps.

$e_h^{ZA,P,v}$: Zinsanpassungselastizität der variabel verzinslichen Passivposition h

Das Zinsänderungsrisiko wird den Risikoquellen Festzinsrisiko und variables
Zinsänderungsrisiko zugeordnet, so daß gilt:

$$(56) \qquad\qquad ZÄR \;=\; ZÄR^f + ZÄR^v$$

mit $ZÄR^f$: Festzinsrisiko [DM]

$ZÄR^v$: Variables Zinsänderungsrisiko [DM]

Das Festzinsrisiko setzt an Aktiv- oder Passivüberhängen festverzinslicher Bilanzpositionen an. Besteht ein Aktivüberhang, das heißt, das Volumen der aktivischen
Festzinspositionen übersteigt das der passivischen, dann verteuert sich die notwen-
digerweise variabel verzinsliche Refinanzierung dieses Überhangs bei einem Anstieg des Marktzinsniveaus. Zur Quantifizierung des Anstiegs der Refinanzierungskosten wird die durchschnittliche Elastizität der variabel verzinslichen passivischen
Bilanzpositionen verwandt:

$$(57) \qquad ZÄR^f \;=\; -\Delta\, rz \left(\sum_{i=1}^{m} V_i^{A,f} - \sum_{j=1}^{n} V_j^{P,f} \right) \cdot \frac{\displaystyle\sum_{h=1}^{p} V_h^{P,v}\, e_h^{ZA,P,v}}{\displaystyle\sum_{h=1}^{p} V_h^{P,v}}$$

Liegt ein Passivüberhang vor, dann besteht das Zinsänderungsrisiko in der Notwendigkeit, diesen Überhang zu eventuell gesunkenen Zinssätzen – gemessen an
der durchschnittlichen Zinsanpassungselastizität der variabel verzinslichen Aktivpositionen – anlegen zu müssen. Es gilt:

$$(58) \qquad ZÄR^f \;=\; \Delta\, rz \left(\sum_{j=1}^{n} V_j^{P,f} - \sum_{i=1}^{m} V_i^{A,f} \right) \cdot \frac{\displaystyle\sum_{g=1}^{o} V_g^{A,v}\, e_g^{ZA,A,v}}{\displaystyle\sum_{g=1}^{o} V_g^{A,v}}$$

Ursache des variablen Zinsänderungsrisikos ist eine Differenz zwischen der durchschnittlichen Elastizität der variabel verzinslichen Bilanzpositionen auf der Aktiv-
und auf der Passivseite der Elastizitätsbilanz, die bei Veränderung des Referenzzin-

ses zu unterschiedlichen Ertrags- und Aufwandsveränderungen dieser Positionen führt.[207] Um sicherzustellen, daß die Summe aus Festzins- und variablem Zinsänderungsrisiko dem in *(55)* definierten gesamten Zinsänderungsrisiko entspricht, erfolgt bei der Bestimmung des variablen Zinsänderungsrisikos eine Korrektur um den Betrag der Ertrags- resp. Aufwandsveränderung, die dem jeweils vorliegenden Festzinsüberhang gegenübersteht. Liegt ein Aktivüberhang vor, gilt:

$$
\textit{(59)} \quad Z\ddot{A}R^{v} = \Delta\, rz \left(\sum_{g=1}^{o} V_g^{A,v}\, e_g^{ZA,A,v} - \left(\sum_{h=1}^{p} V_h^{P,v} - \sum_{i=1}^{m} V_i^{A,f} + \sum_{j=1}^{n} V_j^{P,f} \right) \frac{\sum_{h=1}^{p} V_h^{P,v}\, e_h^{ZA,P,v}}{\sum_{h=1}^{p} V_h^{P,v}} \right)
$$

Bei einem Passivüberhang gilt für das variable Zinsänderungsrisiko:

$$
\textit{(60)} \quad Z\ddot{A}R^{v} = \Delta\, rz \left(-\sum_{h=1}^{p} V_h^{P,v}\, e_h^{ZA,P,v} + \left(\sum_{g=1}^{o} V_g^{A,v} - \sum_{j=1}^{n} V_j^{P,f} + \sum_{i=1}^{m} V_i^{A,f} \right) \frac{\sum_{g=1}^{o} V_g^{A,v}\, e_g^{ZA,A,v}}{\sum_{g=1}^{o} V_g^{A,v}} \right)
$$

Die folgende Abbildung 15 zeigt eine Statische Elastizitätsbilanz mit beispielhaft angenommenen Bilanzpositionen.[208] Das gesamte Zinsänderungsrisiko beträgt bei einer Erhöhung des Referenzzinses um einen Prozent-Punkt (2.835.500,00 DM - 2.176.000,00 DM =) 659.500,00 DM. Das Festzinsrisiko beträgt -771.490,20 DM und ist Folge der Notwendigkeit, den vorliegenden aktivischen Festzinsüberhang in Höhe von 195,00 Mio. DM (585,00 Mio. DM - 390,00 Mio. DM) zu durchschnittlich um 0,395636 Prozent-Punkten gestiegenen Sätzen refinanzieren zu müssen. Dieser Wert ergibt sich aufgrund der unterstellten einprozentigen Veränderung des Referenzzinses unmittelbar aus der durchschnittlichen Zinsanpassungselastizität der variabel verzinslichen Passivpositionen.

---

[207]   Vgl. **Honeck, Gerhard:** Zinsänderungsrisiko und Zinsrisikobilanz. In: Die Bank 11/1992, S. 656-661, hier S. 656.

[208]   Ein Praxisbeispiel einer Statischen Elastizitätsbilanz findet sich bei **Bierbaum, Christine; Ring, Hans-J.:** Struktur und Zinsreagibilität einer Sparkassen-Bilanz. In: Betriebswirtschaftliche Blätter 5/1992, S. 276-279, hier S. 277-278.

Aktiva

Bezeichnung	Volumen [Mio DM]	Elastizität	Ertragsveränderung [DM]
Hypothek (f)	380,00		
Interbankengeld (f)	205,00		
Summe	585,00		
KK-Kredit (V)	175,00	0,770000	1.347.500,00
Darlehen (V)	240,00	0,620000	1.488.000,00
Summe/Durchschnitt	415,00	0,683253	2.835.500,00
Summe/Durchschnitt	1.000,00	0,283550	2.835.500,00

Referenzzinsänderung absolut	[%]	1,00
Zinsänderungsrisiko gesamt	[DM]	659.500,00
Risiko aus Festzinsüberhang	[DM]	-771.490,20
Variables Zinsänderungsrisiko	[DM]	1.430.992,20

Passiva

Bezeichnung	Volumen [Mio DM]	Elastizität	Aufwandsveränderung [DM]
Interbankengeld (f)	245,00		
Sparbrief (f)	145,00		
Summe	390,00		
Termineinlage (V)	280,00	0,480000	1.248.000,00
Spareinlage (V)	290,00	0,320000	928.000,00
Summe/Durchschnitt	550,00	0,395636	2.176.000,00
Eigenkapital	60,00		
Summe/Durchschnitt	1.000,00	0,217600	2.176.000,00

Abbildung 15: Statische Elastizitätsbilanz auf Basis von Zinsanpassungselastizitäten

Dem Festzinsrisiko steht eine variable Zinsänderungschance in Höhe von 1.430.992,20 DM gegenüber. Diese ergibt sich als Differenz aus den Ertragssteigerungen der variabel verzinslichen Positionen der Aktivseite (2.835.500,00 DM) und den Aufwandsmehrungen der variabel verzinslichen Positionen der Passivseite ((550,00 Mio. DM - 195,00 Mio. DM) · 0,395636 · 0,01 = 1.404.507,80 DM), wobei das zugrunde gelegte Volumen der Passivpositionen um den zum Ausgleich des aktivischen Festzinsüberhangs benötigten Betrag vermindert wird.[209]

Motivation für die Entwicklung der Statischen Elastizitätsbilanz war die Kritik an der ausschließlich an der Bewertung von Festzinsüberhängen ausgerichteten Zinsänderungsrisikoanalyse durch den Einsatz von Zinsbindungsbilanzen.[210] In Zinsbindungsbilanzen werden die Bestände festzinsgebundener Aktiva und Passiva zu bestimmten Stichtagen einander gegenübergestellt. Auf Basis dieser Gegenüberstellung lassen sich einerseits die Ertragskraft der geschlossenen Festzinsposition in Form einer durchschnittlichen Zinsspanne, andererseits die Reaktion des Zinsüberschusses bei Veränderung der durchschnittlichen Verzinsung der Finanzierung resp. Anlage der jeweiligen Festzinsüberhänge bestimmen.[211] Die Vorteilhaftigkeit des Einsatzes Statischer Elastizitätsbilanzen gegenüber diesen Zinsbindungsbilanzen wird mit deren konzeptionellem Mangel, keine zinsvariablen Positionen berücksichtigen zu können, begründet.[212] Hierzu ist folgendes zu bemerken:

(1) Zunächst trifft es zu, daß die Aussagekraft der Analyse durch die Berücksichtigung zinsvariabler Positionen gewinnt – allerdings nur insoweit, als die durch Zinselastizitäten abgeschätzten Veränderungen der Positions- und der Opportunitätszinssätze tatsächlich auch so eintreten. Die Auswirkungen der Veränderungen des Referenzzinses sind unter anderem davon abhängig,

---

[209]   Die in Abbildung 15 auftretende Differenz zwischen dem ausgewiesenen Gesamt-Zinsänderungsrisiko und der Summe seiner Komponenten i.H.v. 2,00 DM ist auf Rundungsungenauigkeiten durch die Verwendung des Durchschnittswerts der Elastizität der variabel verzinslichen Passivpositionen zurückzuführen.

[210]   Vgl. **Klerx, Karl:** Von der Zinsbindungsbilanz zur Zinselastizitätsbilanz. In: bank und markt 9/1989, S. 28-29, hier S. 28 und **Schierenbeck, Henner:** Ertragsorientiertes Bankmanagement – Controlling in Kreditinstituten. 4. Auflage, Wiesbaden 1994, S. 518-523.

[211]   Die Zinsbindungsbilanz bildet oftmals das grundlegende Erfassungssystem für das Zinsänderungsrisiko eines Kreditinstituts. Vgl. hierzu **Bieg, Hartmut:** Bankbetriebslehre in Übungen. München 1992, S. 153 und **Schulte-Mattler, Hermann; Traber, Uwe:** Marktrisiko und Eigenkapital – Bankaufsichtliche Normen für Kredit- und Marktrisiken. Wiesbaden 1995, S. 75.

[212]   „Genau in diesem Punkt liegt ja auch der mit der Zinsbindungsbilanz gepflegte logische Widerspruch der traditionellen Betrachtungsweise von Zinsänderungsrisiken. Anstatt das Augenmerk auf die im Zins veränderlichen Positionen zu richten, konzentriert man sich mit zumeist sehr umfangreichen Auswertungen genau auf das Geschäft, das sich eben nicht im Zins verändern kann." **Rolfes, Bernd:** Risikosteuerung mit Zinselastizitäten. In: Zeitschrift für das gesamte Kreditwesen 5/1989, S. 196-201, hier S. 196.

ob sich dieser gerade in einer Zinsanstiegs-, in einer Zinssenkungsphase oder an einem Wendepunkt der Zinsentwicklung befindet. Weiterhin kann die Reagibilität der Positionszinssätze institutsbezogen, beispielsweise in Abhängigkeit von der im Kundengeschäft durchsetzbaren Verhandlungsmacht, differieren.[213] Da Elastizitätswerte im zeitlichen Verlauf einzelner Zinsphasen prinzipiell nicht stabil sind, hängt die Qualität der Kalkulationsergebnisse davon ab, wie genau die in den verwendeten Elastizitätswerten implizit verarbeitete Zinsprognose auch tatsächlich eintritt. Damit fließen Prognosebestandteile in ein zur Risikoabschätzung konzipiertes Instrumentarium ein.[214]

(2) In diesem Zusammenhang muß auch der Versuch, den Einsatz der Statischen Elastizitätsbilanz mit einem Ergebnisvergleich zwischen einer Statischen Elastizitätsbilanz auf Basis unkorrekt prognostizierter Zinselastizitäten und der Zinsbindungsbilanz zu begründen, kritisiert werden.[215] Neben der grundsätzlichen Problematik der Vergleichbarkeit der Mängel verschiedener Konzepte erscheint vielmehr bemerkenswert, daß sich der Vergleich in der durchgeführten Form auf eine in ihrem Informationsgehalt verkürzte Analyse einer Zinsbindungsbilanz – durch eine Bewertung lediglich des ersten ausgewiesenen Überhangs – stützt. Die Tatsache, daß eine derartige Auswertung von Zinsbindungsbilanzen unzureichend ist, wurde bereits nachgewiesen.[216]

(3) Wesentlicher erscheint allerdings, daß gerade diese zeitlichen Verläufe sowohl bei den variabel verzinslichen als auch bei den festverzinslichen Positionen im Konzept der Statischen Elastizitätsbilanz vollkommen vernachlässigt werden. Dies führt dazu, daß sich Statische Elastizitätsbilanzen le-

---

[213]   Hierauf weist Pfingsten hin. Vgl. **Pfingsten, Andreas:** Zinsänderungsrisiken bei variablen Zinselastizitäten. In: bank und markt 6/1989, S. 33-34, hier S. 33.

[214]   Diese inhaltliche Nähe der Elastizitätsbilanz zu einem Prognoseinstrument wird offensichtlich bei Rolfes/Bergfried. Vgl. **Rolfes, Bernd; Bergfried, Hermann:** Die zinsänderungsoptimale Geschäftsstruktur einer Bank – Ein Simultan-Modell zur Abstimmung von strukturellem Gewinnbedarf und Gewinnpotential. In: Österreichisches Bank Archiv 4/1988, S. 329-343, hier S. 333.

[215]   So etwa Rolfes: „Deutlich wird vor allem auch, daß die Fehleinschätzung des Zinsänderungsrisikos mit der Zinsbindungsbilanz um ein Vielfaches größer ist als bei ungenau prognostizierten Zinselastizitäten." **Rolfes, Bernd:** Risikosteuerung mit Zinselastizitäten. In: Zeitschrift für das gesamte Kreditwesen 5/1989, S. 196-201, hier S. 200.

[216]   Vgl. hierzu die Reaktion von Pfingsten auf eine derart verkürzte Wiedergabe des Informationsgehalts von Zinsbindungsbilanzen durch Siegel/Degener. **Pfingsten, Andreas:** Die Erkennung und Behandlung von Zinsänderungsrisiken. In: Zeitschrift für das gesamte Kreditwesen 7/1988, S. 270-274 und **Siegel, Bernd; Degener, Rolf:** Die Steuerung von Zinsänderungsrisiken. In: Zeitschrift für das gesamte Kreditwesen 20/1987, S. 924-929.

diglich zu kurzfristigen Analysen einsetzen lassen, da durch diese Vernachlässigung zeitlicher Abläufe die Problematik von Wiederanlagen und -aufnahmen in späteren Perioden nicht berücksichtigt werden kann. Damit wird eine wesentliche Komponente des Zinsänderungsrisikos der Kreditinstitute vollständig ausgeblendet.[217]

(4) Schließlich lassen sich bei einer ausschließlich auf die statische Analyse von Überhängen ausgerichteten Sichtweise keine Aussagen über das ohne Veränderung der Zinsstruktur existierende Zinsänderungsrisiko treffen. Durch die Fixierung auf das Risikomaß Überhang wird übergangen, daß sich Veränderungen des Zinsüberschusses und damit Zinsänderungsrisiken auch dann ergeben können, wenn bei konstanter Zinsstruktur auslaufendes Altgeschäft neu konditioniert wird.[218]

Die Erkenntnis der mangelnden Einsatzfähigkeit der Statischen Elastizitätsbilanz führte zu einer Berücksichtigung des dynamischen Ablaufeffekts im Konzept der Dynamischen Elastizitätsbilanz.

(2) Die Dynamische Elastizitätsbilanz

Im Konzept der Dynamischen Elastizitätsbilanz wird das Kalkül um den für die Zinsänderungsrisikoanalyse relevanten Festzinsablauf erweitert.[219] Zu dessen Berücksichtigung lassen sich die geschäftsartenspezifischen Festzinspositionen folgendermaßen in einzelne Teilpositionen/Tranchen aufteilen:

(1) Festzinstranche, die in der vor dem Betrachtungszeitpunkt liegenden Periode neu kontrahiert wurde (Neugeschäft).

(2) Festzinstranche, die in der auf den Betrachtungszeitpunkt folgenden Periode fällig wird und neu zu disponieren ist (Altgeschäft).

---

[217] Zu dieser Auffassung gelangt auch Breuer. Vgl. hierzu **Breuer, Ralf:** Probleme der Risikosteuerung im Rahmen der Marktzinsmethode. Berlin 1994, S. 114-115.

[218] Vgl. **Brammertz, Willi; Spillmann, Martin:** Zinselastizität: Ein unstabiles Maß. In: Die Bank 7/1991, S. 386-390, hier S. 390.

[219] Das Konzept der Dynamischen Elastizitätsbilanz wird beschrieben bei **Rolfes, Bernd:** Zinsänderungsrisiko in der Rezession. In: Bank Information 10/1993, S. 12-15; **Rolfes, Bernd:** Risikoquantifizierung im Elastizitätskonzept. In: Bernd Rolfes; Henner Schierenbeck; Stephan Schüller (Hrsg.): Bilanzstruktur- und Treasury-Management in Kreditinstituten, Frankfurt/Main 1994, S. 203-219, hier S. 212-214 und **Rolfes, Bernd:** Das Elastizitätskonzept der Zinsrisikosteuerung. In: Henner Schierenbeck; Hubertus Moser (Hrsg.): Handbuch Bankcontrolling, Wiesbaden 1995, S. 711-733, hier S. 720-725.

(3) Festzinstranche, die in der auf den Betrachtungszeitpunkt folgenden Periode nicht fällig wird (Altgeschäft).

Entscheidende Bedeutung wird der Festzinstranche (2) beigemessen, die in der Periode zu disponieren ist, die dem Betrachtungszeitpunkt folgt. Diese Tranche spiegelt damit die auf das Auslaufen bestehender Festzinsbindungen zurückzuführende Komponente des Zinsänderungsrisikos wider.[220] Rolfes unterscheidet hier das Festzinsrisiko und das sogenannte variable Festzinsablaufrisiko. Das Festzinsrisiko, definiert als prozentuale Ertrags- resp. Aufwandsveränderung, ist Folge der Zinsdifferenz zwischen dem historischen Durchschnittszins der zu disponierenden Festzinstranche (2) und dem Zinssatz, zu dem in der vor dem Betrachtungszeitpunkt liegenden Periode Geschäfte gleicher Art – also das unter (1) beschriebene Neugeschäft – abgeschlossen wurden. Für die einzelnen Tranchen/Teilpositionen einer aktivischen Festzinsposition soll zunächst gelten:

(61)
$$V_i^{A,f} = \sum_{u=1}^{3} tp_{i,u}^A$$

mit $tp_{i,u}^A$: Teilposition u der festverzinslichen Aktivposition i ($u = 1, 2, 3$) [DM]

Entsprechend gilt für festverzinsliche Passivpositionen:

(62)
$$V_j^{P,f} = \sum_{u=1}^{3} tp_{j,u}^P$$

mit $tp_{j,u}^P$: Teilposition u der festverzinslichen Passivposition j [DM]

Für das einer Aktivposition zugerechnete Festzinsrisiko, das durch die Tranche verursacht wird, die in der auf den Betrachtungszeitpunkt folgenden Periode zu disponieren ist, gilt:

---

[220] Vgl. **Napp, Udo; Hoffmann, Sören; Herzog, Walter:** Die Steuerung des Zinsänderungsrisikos von Kreditinstituten auf der Grundlage des Elastizitätskonzeptes. In: bank und markt 11/1989, S. 18.

$$(63) \qquad FZR_i^A = \frac{tp_{i,2}^A \left(pz_{i,1}^A - pz_{i,2}^A \right)}{V_i^{A,f}}$$

mit FZR_i^A : Festzinsrisiko der Aktivposition i [Dezimalschreibweise]

$pz_{i,u}^A$: Verzinsung der Teilposition u der Aktivposition i [Dezimalschreibweise]

Das einer passivischen Festzinsposition zuzurechnende Festzinsrisiko beträgt entsprechend:

$$(64) \qquad FZR_j^P = \frac{tp_{j,2}^P \left(pz_{j,2}^P - pz_{j,1}^P \right)}{V_j^{P,f}}$$

mit FZR_j^P : Festzinsrisiko der Passivposition j [Dezimalscheibweise]

$pz_{j,u}^P$: Verzinsung der Teilposition u der Passivposition j [Dezimalschreibweise]

Das variable Festzinsablaufrisiko beschreibt – ebenfalls in prozentualer Form – zusätzlich die bis zur endgültigen Disposition der Teiltranche (2) möglichen, auf eine einprozentige Veränderung des Referenzzinses bezogenen Änderungen des Positionszinses. Diese werden durch Verwendung der Zinsanpassungselastizität der jeweiligen Gesamtposition abgeschätzt. Das Festzinsablaufrisiko einer Aktivposition beträgt damit:

$$(65) \qquad FZAR_i^A = \frac{e_i^{ZA,A} \cdot tp_{i,2}^A}{V_i^{A,f} \cdot 100}$$

mit $FZAR_i^A$: Festzinsablaufrisiko der Aktivposition i [Dezimalschreibweise]

Für das Festzinsablaufrisiko einer Passivposition gilt:

$$(66) \qquad FZAR_j^P = \frac{e_j^{ZA,P} \cdot tp_{j,2}^P}{V_j^{P,f} \cdot 100}$$

mit $FZAR_i^P$: Festzinsablaufrisiko der Passivposition j [Dezimalschreibweise]

Die Bestimmung des Festzins- und des Festzinsablaufrisikos soll anhand des folgenden Beispiels verdeutlicht werden: Angenommen, die Bilanzposition Hypothekendarlehen eines Kreditinstituts setze sich aus folgenden drei Tranchen zusammen:

(1) 170,00 Mio. DM Neugeschäft, das in der letzten Periode neu abgeschlossen wurde. Die durchschnittliche Verzinsung beträgt 8,50 %.

(2) 240,00 Mio. DM Altgeschäft, das in der kommenden Periode ausläuft. Die durchschnittliche Verzinsung beträgt 6,00 %.

(3) 390,00 Mio. DM Altgeschäft, das in der kommenden Periode nicht ausläuft. Die durchschnittliche Verzinsung beträgt 7,20 %.

Die durchschnittliche Verzinsung der Gesamtposition beträgt somit 7,12 %. Unterstellt man eine Zinsanpassungselastizität dieser Geschäftsart von 0,58, dann ergeben sich folgende Zinsänderungsrisiken bei einem Zinsanstieg des Referenzzinssatzes um einen Prozent-Punkt:

$$(67) \quad FZR^A_{Hyp} = \frac{240{,}00 \text{ Mio. DM} (0{,}085 - 0{,}06)}{800{,}00 \text{ Mio. DM}} = 0{,}0075 = 0{,}75\%$$

$$(68) \quad FZAR^A_{Hyp} = \frac{0{,}58 \cdot 240{,}00 \text{ Mio. DM}}{800{,}00 \text{ Mio. DM} \cdot 100} = 0{,}00174 = 0{,}174\%$$

Betrachtet man einen Gesamtbestand, der sich sowohl aus festverzinslichen als auch aus variabel verzinslichen Positionen zusammensetzt, dann ist zusätzlich zum Festzins- und Festzinsablaufrisiko noch das variable Zinsänderungsrisiko zu berücksichtigen. Im Gegensatz zur Statischen Elastizitätsbilanz ergibt sich das variable Zinsänderungsrisiko ausschließlich aus den Ertrags- und Aufwandsveränderungen, die den variabel verzinslichen Positionen zugeordnet werden. Ausgleichsbeträge, die zur Finanzierung resp. Anlage des Festzinsüberhangs dienen, werden nicht mehr berücksichtigt. Der Grund hierfür liegt in der Konstruktionsvorschrift für Festzins- und Festzinsablaufrisiko, die sich an Tranchen und damit am zeitlichen Verlauf und nicht an stichtagsbezogenen Überhängen orientieren. Insgesamt gilt also für das absolute Zinsänderungsrisiko:

$$(69) \quad Z\ddot{A}R = FZR + FZAR + Z\ddot{A}R^v \quad \text{mit}$$

$$(70) \qquad FZR \; = \; \sum_{i=1}^{m} V_i^{A,J} \, FZR_i^{A} \; - \; \sum_{j=1}^{n} V_j^{P,J} \, FZR_j^{P}$$

$$(71) \qquad FZAR \; = \; \Delta \, rz \left(\sum_{i=1}^{m} V_i^{A,J} \, FZAR_i^{A} - \sum_{j=1}^{n} V_j^{P,J} \, FZAR_j^{P} \right) \cdot 100$$

$$(72) \qquad Z\ddot{A}R^{v} \; = \; \Delta \, rz \left(\sum_{g=1}^{o} V_g^{A,v} \, e_g^{ZA,A,v} - \sum_{h=1}^{p} V_h^{P,v} \, e_h^{ZA,P,v} \right)$$

und FZR :   Festzinsrisiko [DM]

$\qquad FZAR$:   Festzinsablaufrisiko [DM]

Das Konzept der Dynamischen Elastizitätsbilanz ist anhand eines konkreten Zahlenbeispiels in Abbildung 16 wiedergegeben. Das gesamte Zinsänderungsrisiko beträgt bei einer unterstellten Referenzzinsänderung von einem Prozent-Punkt 4.391.500,00 DM und entspricht der Differenz aus den gesamten Ertrags- und Aufwandsveränderungen (8.656.000,00 DM - 4.264.500,00 DM). Das Festzinsrisiko weist einen Wert von 3.793.000,00 DM auf. Es resultiert aus der Bewertung der einzelnen festverzinslichen Bilanzpositionen mit den positionsspezifischen Festzinsrisiken:

$$(73) \qquad \begin{aligned} FZR \; &= \; 380{,}00 \text{ Mio. DM} \cdot 0{,}81\,\% + 205{,}00 \text{ Mio. DM} \cdot 0{,}65\,\% \\ &\quad - 245{,}00 \text{ Mio. DM} \cdot 0{,}11\,\% - 145{,}00 \text{ Mio. DM} \cdot 0{,}24\,\% \\ &= \; 3.793.000{,}00 \text{ DM} \end{aligned}$$

Das Festzinsablaufrisiko beträgt -61.000,00 DM und ergibt sich analog aus der Bewertung der einzelnen Festzinspositionen mit den jeweiligen Festzinsablaufrisiken unter Berücksichtigung der unterstellten Referenzzinsänderung:

$$(74) \qquad FZAR \; = \; 0{,}01 \left(\begin{array}{l} 380{,}00 \text{ Mio. DM} \cdot 0{,}22\,\% \\ + 205{,}00 \text{ Mio. DM} \cdot 0{,}28\,\% \\ - 245{,}00 \text{ Mio. DM} \cdot 0{,}34\,\% \\ - 145{,}00 \text{ Mio. DM} \cdot 0{,}44\,\% \end{array} \right) \cdot 100$$

$$\qquad\qquad\qquad = \; -61.000{,}00 \text{ DM}$$

Aktiva

Bezeichnung	Volumen [Mio. DM]	Elastizität	Festzinsablaufrisiko [%]	Festzinsrisiko [%]	Ertragsveränderung [DM]
Hypothek (f)	380,00		0,22	0,81	3.914.000,00
Interbankengeld (f)	205,00		0,28	0,65	1.906.500,00
Summe	585,00				5.820.500,00
KK-Kredit (v)	175,00	0,770000			1.347.500,00
Darlehen (v)	240,00	0,620000			1.488.000,00
Summe/Durchschnitt	415,00	0,663253			2.835.500,00
Summe/Durchschnitt	1.000,00	0,865600			8.656.000,00

Referenzzinsänderung absolut [%]	1,00
Zinsänderungsrisiko gesamt [DM]	4.391.500,00
Festzinsrisiko [DM]	3.793.000,00
Festzinsablaufrisiko [DM]	-61.000,00
Variables Zinsänderungsrisiko [DM]	659.500,00

Passiva

Bezeichnung	Volumen [Mio. DM]	Elastizität	Festzinsablaufrisiko [%]	Festzinsrisiko [%]	Aufwandsveränderung [DM]
Interbankengeld (f)	245,00		0,34	0,11	1.102.500,00
Sparbrief (f)	145,00		0,44	0,24	986.000,00
Summe/Durchschnitt	390,00				2.088.500,00
Termineinlage (v)	260,00	0,480000			1.248.000,00
Spareinlage (v)	290,00	0,320000			928.000,00
Summe/Durchschnitt	550,00	0,395636			2.176.000,00
Eigenkapital	60,00				
	1.000,00	0,426450			4.264.500,00

Abbildung 16: Dynamische Elastizitätsbilanz auf Basis von Zinsanpassungselastizitäten

Das variable Zinsänderungsrisiko schließlich entspricht der Differenz der Ertrags-
und Aufwandsveränderungen der variabel verzinslichen Bilanzpositionen
(2.835.500,00 DM - 2.176.000,00 DM) und weist einen Wert von 659.500,00 DM
auf.

Im Konzept der Dynamischen Elastizitätsbilanz erfolgt eine Umorientierung hin zu
einer Berücksichtigung der für das Zinsänderungsrisiko eines Kreditinstituts wesentlichen Festzinsabläufe.[221] Das Festzinsrisiko in der beschriebenen Form quantifiziert die Ertrags- und Aufwandsveränderungen, die eintreten würden, wenn die
Konditionierung der in der kommenden Periode disponierbaren Festzinspositionen
zu den in der vergangenen Periode gültigen Zinssätzen vorgenommen werden
könnte. Da aber zu erwarten ist, daß die Konditionierung zu eben diesen Zinssätzen
in der Zukunft nicht erfolgen wird, wird das Festzinsrisiko um das Festzinsablaufrisiko erweitert, mit Hilfe dessen – im Sinne einer Zinsprognose – die erwartete Veränderung der Zinssätze für die Neukonditionierung abgeschätzt wird. Zur Abschätzung dieser Veränderung werden dann die Zinsanpassungselastizitäten eingesetzt.

Für die Beurteilung der Risikosituation eines Kreditinstituts ist die Unterscheidung
derart definierter Komponenten des Festzinsrisikos allerdings ohne Belang, da die
Alternative der Kontrahierung zu historischen Sätzen nicht mehr besteht. Entscheidend ist in diesem Zusammenhang nur die Abschätzung der Erfolgsänderung durch
die Neukonditionierung auslaufender Festzinsbestände. Diese läßt sich durch einen
Vergleich der historischen Einstandssätze der betrachteten Positionen und der aktuellen oder prognostizierten Zinssätze erreichen. Hieraus wird zunächst deutlich,
daß Zinselastizitäten auch im Konzept der Dynamischen Elastizitätsbilanz im wesentlichen die Funktion eines Instruments der Zinsprognose einnehmen.

Im Gegensatz zu der am Kapitalverlauf orientierten Betrachtung des Festzinsbe-
stands abstrahiert die Definition des variablen Zinsänderungsrisikos im Rahmen der
Dynamischen Elastizitätsbilanz von derartigen Überlegungen. Die Betrachtung beschränkt sich weiterhin auf eine rein stichtagsbezogene Bewertung des Überhangs
der variablen Zinsposition. Daher gelten auch hier die Kritikpunkte, die im Rahmen

---

[221]   Damit nimmt Rolfes wieder Abstand von folgender früher vertretener These: „Im Prinzip sind
        für das Zinsänderungsrisiko nur die variabel verzinslichen Geschäfte relevant, denn nur varia-
        bel verzinsliche Geschäfte können sich in Abhängigkeit von zukünftigen Marktzinsbewegun-
        gen verändern." **Rolfes, Bernd:** Risikosteuerung mit Zinselastizitäten. In: Zeitschrift für das
        gesamte Kreditwesen 5/1989, S. 196-201, hier S. 196.

der Auseinandersetzung mit dem Konzept der Statischen Elastizitätsbilanz vorgebracht wurden.[222]

b) Dynamische Strukturerfolgsanalyse

Alternativ zum Einsatz von Elastizitätsbilanzen schlagen Rolfes/von Villiez ein zweiperiodisches Modell zur Steuerung von Transformationsergebnissen vor.[223] Ziel ist die Bestimmung durchschnittlicher Strukturerfolge von Fristenstrukturen unter dem Einwirken verschiedener Zinsszenarien. Das Modell basiert auf den oben beschriebenen Strukturerfolgselastizitäten. Als Referenzgröße zur Abbildung der Veränderung der Zinsstruktur wird der Tagesgeldsatz verwandt. Der Verlauf der Zinsveränderung ist als zeitlinearer Anpassungsprozeß definiert, so daß für die durchschnittliche Veränderung des Referenzzinses im Intervall $[t - 1, t]$ gilt:

$$(75) \qquad \Delta\, rz_t^{D} \;=\; \frac{rz_t - rz_{t-1}}{2}$$

mit $\Delta\, rz_t^{D}$: Durchschnittliche Veränderung des Referenzzinssatzes rz im Intervall $[t - 1, t]$; [Dezimalschreibweise]

rz_t : Referenzzinssatz zum Zeitpunkt t [Dezimalschreibweise]

Der einer Aktivposition im Intervall $[t - 1, t]$ zuzurechnende durchschnittliche Strukturerfolg setzt sich bei Verwendung dieser durchschnittlichen Veränderung des Referenzzinses aus dem Strukturerfolg des zuletzt betrachteten Zeitpunkts $(t - 1)$ und der durchschnittlichen Veränderung des Strukturerfolgs innerhalb des Intervalls $[t - 1, t]$ zusammen. Letztgenannte kann durch Verwendung der Strukturerfolgselastizität abgeschätzt werden. Damit gilt für den Strukturerfolg einer Aktivposition:

$$(76) \qquad \overline{SE_{i,t}^{A}} \;=\; \Delta\, rz_t^{D} \cdot e_i^{SE,A} + opp_{i,t-1}^{A} - rz_{t-1}$$

mit $\overline{SE_{i,t}^{A}}$: Durchschnittlicher Strukturerfolg der Aktivposition i im Intervall $[t - 1, t]$; [Dezimalschreibweise]

---

[222]   Vgl. hierzu die Ausführungen auf S. 105 dieser Arbeit.

[223]   Vgl. im folgenden **Rolfes, Bernd; Villiez, Christian von:** Steuerung des Transformationsergebnisses. In: Die Bank 9/1989, S. 502-506.

Der Strukturerfolg einer Passivposition ist definiert als:

(77) $$\overline{SE}_{j,t}^{P} \;=\; \Delta\, rz_t^{D} \cdot e_j^{SE,P} + rz_{t-1} - opp_{j,t-1}^{P}$$

mit $\overline{SE}_{j,t}^{P}$: Durchschnittlicher Strukturerfolg der Passivposition j im Intervall
[t - 1, t]; [Dezimalschreibweise]

Betrachtet man beispielsweise eine variabel verzinsliche Passivposition mit einer Laufzeit von einem Jahr, einer zum Zeitpunkt t = 0 marktkonformen (Opportunitäts-) Verzinsung von 4,50 % bei einem Tagesgeldsatz von 3,00 %, dann ergibt sich bei einer Veränderung des Tagesgeldsatzes auf 5,00 % im Intervall [0, 1] und einer unterstellten Strukturerfolgselastizität von 0,60 folgender durchschnittlicher Strukturerfolg:

(78)
$$\overline{SE}^{P,1} \;=\; \Delta\, rz_1^{D} \cdot e^{SE,P} + rz_0 - opp_0$$
$$=\; 0,01\cdot 0,60 + 0,03 - 0,045 \;=\; -\,0,009 \;=\; -\,0,90\,\%$$

Unterstellt man eine weitere Veränderung des Tagesgeldsatzes auf 9,00 % im Intervall [1, 2], dann beträgt der durchschnittliche Strukturerfolg für dieses Intervall 0,90 %. Tabelle 32 faßt diese Ergebnisse zusammen:

Zeitpunkt		0		1		2
Referenzzins	[%]	3,0000		5,0000		9,0000
Durchschnittliche Veränderung Referenzzins	[%]		1,0000		2,0000	
Opportunitätszins	[%]	4,5000		5,3000		6,9000
Durchschnittlicher Strukturerfolg	[%]		-0,9000		0,9000	

Tabelle 32: Durchschnittlicher Strukturerfolg einer 1-Jahres-Passivposition

Betrachtet man auf diese Art eine Aktivposition, beispielsweise in Form eines festverzinslichen Wertpapiers mit einer Laufzeit von 4 Jahren zum Zeitpunkt t = 0, einer zu diesem Zeitpunkt marktkonformen Nominalverzinsung von 7,00 % (Kurs = 100,00 %) und einer Strukturerfolgselastizität von -1,00, dann ergibt sich bei Unterstellung des in Tabelle 32 dargestellten Zinsszenarios die folgende Situation:

Zeitpunkt		0	1	2
Referenzzins	[%]	3,0000	5,0000	9,0000
Durchschnittliche Ver-änderung Referenzzins	[%]		1,0000	2,0000
Opportunitätszins	[%]	7,0000	7,0000	7,0000
Durchschnittlicher Strukturerfolg	[%]		3,0000	0,0000

Tabelle 33: Durchschnittlicher Strukturerfolg eines festverzinslichen Wertpapiers

Im Gegensatz zur Bestimmung der Strukturerfolge bei variabel verzinslichen Positionen wird die Opportunitätsverzinsung dieser Festzinsposition während der gesamten Betrachtungsdauer konstant gehalten, so daß sich die Schwankung des Strukturerfolgs vollständig aus den Schwankungen des Referenzzinses erklären läßt.[224] Bei einer derartigen Betrachtung festverzinslicher Wertpapiere müssen neben den Strukturerfolgen Kurswertveränderungen berücksichtigt werden, die sich wiederum durch den Einsatz sogenannter Renditeelastizitäten abschätzen lassen. Renditeelastizitäten beschreiben die Veränderung der Marktrendite eines festverzinslichen Wertpapiers als Reaktion auf eine Veränderung des Referenzzinssatzes und sind damit definiert als:[225]

$$(79) \qquad e_i^{R,A} = \frac{\Delta r_i^A}{\Delta rz}$$

mit e_i^R :   Renditeelastizität der Aktivposition i

Δr_i^A :   Absolute Veränderung der Rendite einer Aktivposition i [Dezimalschreibweise]

Zur Abschätzung der Kurswertveränderungen des betrachteten Wertpapiers werden zunächst die Renditen des Wertpapiers zu den relevanten Zeitpunkten bestimmt. Für diese gilt:

---

[224] Diese Vorgehensweise entspricht der Bewertungslogik der Marktzinsmethode, nach der Marktzinsänderungen während der Zinsbindungsdauer den Konditionserfolg festverzinslicher Positionen nicht beeinflussen können.

[225] Vgl. **Rolfes, Bernd:** Die Steuerung des Strukturergebnisses: Bilanzstrukturmanagement. In: Die Bank 10/1991, S. 568-574, hier S. 570.

$$(80) \qquad\qquad r_{i,t} = r_{i,t-1} + e_i^{R,A} \cdot \Delta rz_t$$

mit $r_{i,t}$:   Rendite der Aktivposition i zum Zeitpunkt t

Δrz_t :   Absolute Veränderung des Referenzzinses im Intervall $[t$ -1, $t]$;
               [Dezimalschreibweise]

Angenommen, das bereits betrachtete Wertpapier weise eine Renditeelastizität von 0,50 auf, dann verändert sich seine Rendite bei dem unterstellten Referenzzinsanstieg auf 5,00 % resp. 9,00 % von einer ursprünglichen Rendite von 7,00 % in $t = 0$ auf 8,00 % (= 0,07 + 0,50 · 0,02) in $t = 1$ und auf 10,00 % (= 0,08 + 0,50 · 0,04) in $t = 2$. Der Kurs des Wertpapiers wird durch Barwertermittlung unter Verwendung der jeweils veränderten Renditen bestimmt. Für ihn gilt:

$$(81) \qquad\qquad K_{i,t} = \frac{\sum_t^T \dfrac{cf_i^t}{\left(1+r_{i,t}\right)^t}}{V_i^{A,J}}$$

mit $K_{i,t}^A$:   Kurs der Aktivposition i zum Zeitpunkt t [%]

Im betrachteten Beispiel beträgt der Kurs des Wertpapiers zum Zeitpunkt $t = 1$ bei einer dann zu beachtenden Restlaufzeit von drei Jahren 97,42 %. Der Kurserfolg entspricht der Differenz aus aktuellem und zuletzt betrachtetem Kurs und beträgt zu diesem Zeitpunkt -2,58 %. Für ihn gilt allgemein:

$$(82) \qquad\qquad KE_{i,t} = K_{i,t} - K_{i,t-1}$$

mit $KE_{i,t}^A$:   Kurserfolg der Aktivposition i zum Zeitpunkt t [%]

Zeitpunkt	Zahlung Wertpapier	Rendite = 8,00% Bezugspunkt: $t = 1$		Rendite = 10,00% Bezugspunkt: $t = 2$	
		Abzinsfaktor	Barwert	Abzinsfaktor	Barwert
	[DM]		[DM]		[DM]
2	7,00	0,925926	6,48		
3	7,00	0,857339	6,00	0,909091	6,36
4	107,00	0,793832	84,94	0,826446	88,43
Summe			97,42		94,79

Tabelle 34: Kurserfolg des festverzinslichen Wertpapiers

Analog ergibt sich ein Kurs des Wertpapiers zum Zeitpunkt $t = 2$ von 94,79 % bei einer unterstellte Rendite von 10,00 % und einer Restlaufzeit von zwei Jahren. Der Kurserfolg beträgt dann -2,63 %. Die Kurswertbestimmung wird in Tabelle 34 verdeutlicht. Faßt man die Kalkulationsergebnisse aus Tabelle 32 bis Tabelle 34 zusammen, ergibt sich die in Tabelle 35 dargestellte Situation.

		$t = 1$	$t = 2$	Gesamt	Durchschnitt
Strukturerfolg	[%]	2,1000	0,9000	3,0000	1,500
Kurserfolg	[%]	-2,5800	-2,6300	-5,2100	-2,605
Nettoerfolg	[%]	-0,4800	-1,7300	-2,2100	-1,105

Tabelle 35: Ergebnisse der dynamischen Strukturerfolgsanalyse

Das von Rolfes/von Villiez vorgeschlagene Modell soll dazu dienen, bestimmte Strukturszenarien zu simulieren, die sich aus getroffenen oder zu treffenden Dispositionsentscheidungen zur Fristentransformation ergeben. Durch die Berücksichtigung von zwei Teilperioden soll der zeitliche Verlauf der Erfolgswirkungen sowohl komplexer Zinssituationen – beispielsweise in Form von Zinswenden – als auch einzelner Transformationsstrategien transparent gemacht werden.[226] Problematisch an dem beschriebenen Konzept erscheint allerdings folgendes:

(1) Die ausgewiesenen Nettoerfolge geben die tatsächlichen Erfolgsveränderungen nicht korrekt wieder. Bedingt durch die Konstruktionsvorschrift der Strukturerfolge werden zeitraumbezogene, von der vergangenen Zinsentwicklung abhängige Durchschnittswerte mit zeitpunktbezogenen Ergebnis-

---

[226] Vgl. **Villiez, Christian von:** Budgetkontrolle und Abweichungsanalyse in Kreditinstituten. Frankfurt/Main 1989, S. 183.

effekten einer unterstellten Veräußerung des Wertpapiers verglichen. Diese sind von der Zinsentwicklung der Vergangenheit unabhängig.

(2) Zur Bestimmung der durchschnittlichen Erfolge einzelner Transformationsstrategien müssen die Strukturerfolge der betrachteten Aktiv- und Passivpositionen miteinander verrechnet, also saldiert werden. In diesem Moment wird ihre Bestimmung überflüssig, weil sich sämtliche Ergebnisse aus einem unmittelbaren Vergleich der jeweiligen Positionsverzinsungen bestimmen lassen.[227]

Die erkennbare Problematik, auf Basis empirischer Beobachtungen tragfähige, also stabile Elastizitätswerte zu bestimmen, greift sowohl an der Dynamischen Strukturerfolgsanalyse als auch an der Risikosteuerung auf Basis von Elastizitätsbilanzen an und soll im folgenden kurz umrissen werden.

4. Die Problematik der empirischen Bestimmbarkeit von Elastizitätswerten

a) Die zeitraumbezogene Instabilität von Elastizitätswerten

Zinselastizitäten sind im Zeitverlauf einer erheblichen Instabilität unterworfen, die im wesentlichen von der Richtung der Veränderung des beobachteten Referenzzinses abhängt.[228] Betrachtet man einen Zeitraum, der mehrere Teilphasen eines Zinszyklus umfaßt, läßt sich in der Regel eine langfristige Durchschnittselastizität mit einer tendenziell hohen Schwankungsbreite bestimmen. Bei geeigneter Unterteilung des untersuchten Zeitraums in einzelne Teilperioden – beispielsweise in Phasen des Zinsanstiegs, der Zinswende und der Zinssenkung – ergeben sich dagegen relativ stabile, dafür aber stark voneinander abweichende Teilelastizitätswerte.[229] Konsequenz hieraus ist zunächst, daß die auf Basis dieser Zinselastizitäten abgeschätzten Zinsänderungsrisiken nur unter restriktiven Annahmen über die Umwelt-

---

[227]   Vgl. **Breuer, Ralf:** Probleme der Risikosteuerung im Rahmen der Marktzinsmethode. Berlin 1994, S. 41.

[228]   So gelangen Rolfes/Schwanitz zu dem Ergebnis, daß sich „je nach Abgrenzung des Untersuchungszeitraums und der Durchschnittsbildung (...) höchst unterschiedliche und im Zeitverlauf tatsächlich sehr instabile Werte" ermitteln lassen. **Rolfes, Bernd; Schwanitz, Johannes:** Die »Stabilität« von Zinselastizitäten. In: Die Bank 6/1992, S. 334-337, hier S. 335.

[229]   So ermittelt etwa Schwanitz für die Zinsanpassungselastizität des Kontokorrentzinses auf Basis des FIBOR als Referenzzinssatz Teilelastizitäten zwischen 0,30 und 1,80. Vgl. hierzu **Schwanitz, Johannes:** Analyse des Kontokorrentzinses mit Hilfe des Elastizitätsdiagramms. In: Die Bank 3/1995, S. 165-169, hier S. 168 und Abbildung 17.

bedingungen mit den Zinsänderungsrisiken übereinstimmen, denen ein Kreditinstitut tatsächlich ausgesetzt ist.[230]

Genau dieser Umstand führte zu einer Diskussion um die Praxisrelevanz des Elastizitätskonzepts[231] zur Steuerung bankbetrieblicher Zinsänderungsrisiken mit dem Kernargument, daß sich Elastizitätswerte zwar ex post dazu einsetzen ließen, bestimmte Zusammenhänge zwischen der allgemeinen Zinsentwicklung und der speziellen Konditionspolitik eines Kreditinstituts zu erklären.[232] Zur zukunftsbezogenen Ableitung von Steuerungsentscheidungen seien sie aber ungeeignet, weil es bei der beobachteten Instabilität unzulässig sei, aus diesen in der Vergangenheit beobachteten Zusammenhängen Rückschlüsse für die Zukunft zu ziehen und die Elastizitätswerte damit selbst zum Gegenstand der Prognose würden.[233]

Rolfes begegnete dieser Argumentation, deren Kern auch von ihm nicht bestritten wurde, mit der Entwicklung des Konzepts der multifaktoralen Elastizitätsanalyse, mit deren Hilfe die Ursachen der Instabilität der Elastizitätswerte transparent gemacht werden sollen.

b) Das Konzept der multifaktoralen Elastizitätsanalyse

Im Konzept der multifaktoralen Elastizitätsanalyse werden folgende Einflußfaktoren für die Schwankung der Elastizitätswerte verantwortlich gemacht:[234]

(1) **Zinsänderungsrichtung:** Die Zinsänderungsrichtung kennzeichnet, ob es sich um eine Phase des Zinsanstiegs, der Zinswende oder der Zinssenkung handelt.

---

[230] Vgl. **Obermann, Raoul:** Zinsrisikopotential – Kennziffer zur Quantifizierung des Zinsrisikos von Zinsswaps, -futures und -optionen. Frankfurt/Main 1990, S. 9.

[231] Vgl. **Pfingsten, Andreas:** Zinsänderungsrisiken bei variablen Zinselastizitäten. In: bank und markt 6/1989, S. 33-34 und **Jaenicke, Johannes; Kirchgässner, Gebhard:** Asymmetrie im Zinsanpassungsverhalten der Banken? In: bank und markt 2/1992, S. 29-34.

[232] Vgl. hierzu **Propp, Wolfgang:** Das Elastizitätenkonzept und der aktuelle Stand der Umsetzung – Erfahrungsbericht. In: Dokumentation zum IBM-Anwenderkongreß Kreditwirtschaft 1994, o. S.

[233] Vgl. **Krüger, Uwe:** Der Einfluß des Kapitalmarktzinses auf die Zinsspanne der Kreditinstitute. In: Sparkasse 7/1987, S. 298-301, hier S. 301 und **Brammertz, Willi; Spillmann, Martin:** Zinselastizität: Ein unstabiles Maß. In: Die Bank 7/1991, S. 386-390, hier S. 387.

[234] Vgl. zur multifaktoralen Elastizitätsanalyse **Rolfes, Bernd; Schwanitz, Johannes:** Die »Stabilität« von Zinselastizitäten. In: Die Bank 6/1992, S. 334-337, hier S. 335-337 und **Rolfes, Bernd:** Risikoquantifizierung im Elastizitätskonzept. In: Bernd Rolfes; Henner Schierenbeck; Stephan Schüller (Hrsg.): Bilanzstruktur- und Treasury-Management in Kreditinstituten, Frankfurt/Main 1994, S. 203-219, hier S. 206-207.

(2) **Zinsänderungsintensität:** Die Zinsänderungsintensität ist als Maß für die Geschwindigkeit definiert, mit der die Änderung des Referenzzinses erfolgt.

(3) **Zeitliche Verzögerung des Zinsanpassungsverhaltens (time lag):** Der time lag dient als Maß für die Zeitspanne, die der Positionszins benötigt, um auf Änderungen des Referenzzinses zu reagieren. Hiermit soll die Verhaltensweise von Kreditinstituten abgebildet werden, bestimmte zeitliche Spielräume bei der Anpassung von Kundenkonditionen an Änderungen des Zinsniveaus auszuschöpfen.

Ziel der multifaktoralen Elastizitätsanalyse ist es, für die einzelnen Teilperioden des betrachteten Untersuchungszeitraums möglichst stabile Elastizitätswerte zu ermitteln. Hierzu wird von Rolfes ein nicht näher beschriebenes Optimierungsverfahren angewandt, mit dessen Hilfe einerseits die einzelnen Teilperioden so voneinander abgegrenzt werden (Berücksichtigung von Zinsänderungsrichtung und -intensität), andererseits die Datenreihen, bestehend aus Referenz- und Positionszinswerten so gegeneinander verschoben werden (Berücksichtigung des time-lag), daß sich jeweils maximale Stabilität ergibt. Die Bestimmung der einzelnen Elastizitätswerte erfolgt durch Bildung einer linearen Regression über den Verlauf der Punktwerte der Referenzzins-/Positionszinskombinationen. Die Güte ihrer Stabilität wird durch das Bestimmtheitsmaß r^2 abgeschätzt.[235]

Die Auswertung der Ergebnisse der multifaktoralen Elastizitätsanalyse läßt sich durch den Einsatz des Elastizitätsdiagramms instrumentell unterstützen.[236] Das Elastizitätsdiagramm dient neben der Bestimmung sogenannter Anpassungspfade – also erkennbarer Muster – im zeitlichen Verlauf der Zinselastizitäten der Ableitung von Aussagen über deren dynamisches Verhalten. Weiterhin soll das Elastizitätsdiagramm zur strukturellen Analyse von Zinszyklen und der Ableitung von Prognosen über die kurz- bis mittelfristige Entwicklung der Zinselastizitäten eingesetzt werden. Abbildung 17 zeigt ein derartiges Elastizitätsdiagramm in schematischer Form, in dem der zeitliche Verlauf der Zinsanpassungselastizität des Kontokorrent-Zinses (Soll) auf Basis des FIBOR als Referenzzins wiedergegeben ist.

---

[235] Die Verwendung von r^2 als Stabilitätsmaß und die Tatsache, daß eine T-Statistik zur Verifizierung der Stabilität der einzelnen Parameter von Rolfes nicht veröffentlicht wurde, ist Gegenstand der Kritik von Brammertz. Vgl. hierzu **Brammertz, Willi:** Zur Stabilität der Zinselastizität. In: Die Bank 10/1993, S. 613-614, hier S. 614.

[236] Vgl. hierzu **Schwanitz, Johannes:** Analyse des Kontokorrentzinses mit Hilfe des Elastizitätsdiagramms. In: Die Bank 3/1995, S. 165-169, hier S. 167-169.

Das beispielhaft abgebildete Elastizitätsdiagramm zeigt einen in drei Teilzyklen eingeteilten Zinszyklus. Die Steigungen der durch die einzelnen Teilphasen gelegten Regressionsgeraden und damit die Teilelastizitäten zwischen Referenz- und Positionszins weichen teilweise erheblich von der langfristigen Durchschnittselastizität ab. Auf Basis der Informationen der letzten Teilphase sollen Prognosen für die zukünftige Entwicklung der Zinselastizitäten (P_1, P_2, P_3) abgegeben werden.

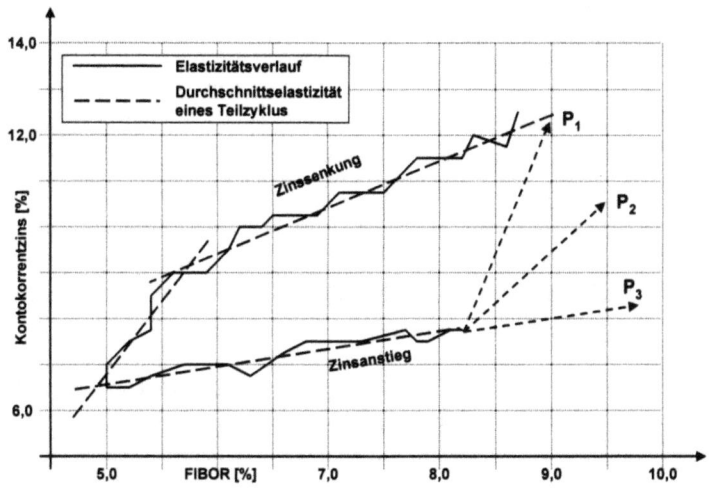

Abbildung 17: Schematische Darstellung eines Elastizitätsdiagramms[237]

Mit der Entwicklung der multifaktoralen Elastizitätsanalyse wird der Schwerpunkt des Interesses darauf verlegt, die zeitliche Instabilität der Elastizitätswerte durch Berücksichtigung mehrerer Input-Variablen zu verbessern. Der im Zusammenhang mit der empirischen Stabilität der Elastizitätswerte formulierten Kritik wird im wesentlichen mit zwei Argumenten begegnet: Erstens handele es sich bei der beobachteten Instabilität der Elastizitätswerte um ein im Verhältnis zur mangelnden Berücksichtigung zinsvariabler Positionen in anderen Steuerungskonzepten nachgelagertes Problem.[238] Zweitens sei bei den als Alternativen bezeichneten Gap-Analysen,

---

[237] Quelle: **Schwanitz, Johannes:** Analyse des Kontokorrentzinses mit Hilfe des Elastizitätsdiagramms. In: Die Bank 3/1995, S. 165-169, hier S. 168.
[238] Vgl. hierzu auch **Friggemann, Peter:** Welche Faktoren bestimmen die Zinsspannen? In: Betriebswirtschaftliche Blätter 3/1992, S. 157-160, hier S. 159-160.

Zinsbindungsbilanzen oder dem Konzept der Duration das dem Elastizitätskonzept inhärente Problem der Zinsprognose einfach nur umgangen worden.[239] Hierzu ist abschließend folgendes festzuhalten:

ad (1): Die Argumentation, der Vorteil der Berücksichtigung zinsvariabler Positionen im Rahmen des Elastizitätskonzepts überkompensiere die mangelnde Stabilität der Elastizitätswerte, führt ohne konkrete Nachweise ins Leere.[240]

ad (2): Wenn das Problem der Zinsprognose tatsächlich elementarer Bestandteil des Elastizitätskonzepts ist,[241] dann muß das Konzept der multifaktoralen Elastizitätsanalyse als Irrweg bewertet werden. Wenn nämlich, wie etwa beim Einsatz des Elastizitätsdiagramms, eine Prognose erfolgt, dann wahrscheinlich zu einem Zeitpunkt, zu dem erwartet wird, daß die zukünftige Elastizität von der in der vergangenen Teilphase gemessenen Elastizität abweicht. Damit sind die in der Vergangenheit, insbesondere die in der letzten Teilphase ermittelten Elastizitäten für die in die Zukunft gerichtete Prognose nicht mehr relevant.

Konsequenz ist zum einen, daß alle derartigen vergangenheitsgerichteten Analysen im Rahmen des Elastizitätsansatzes unter Steuerungsgesichtspunkten unberücksichtigt bleiben können. Zum anderen – in methodischer Hinsicht bedeutsamer – wird die Kalkulation von Elastizitäten insgesamt obsolet. Sämtliche Ergebnisse können über eine vergangenheitsunabhängige Prognose der erwarteten durchsetzbaren Verzinsung der betrachteten Aktiv- und Passivbestände generiert werden.[242] Dieses Pro-

---

[239] So etwa **Rolfes, Bernd; Schwanitz, Johannes:** Die »Stabilität« von Zinselastizitäten. In: Die Bank 6/1992, S. 334-337, hier S. 334.

[240] In diesem Zusammenhang steht beispielsweise folgende Aussage: „Natürlich läßt sich aus theoretischer Sicht durchaus bemängeln, daß Vergangenheitsentwicklungen nicht so ohne weiteres fortgeschrieben werden können. Hier wäre jedoch das Fehlerpotential in den Zinselastizitäten in Relation zu dem Fehleinschätzungspotential bei völliger Unterschlagung der unterschiedlichen Zinsreagibilitäten zu sehen." **Rolfes, Bernd:** Risikosteuerung mit Zinselastizitäten. In: Zeitschrift für das gesamte Kreditwesen 5/1989, S. 196-201, hier S. 198.

[241] „Die Festlegung der Zinserfolgselastizitäten bedeutet nämlich nichts anderes als die Schätzung der zukünftigen Zinsparitäten und damit die Prognose der Zinsstrukturentwicklung." **Rolfes, Bernd:** Ansätze zur Steuerung von Zinsänderungsrisiken. In: Kredit und Kapital 4/1985, S. 529-552, hier S. 550.

[242] Vgl. **Kotz, Hans-Helmut; Braun, Ulrich:** Zinsstruktur und Aktiv-Passiv-Steuerung: Der Prognoseteil. In: Sparkasse 2/1991, S. 556-561, hier S. 557 und **Schmid, Marcel:** Management Accounting der Banken – Moderne Ansätze zur Steuerung von Banken und ihre controlling- und marktorientierte Einführung. Zürich 1996, S. 234.

blem wird durch die relativ aufwendige Rechentechnik, insbesondere im Rahmen der multifaktoralen Elastizitätsanalyse, noch verschärft, so daß sowohl die Akzeptanz des Konzepts in der bankbetrieblichen Praxis als auch dessen Relevanz als Führungsinstrument angezweifelt werden können.[243]

---

[243] Vgl. **Bickart, Torsten:** Zinsrisikomanagement in Banken. In: Zeitschrift für das gesamte Kreditwesen 22/1992, S. 1025-1028, hier S. 1028 und **Spillmann, Martin:** Führungsinstrumente im Zinsengeschäft der Banken unter besonderer Berücksichtigung der Zinsänderungsrisiken. Bern – Stuttgart 1990, S. 305.

E. Zwischenergebnis

1. Zusammenfassende Kritik

Die Marktzinsmethode ist als Basiskonzept zur Analyse des Zinsergebnisses von Kreditinstituten aus theoretischer Sicht unbestritten und in ihrer Anwendbarkeit in der Praxis weitgehend akzeptiert. Ihr Vorteil gegenüber den Alternativansätzen in Form von Schichtenbilanz- und Pool-Methode liegt in der Unterstützung einer objektivierbaren Bewertungslogik für Bankgeschäfte. Diese besteht in der Anwendung des Opportunitätskalküls im Rahmen des Grundkonzepts und des Prinzips der finanzmarktbezogenen Duplikation im Rahmen des erweiterten Marktzinsmodells.

Der Zinsüberschuß eines Kreditinstituts läßt sich in beiden Fällen widerspruchsfrei auf die Konditionskomponente einerseits und die Transformationskomponente andererseits aufteilen. Die Konditionskomponente stellt den Ergebnisbeitrag dar, der sich durch das dezentrale Ausnutzen von Verhandlungsmacht der Kundenbereiche ergibt. Die Transformationskomponente beschreibt den Bestandteil des Zinsüberschusses, der sich aus der insgesamt betriebenen Fristen- und Währungstransformation ergibt. Damit wird die Marktzinsmethode dem grundlegenden Erfordernis einer erfolgsrechnerischen Autonomie des zentralen Treasury zur Steuerung von Zinsänderungs- und Währungsrisiken gerecht.

Die Kalkulation der Konditionskomponente kann im Rahmen der Anwendung des Grundkonzepts der Marktzinsmethode sowohl zur Auslösung (vertriebs-)steuernder Impulse als auch zur nachträglichen Kontrolle der Vertriebsentscheidungen eingesetzt werden. Die analoge Ableitung von Steuerungs- und Kontrollimpulsen für die Fristen- und Währungstransformation durch Verwendung der Transformationskomponente ist jedoch nicht möglich.

Die im Rahmen des erweiterten Marktzinsmodells vorgenommene Verdichtung laufzeitbezogener Informationen führt – bei einem Vergleich der relativen Vorteilhaftigkeit von Bankgeschäften unterschiedlicher Laufzeiten und Tilgungsstrukturen – zu aussagekräftigeren Ergebnissen als im Grundmodell der Marktzinsmethode. Durch die Konstruktion strukturkongruenter Opportunitäten lassen sich Bankgeschäfte von Zinsänderungsrisiken freistellen, wobei über die exakte Ausprägung des Begriffs Zinsänderungsrisikofreiheit teilweise Dissens herrscht. Zur Entscheidungsunterstützung des Treasury wurden im Rahmen des erweiterten Marktzinsmodells Ansätze entwickelt, die jeweils einzelne Aspekte des Steuerungsprozesses des Zinsänderungsrisikos abdecken. Ein integriertes Konzept läßt sich – obwohl bisweilen so bezeichnet – nicht ausmachen.

Das Barwertkonzept wurde aus der Ablehnung der oftmals in Verbindung mit der Marktzinsmethode eingesetzten Margenkalkulation entwickelt. Das Barwertkonzept stützt sich auf die Idee, den Steuerungsprozeß des Treasury mit dem eines Investmentfonds zu vergleichen. Eine theoretisch durchgängige Fundierung für diesen Gedankengang unterbleibt jedoch weitgehend. Die Anwendung des Barwertkonzepts in seiner theoretischen Ausprägung ist mit der absoluten Orientierung an der Zukunft und dem vollständigen Verzicht auf die Kalkulation periodisierter Ergebnisgrößen verbunden. Neben der grundsätzlichen Problematik der Barwertbetrachtung nicht unmittelbar liquidierbarer Vermögens- und Schuldpositionen scheint das Barwertkonzept aufgrund aus der Praxis formulierter Anforderungen in der propagierten Form nicht umsetzbar zu sein. Hierfür sprechen insbesondere die Anstrengungen, letztlich doch eine Integration zwischen der Barwertkalkulation und einer periodenbezogenen Planung und Steuerung des Zinsüberschusses zu erreichen.

Die Entwicklung des Elastizitätsansatzes erfolgte, um die bisherige ausschließlich an Festzinsbeständen anknüpfende Analyse des Zinsänderungsrisikos durch die Berücksichtigung der variabel verzinslichen Geschäftsbestände von Kreditinstituten zu erweitern. Elastizitätswerte lassen sich durch eine umfangreiche Analyse von Vergangenheitsdaten gewinnen. Die neueren Untersuchungen zum Elastizitätsansatz haben gezeigt, daß Elastizitätswerte abhängig vom jeweils betrachteten Intervall innerhalb eines Zinszyklus sind. Aus diesem Grund ist es für eine Anwendung der im Rahmen des Elastizitätskonzepts formulierten Steuerungsansätze unabdingbar, nicht die im Zeitablauf konstanten, historischen Durchschnittselastizitäten, sondern die für die Zukunft erwarteten – in Abhängigkeit von der prognostizierten Zinsentwicklung abgeschätzten – Elastizitätswerte zu verwenden. Die Berechnung historischer Elastizitäten wird damit für Steuerungsanforderungen allerdings weitgehend bedeutungslos, da sich sämtliche Kalkulationsergebnisse aus einer Konzentration auf die der Elastizitätsberechnung zugrunde liegende Zinsprognose erzeugen lassen.

Insgesamt wird folgendes deutlich:

(1) Bei der Formulierung der einzelnen Steuerungsansätze läßt sich eine Dominanz der jeweils vertretenen Kalkulationsmethode ausmachen, wobei das Ziel der Entscheidungsunterstützung des Treasury der jeweils vertretenen Methode untergeordnet wird.

(2) Sowohl das Zinsänderungs- als auch das Währungsrisiko weisen mehrfache Ausprägungen auf. Es scheint daher nicht möglich zu sein, sämtliche Komponenten des Zinsänderungs- und des Währungsrisikos durch Anwendung

einer einzigen Kalkulationsmethode erfassen, Steuerungsentscheidungen ableiten und die Wirkungen dieser Entscheidungen kontrollieren zu können.

(3) Die vorgeschlagenen Konzepte beziehen sich – bis auf die zu Steuerungszwecken ungeeignete Kalkulation von Währungstransformationsbeiträgen – ausschließlich auf die Steuerung des Zinsänderungsrisikos. Die Steuerung des Währungsrisikos wird bisweilen erwähnt, nicht aber explizit beschrieben, so daß hier eine materielle Beschränkung zu konstatieren ist.

(4) Diese materielle Beschränkung bezieht sich auch auf die mangelnde Orientierung an den Teilfunktionen des Steuerungsprozesses, so daß die Existenz einer geschlossenen Treasury-Konzeption für Kreditinstitute insgesamt nicht festgestellt werden kann.

2. Anforderungen an ein zu entwickelndes Treasury-Konzept

Bei der Entwicklung eines Treasury-Konzepts steht zunächst die Frage, welche Geschäftsarten eines Kreditinstituts als risikoverursachend angesehen werden müssen, im Vordergrund der Betrachtung. Dieses Erfordernis der **Transaktionsorientierung** umfaßt neben der quantitativen auch eine qualitative Dimension. In qualitativer Hinsicht ist zu präzisieren, wie die Abbildung der als risikorelevant erachteten Transaktionen zu erfolgen hat.

Aufbauend auf einem derartigen Transaktionsvolumen ist in einem zweiten Schritt zu klären, was als Risiko zu definieren ist. Die **Risikoorientierung** schlägt sich hinsichtlich voneinander abzugrenzender Teilrisiken und zu berücksichtigender zeitlicher Bezugspunkte nieder.

Neben der Präzisierung des zu berücksichtigenden Transaktionsumfangs und der Anforderung der Risikoorientierung ist eine Definition der einzelnen Teilfunktionen des Prozesses des Managements des mittel- bis langfristigen Zinsänderungs- und Währungsrisikos notwendig, um Ansatzpunkte der **Funktionsorientierung** eines zu entwickelnden Planungs- und Steuerungsmodells identifizieren zu können.

Schließlich sind Präzisierungen hinsichtlich der Integration eines derartigen Konzepts in die betriebliche Wirklichkeit von Kreditinstituten nötig. Hierbei ist neben der unmittelbar ersichtlichen Fragestellung der organisatorischen Integration auch die sogenannte kalkulatorische **Integrationsfähigkeit** bedeutsam. Diese schlägt sich zum einen in der Integration des Treasury-Ergebnisses in die interne Ergebnisrechnung von Kreditinstituten nieder. Zum anderen muß geklärt werden, wie die Verbindung zu bereits existierenden Limitsystemen und Modellen der Kalkulation von Risikokapital zu gestalten ist, um ein Treasury-Konzept in einen übergeordneten Ansatz des Risiko-Managements in Kr.ditinstituten einordnen zu können.

Diese vier Anforderungen spannen den Bezugsrahmen des strategisch-taktischen Treasury auf, der graphisch in Abbildung 18 dargestellt ist. Der Bezugsrahmen wird im folgenden Teil III in konzeptioneller Hinsicht präzisiert, um dann als Basis für die Definition eines Planungs- und Steuerungsmodells dienen zu können.

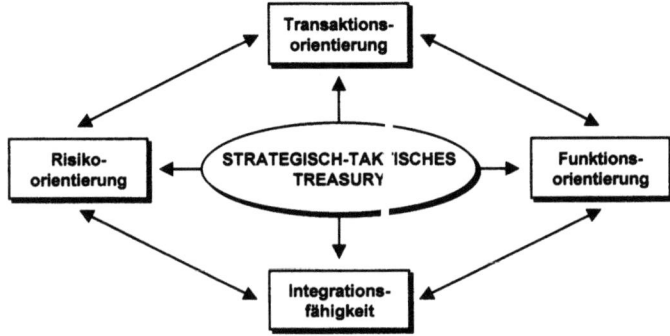

Abbildung 18: Bezugsrahmen des strategisch-taktischen Treasury

Teil III: Konzeption eines Planungs- und Steuerungsmodells

A. Präzisierung des Bezugsrahmens

1. Risikoorientierung

a) Das Postulat differenzierter Risikoanalyse

Bankbetriebliche Marktrisiken in Form des Zinsänderungs- und des Währungsrisikos beinhalten die Gefahr von Erfolgseinbußen, die sich aus Veränderungen der Marktkonstellationen ergeben. Diese schlagen sich – je nach Bewertungsansatz – in negativen periodisierten Ertrags- und Aufwandsveränderungen oder in Veränderungen der Marktwerte der betrachteten Positionen nieder. Entsprechend erfolgt die Steuerung der Marktrisiken sowohl unter dem Aspekt der Orientierung an periodisierten Erfolgsgrößen als auch unter dem Aspekt der Marktwertorientierung.[244] Die Ausführungen zu den auf der Marktzinsmethode basierenden Steuerungskonzepten haben jedoch gezeigt, daß in der Regel nur einer dieser beiden Aspekte Berücksichtigung findet. Während eine Gruppe von Autoren die Betrachtung ausschließlich auf die durch Marktveränderungen ausgelösten Reaktionen der analysierten Vermögensposition beschränkt[245], stellt eine andere explizit den Zinsüberschuß als zentrale zu beeinflussende Größe in den Mittelpunkt des Interesses[246] – eine aufgrund der unmittelbar erkennbaren Wechselwirkungen zwischen den beiden Bewertungsansätzen problematische Vorgehensweise.

So verhindert einerseits eine ausschließlich auf die Belange der Gestaltung des Zinsüberschusses ausgerichtete Steuerung von Zinsänderungs- und Währungsrisiken die Berücksichtigung von Ergebniswirkungen, die sich aus Vor- resp. Rückverlagerungen von periodisierten Erfolgen in späteren Perioden ergeben. Auf der anderen Seite führt eine ausschließlich auf Barwertgrößen fixierte Steuerungskonzeption dazu, daß periodische Ergebniswirkungen aufgrund der Gleichbehandlung von

---

[244] Vgl. **Bodin, Manfred:** Bilanzstrukturmanagement in einer internationalen Großbank. In: Bernd Rolfes; Henner Schierenbeck; Stephan Schüller (Hrsg.): Bilanzstruktur- und Treasury-Management in Kreditinstituten, Frankfurt/Main 1994, S. 107-116, hier S. 108.

[245] Vgl. **Flesch, Johann-Rudolf; Gerdsmeier, Stefan; Lichtenberg, Michael:** Das Barwertkonzept in der Unternehmenssteuerung. In: Henner Schierenbeck; Hubertus Moser (Hrsg.): Handbuch Bankcontrolling, Wiesbaden 1994, S. 267-283, hier S. 273.

[246] Vgl. **Rolfes, Bernd:** Asset-Liability-Management in Banken und Sparkassen. In: Bernd Rolfes; Henner Schierenbeck; Stephan Schüller (Hrsg.): Bilanzstruktur- und Treasury-Management in Kreditinstituten, Frankfurt/Main 1994, S. 183-202, hier S. 184.

Kapital- und Zinszahlungen nicht abgebildet werden können.[247] Ohne auf die einzelnen Wechselwirkungen einzugehen, wird deutlich, daß nicht eine den Konflikt zwischen barwert- und zinsüberschußorientierter Steuerung verschärfende Sichtweise, sondern der Versuch einer Integration durch differenzierte Analyse des Phänomens Risiko[248] angebracht zu sein scheint.[249] In diesem Zusammenhang muß auch die Aussage, der bankbetriebliche Risikobegriff sei zu scharf am externen Rechnungswesen orientiert, bewertet werden.[250] Das Zinsänderungs- und Währungsrisiko im bankbetrieblichen Verständnis ist per definitionem sowohl auf die Erfolgs- als auch auf die Vermögensebene gerichtet.[251] Demnach ist nicht der Risikobegriff, sondern vielmehr dessen eindimensionale Interpretation verantwortlich für die beschriebene Situation.

Ein Kriterium, an dem eine derart differenzierte Risikoabbildung ausgerichtet werden kann, ist der mit der Risikobewertung verbundene Planungshorizont. Dieser zeitliche Aspekt ist bei der Konzeption von Ansätzen bankbetrieblicher Zinsänderungs- und Währungsrisikosteuerung weitgehend unberücksichtigt geblieben, obwohl allgemein unbestritten ist, daß der Planungshorizont eine wesentliche Determinante der Steuerung liquiditätsmäßig-finanzieller Risiken darstellt.[252] Am Kriterium des Planungshorizonts ausgerichtet kann – wie bereits einführend definiert – zwischen einer mittelfristigen, taktischen und einer langfristigen, strategischen Risikosteuerung unterschieden werden.

Orientiert man sich ausschließlich an einem langfristigen Planungshorizont, wird deutlich, daß die Messung dessen, was als Risiko bezeichnet wird, nur bezogen auf den aktuellen Betrachtungszeitpunkt, also anhand von Barwertschwankungen, er-

---

[247] So ist es beispielsweise aus einer rein barwertorientierten Sicht unerheblich, ob ein nominal niedrig- oder hochverzinsliches Wertpapier zu Dispositionszwecken beschafft oder veräußert wird, während die hiermit verbundenen periodischen Ergebniseffekte durchaus relevant sein können. Vgl. hierzu **Schierenbeck, Henner; Wiedemann, Arnd:** Das Treasury-Konzept der Marktzinsmethode (I): Integration von Grundmodell und Barwertkalkül. In: Die Bank 11/1993, S. 670-676, hier S. 670.

[248] Der Begriff Risiko wird im folgenden synonym mit den für diese Arbeit relevanten Begriffen der Zinsänderungs- und Währungsrisiken verwandt.

[249] Vgl. **Brammertz, Willi:** Die engen Grenzen des Super-Cash-Flows. In: Die Bank 8/1995, S. 496-499, hier S. 498.

[250] Dieser Auffassung sind **Flesch, Johann Rudolf; Lichtenberg, Michael:** Integration des Treasury-Managements in die Unternehmensplanung. In: Bernd Rolfes; Henner Schierenbeck; Stephan Schüller (Hrsg.): Bilanzstruktur- und Treasury-Management in Kreditinstituten, Frankfurt/Main 1994, S. 33-53, hier S. 44.

[251] Vgl. hierzu explizit die Definition des Zinsänderungsrisikos auf S. 16 dieser Arbeit.

[252] Vgl. **Bußmann, Johannes:** Das Management von Zinsänderungsrisiken – Theoretische Ansätze und ihre empirische Überprüfung für den deutschen Rentenmarkt. Frankfurt/Main 1988, S. 51 und auch **Benke, Holger; Piaskowski, Friedrich; Sievi, Christian R.:** Neues vom Barwertkonzept. In: Die Bank 2/1995, S. 119-125, hier S. 122.

folgen kann. Eine Untersuchung möglicher Abweichungen zukünftiger Erfolgsgrößen scheint, allein der unberücksichtigt bleibenden dynamischen Effekte im
Zeitablauf wegen, nicht praktikabel. Ziel der strategischen Risikosteuerung ist es,
die sich aus der Bewertung der betrachteten Positionen ergebende Vermögensposition gegenüber aus Marktveränderungen resultierenden Wertminderungen
zu stabilisieren. Dementsprechend langfristig ist der Planungshorizont ausgelegt, der
sich daran orientiert, bis zu welchem Zeitpunkt eine Beeinflussung durch dispositi-
ves Handeln möglich ist.[253]

Unter Berücksichtigung eines mittelfristigen Planungshorizonts gewinnt dagegen
der Aspekt der Steuerung von Erfolgsgrößen an Bedeutung. Auf einer taktischen
Planungs- und Steuerungsebene liegt das Risiko darin, ein angestrebtes Erfolgsni-
veau nicht zu erreichen. Durch eine Konzentration ausschließlich auf Barwertgrößen
kann der erforderliche Bezug zu konkret ableitbaren Dispositionsmaßnahmen und
den damit verbundenen Erfolgswirkungen nicht erfaßt werden. Diese Erfolgswirkungen sind allerdings so lange bedeutsam, wie die Beurteilung von Kreditinstituten
durch die Adressaten einer aufgrund handelsrechtlicher Vorschriften erstellten Bilanz und Gewinn- und Verlustrechnung vorgenommen wird.[254]

Ordnet man diese beiden Planungshorizonte je einer Planungs- und Steuerungsebene
zu, dann kann auf dieser Basis eine grundlegende Charakterisierung des Treasury-
Modells erfolgen.[255] Ein weiterer wesentlicher Aspekt bei der Konzeption eines
Treasury-Modells liegt in dem Erfordernis, den jeweils als risikofrei bezeichneten
Zustand explizit zu definieren. Inwieweit hiervon die bereits erläuterten Opportunitätsgeschäfte in ihrer Funktion als dispositive Null-Linien tangiert werden, soll im
folgenden untersucht werden.

---

[253] In diesem Zusammenhang wird allgemein ein 10-Jahres-Zeitraum empfohlen. Vgl. hierzu
Flesch, Hans-Rudolf; Piaskowski, Friedrich; Seegers, Jürgen: Marktzinsmethode bzw.
Wertsteuerung – Neue Thesen und Erkenntnisse aus der Realisierung. In: Die Bank 9/1987,
S. 485-494, hier S. 489.

[254] Vgl. grundlegend zu den Informationsbedürfnissen der Jahresabschlußadressaten und zur
Informationsfunktion des Jahresabschlusses **Bieg, Hartmut; Kußmaul, Heinz:** Externes
Rechnungswesen. München – Wien 1996, S. 49-55. Die spezielle Funktion der Handelsbilanz
von Kreditinstituten als Instrument zur Sicherstellung von Gläubiger- und Funktionenschutz
im Kreditwesen wird beschrieben bei **Bieg, Hartmut:** Bankbilanzen und Bankenaufsicht.
München 1983, S. 38-68.

[255] Diese Vorgehensweise korrespondiert mit der in der Unternehmenspraxis allgemein vorzufin-
denden Notwendigkeit, bei der Entwicklung von Meß- und Steuerungskonzepten mehrere
Zeithorizonte berücksichtigen zu müssen Vgl. **Breuer, Ralf:** Probleme der Risikosteuerung
im Rahmen der Marktzinsmethode. Berlin 1994, S. 103.

b) Die Bedeutung risikofreier Ausgleichsoperationen aus dispositiver Sicht

Der Diskussion um die Konstruktion risikofreier Ausgleichsoperationen in Form expliziter Opportunitätsgeschäfte wird in der Literatur zur Marktzinsmethode breiter Raum zugemessen. Die Veröffentlichungen befassen sich mit den grundsätzlichen Alternativen, mit der Berücksichtigung unterjähriger Zahlungen und Disagien und der Überleitbarkeit der Kalkulationsergebnisse in die Erfolgsrechnung von Kreditinstituten.[256] Im folgenden sollen anhand eines grundlegenden Beispiels, aufbauend auf den Ausführungen im Teil II B.2.c), wesentliche Zusammenhänge erläutert werden. Der Schwerpunkt liegt dabei auf der Berücksichtigung der dispositiven Erfordernisse des Treasury.

Explizite Opportunitätsgeschäfte erfüllen eine Doppelfunktion. Sie dienen einerseits dazu, über die Bestimmung des Konditionsbeitrags-Barwerts die in einer Maßgröße komprimierte Vorteilhaftigkeit des Abschlusses eines einzelnen Kundengeschäfts zum Ausdruck zu bringen (kalkulatorische, controlling-orientierte Funktion). Andererseits kann anhand der Konstruktion expliziter Opportunitätsgeschäfte dem Treasury eines Kreditinstituts eine Null-Linie vorgegeben werden, bei deren Realisierung ein bestimmter Zustand der Zinsänderungsrisikofreiheit eintritt (dispositive, treasury-orientierte Funktion).

Im folgenden soll die explizite Opportunität eines Aktivgeschäfts in Form einer zahlungsstrukturkongruenten Refinanzierung aufgegriffen werden. Zur besseren Vergleichbarkeit der Kalkulationsergebnisse wird ein Beispiel aus der Literatur übernommen:[257] Betrachtet werden soll ein endfälliger Kundenkredit in Höhe von 100.000,00 DM, der zu 100,00 % ausgezahlt wird. Die Laufzeit beträgt vier Jahre. Die Verrechnung der Zinsen erfolgt jährlich nachträglich. Am Geld- und Kapitalmarkt liegt die bereits bekannte Zinsstruktur vor.[258] Der zahlungsstrukturkongruente Refinanzierungsplan dieses Kredits hat die in Tabelle 36 gezeigte Struktur:

---

[256] Vgl. hierzu stellvertretend **Goebel, Ralf; Buth, Dirk:** Nur effizientes Management schafft Sicherheit. In: Betriebswirtschaftliche Blätter 6/1993, S. 249-253.

[257] Vgl. **Marusev, Alfred W.; Pfingsten, Andreas:** Die Entstehung des Strukturbeitrags. In: Die Bank 4/1993, S. 223-228; **Probson, Stefan:** Identität von Barwert und Finanzbuchhaltung. In: Die Bank 3/1994, S. 180-184 und **Pfingsten, Andreas; Thom, Susanne:** Der Konditionsbeitrags-Barwert in der Gewinn- und Verlustrechnung. In: Die Bank 4/1995, S. 242-245.

[258] Vgl. hierzu Tabelle 4 auf S. 53 dieser Arbeit.

Zeitpunkt	0	1	2	3	4
Zahlungen des Kundengeschäfts					
Kapital [DM]	-100.000,00				100.000,00
10,00 % Zins [DM]		10.000,00	10.000,00	10.000,00	10.000,00
Zahlungen der Refinanzierung					
4-Jahres-Tranche Kapital [DM]	100.917,43				-100.917,43
9,00 % Zins [DM]		-9.082,57	-9.082,57	-9.082,57	-9.082,57
3-Jahres-Tranche Kapital [DM]	849,47			-849,47	
8,00 % Zins [DM]		-67,96	-67,96	-67,96	
2-Jahres-Tranche Kapital [DM]	793,90		-793,90		
7,00 % Zins [DM]		-55,57	-55,57		
1-Jahres-Tranche Kapital [DM]	748,96	-748,96			
6,00 % Zins [DM]		-44,94			
Summe der Refinanzierungszahlungen [DM]	103.309,76	-10.000,00	-10.000,00	-10.000,00	-110.000,00
Summe aller Zahlungen [DM]	3.309,76	0,00	0,00	0,00	0,00
Barwert des Zahlungsstroms [DM]	3.309,76				

Tabelle 36: Refinanzierungsplan

Der Konditionsbeitrags-Barwert beträgt 3.309,76 DM und fällt liquiditätsmäßig in voller Höhe zum Zeitpunkt $t = 0$ an, wenn die insgesamt vier Refinanzierungstranchen tatsächlich aufgenommen werden. Hiervon wird, einer dispositiven Sichtweise folgend, im folgenden ausgegangen. Hinsichtlich der Verwendung des Konditionsbeitrags-Barwerts werden in der Literatur zwei Varianten diskutiert: Zum einen die Entnahme des Konditionsbeitrags-Barwerts bereits zum Zeitpunkt $t = 0$; zum anderen dessen Verteilung auf die einzelnen Laufzeitjahre des Kundengeschäfts.

Schierenbeck schlägt beispielsweise vor, den Konditionsbeitrags-Barwert in Form einer Verrentung auf die einzelnen Laufzeitjahre des Kundengeschäfts zu verteilen. Motivation hierfür ist die Forderung nach Identität zwischen interner Ergebnisrechnung und externem Rechnungswesen für die Erfolgsbestandteile von Kredit und Refinanzierung.[259] Hierzu wird der Konditionsbeitrags-Barwert entweder anhand verschiedener Proportionalitätskriterien oder auf Basis verschiedener Effektivzinskonzepte auf die einzelnen Laufzeitjahre aufgeteilt. Auf Basis dieser periodisierten Konditionsbeiträge konstruiert Schierenbeck in einem zweiten Schritt Opportuni-

---

[259] „Eine zentrale Anforderung an ein controlling-adäquates Kalkulationsinstrumentarium besteht darin, daß sich die kalkulierten Kosten und Leistungen nicht nur in der innerbetrieblichen, sondern ebenfalls in der externen Erfolgsrechnung wiederfinden lassen." **Schierenbeck, Henner:** Ertragsorientiertes Bankmanagement – Controlling in Kreditinstituten. 4. Auflage, Wiesbaden 1994, S. 175.

tätsgeschäfte, die sicherstellen, daß die Konditionsbeiträge jeweils den in der Ge-
winn- und Verlustrechnung ausgewiesenen Zinsüberschüssen entsprechen.[260] Zu diesem Vorgehen ist folgendes festzuhalten:

(1) Bei dem Konditionsbeitrags-Barwert handelt es sich um eine rein erfolgs-
    rechnerische Größe, die nur dann auch als Liquidität vorliegt, wenn die
    zahlungsstrukturkongruente Variante der zinsänderungsrisikofreien Refi-
    nanzierung tatsächlich durchgeführt wird.

(2) Die Verteilung des Konditionsbeitrags-Barwerts, beispielsweise orientiert
    an einer im Zeitverlauf konstanten Relation zwischen Zinsüberschuß und
    den dem Kreditgeschäft zuzurechnenden Betriebskosten (kostenproportio-
    nale Verrentung), ist ein rein erfolgsrechnerischer Vorgang. Zwischen die-
    sem Vorgang und der tatsächlich durchgeführten Refinanzierung des Kre-
    ditgeschäfts besteht kein Zusammenhang.[261]

(3) Durch die vorgeschlagene Konstruktion der Opportunitätszahlungsströme
    auf Basis einer derartigen Verrentung wird allerdings ein Zusammenhang
    hergestellt, das heißt, die Disposition des Treasury erfolgt in diesem Fall in
    Abhängigkeit vom zeitlichen Verlauf der Kostenstruktur im Kreditbereich.

(4) Ein derartiges Vorgehen ist deshalb abzulehnen, weil sich die Bestimmung
    der risikofreien Refinanzierung ausschließlich an folgenden Determinanten
    zu orientieren hat:

    –   den durch das Kundengeschäft ausgelösten Zahlungen in Form von Zins
        und Tilgung,

    –   der zum Dispositionszeitpunkt vorherrschenden Marktzinsstruktur,

    –   einem eindeutig definierten Zustand der Zinsänderungsrisikofreiheit
        resp.

    –   dem liquiditätsmäßig vorzuhaltenden Ausschüttungsbetrag der einzel-
        nen GuV-Perioden.

Betrachtet man die mit der Durchführung der zahlungsstrukturkongruenten Refinanzierung verbundene Entwicklung der Bilanzbestände und den Verlauf der Ge-
winn- und Verlustrechnung, dann ergibt sich die in Abbildung 19 gezeigte Situation.

---

[260]   Vgl. hierzu **Schierenbeck, Henner:** Ertragsorientiertes Bankmanagement – Controlling in
        Kreditinstituten. 4. Auflage, Wiesbaden 1994, S. 179-181.
[261]   Vgl. **Skaruppe, Martin:** Duplizierung von Bankgeschäften im Wertbereich als Kernproblem
        der Marktzinsmethode. Berlin 1994, S. 100.

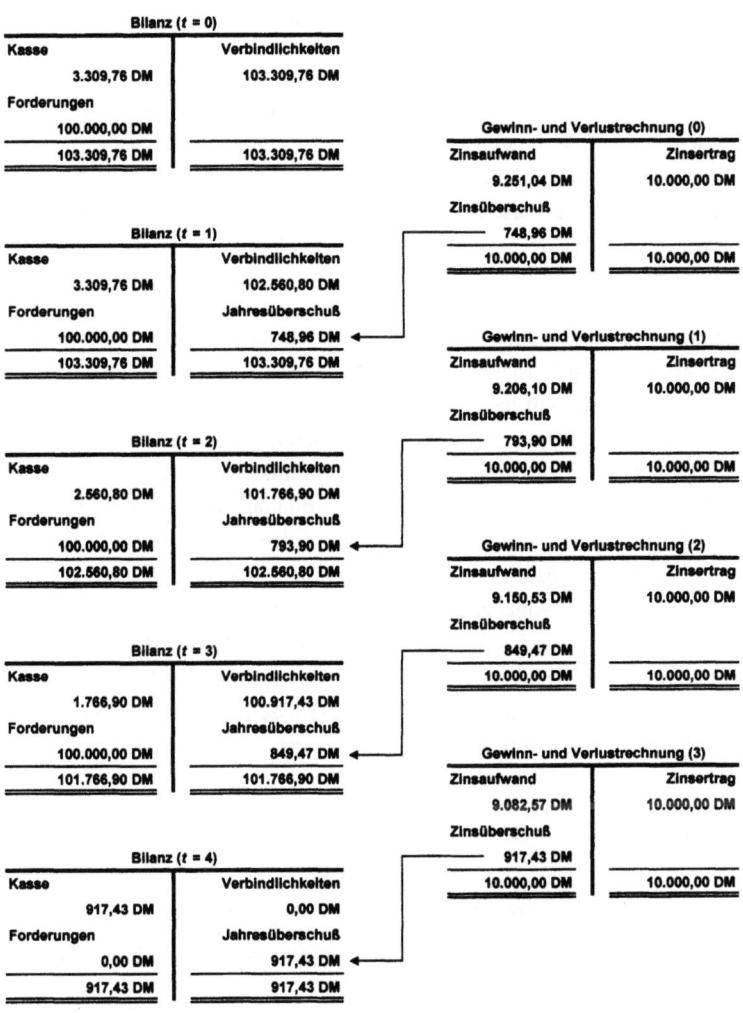

Abbildung 19: Bilanzentwicklung und GuV-Verlauf bei vollständiger Ausschüttung des Jahresüberschusses

Der zum Zeitpunkt der Auszahlung des Aktivgeschäfts liquiditätsmäßig anfallende Konditionsbeitrags-Barwert wird im Zeitverlauf erfolgswirksam und entspricht aufgrund des Kongruenzprinzips der Summe der in den Gewinn- und Verlustrechnungen ausgewiesenen Zinsüberschüsse.[262] Implizit unterstellt ist eine vollständige Ausschüttung der einzelnen Jahresüberschüsse zu Lasten des Kassenbestands, die jeweils im Folgejahr wirksam wird.

Die zweite Variante der Verwendung des Konditionsbeitrags-Barwerts besteht in einer sofortigen Entnahme zum Zeitpunkt $t = 0$.[263] Dieser Vorschlag verstößt bei einer Verbuchung der Entnahme zu Lasten des Eigenkapitalkontos gegen handelsrechtliche Bilanzierungsvorschriften, weil diese Entnahme, beispielsweise in Form einer Auszahlung als Erfolgsprämie für den Abschluß des Kundengeschäfts, in voller Höhe GuV-wirksam erfaßt werden müßte.

Verneint man also die Frage nach sofortiger Entnahme des Konditionsbeitrags-Barwerts, dann ist dessen Vorhaltung als Liquidität nur dann erforderlich, wenn gleichzeitig gefordert wird, daß die als Erfolg ausgewiesenen Zinsüberschüsse in voller Höhe als Liquidität zu Ausschüttungszwecken bereitgehalten werden müssen.[264] Abstrahiert man dagegen von dieser Prämisse, dann lassen sich Refinanzierungskosten vermeiden, wenn bei der Bestimmung der Opportunitätstranchen sichergestellt wird, daß die Refinanzierung den Auszahlungsbetrag des Kundengeschäfts nicht übersteigt. Erforderlich ist damit eine Modifikation des Gleichungssystems zur Bestimmung der einzelnen Refinanzierungstranchen.[265] Die Forderung nach Liquiditätsidentität wird nicht mehr für die Perioden $t = 1$ bis T, also für die Zeitpunkte nach der Auszahlung des Kredits, sondern für die Perioden $t = 0$ bis $T - 1$ erhoben. Resultat ist ein als Liquidität zum letzten Zahlungszeitpunkt zur Verfügung stehender Konditionsbeitrags-Endwert. Dieses Gleichungssystem hat allgemein folgende Gestalt:

---

[262] Vgl. zum Kongruenzprinzip die Ausführungen auf S. 57-57.

[263] Vgl. hierzu **Marusev, Alfred W.; Pfingsten, Andreas:** Die Entstehung des Strukturbeitrags. In: Die Bank 4/1993, S. 223-228, hier S. 226. Marusev/Pfingsten diskutieren die Möglichkeit, den Konditionsbeitrags-Barwert in Form einer Erfolgsprämie an die Filiale auszuzahlen, die das jeweilige Kundengeschäft abgeschlossen hat.

[264] Zu diesem Ergebnis gelangen auch Pfingsten/Thom, allerdings mit einer anderen Konsequenz: Während im folgenden Modifikationen der zahlungsstrukturkongruenten Refinanzierung vorgenommen werden, schlagen Pfingsten/Thom als Alternative eine revolvierende 1-Jahres-Refinanzierung auf Basis von Forward-Rate-Geschäften vor. Diese ist allerdings nicht frei von Zinsänderungsrisiken. Vgl. hierzu **Pfingsten, Andreas; Thom, Susanne:** Der Konditionsbeitrags-Barwert in der Gewinn- und Verlustrechnung. In: Die Bank 4/1995, S. 242-245, hier S. 244-245 und die Ausführungen auf S. 73-74 dieser Arbeit.

[265] Vgl. hierzu die Ausführungen auf S. 55-57 dieser Arbeit.

$$(83) \quad \sum_{t=1}^{T} x_t = cf_0^k$$

$$\left(1 + i_t\right) x_t + \sum_{t=1}^{T-1} i_{t+1} x_{t+1} = cf_t^k \quad \text{für } t = 1, \dots, T-1$$

Für das Kalkulationsbeispiel nimmt dieses Gleichungssystem folgende Form an:

$$(84) \quad \begin{aligned} x_1 + x_2 + x_3 + x_4 &= 100.000,00 \text{ DM} \\ 1,06\, x_1 + 0,07\, x_2 + 0,08\, x_3 + 0,09\, x_4 &= 10.000,00 \text{ DM} \\ 1,07\, x_2 + 0,08\, x_3 + 0,09\, x_4 &= 10.000,00 \text{ DM} \\ 1,08\, x_3 + 0,09\, x_4 &= 10.000,00 \text{ DM} \end{aligned}$$

Als konkrete Werte der Refinanzierungstranchen x_1, x_2, x_3, x_4 ergeben sich:

$$(85) \quad \begin{aligned} x_1 &= 1.066,72 \text{ DM} \\ x_2 &= 1.130,72 \text{ DM} \\ x_3 &= 1.209,87 \text{ DM} \\ x_4 &= 96.592,69 \text{ DM} \end{aligned}$$

Der Refinanzierungsplan dieser als modifiziert bezeichneten Opportunität ist in der folgenden Tabelle 37 wiedergegeben,

Abbildung 20 zeigt die zugehörige Bilanzentwicklung und den Verlauf der Gewinn- und Verlustrechnung.

			Zeitpunkt	0	1	2	3	4
Zahlungen des Kundengeschäfts								
	Kapital	[DM]		-100.000,00				100.000,00
10,00 %	Zins	[DM]			10.000,00	10.000,00	10.000,00	10.000,00
Zahlungen der Refinanzierung								
4-Jahres-Tranche	Kapital	[DM]		96.592,69				-96.592,69
9,00 %	Zins	[DM]			-8.693,34	-8.693,34	-8.693,34	-8.693,34
3-Jahres-Tranche	Kapital	[DM]		1.209,87			-1.209,87	
8,00 %	Zins	[DM]			-96,79	-96,79	-96,79	
2-Jahres-Tranche	Kapital	[DM]		1.130,72		-1.130,72		
7,00 %	Zins	[DM]			-79,15	-79,15		
1-Jahres-Tranche	Kapital	[DM]		1.066,72	-1.066,72			
6,00 %	Zins	[DM]			-64,00			
Summe der Refinanzierungszahlungen		[DM]		100.000,00	-10.000,00	-10.000,00	-10.000,00	-105.286,03
Summe aller Zahlungen		[DM]		0,00	0,00	0,00	0,00	4.713,97
Barwert des Zahlungsstroms		[DM]		3.309,78				

Tabelle 37: Refinanzierungsplan der modifizierten Opportunität[266]

Die modifizierte Opportunität bietet aus der Sicht des Treasury den Vorteil, daß hier nur der Betrag an Refinanzierungsmitteln aufgenommen wird, der zur Erfüllung der Auszahlungsverpflichtung des Kundengeschäft erforderlich ist. Dies bedingt, daß eine etwaige Ausschüttung des Zinsüberschusses aus anderen Mitteln bedient werden muß.

---

[266]   Die Bestimmung des Barwerts erfolgt unter Verwendung des 4-Jahres-Zerobond-Abzinsfaktors.

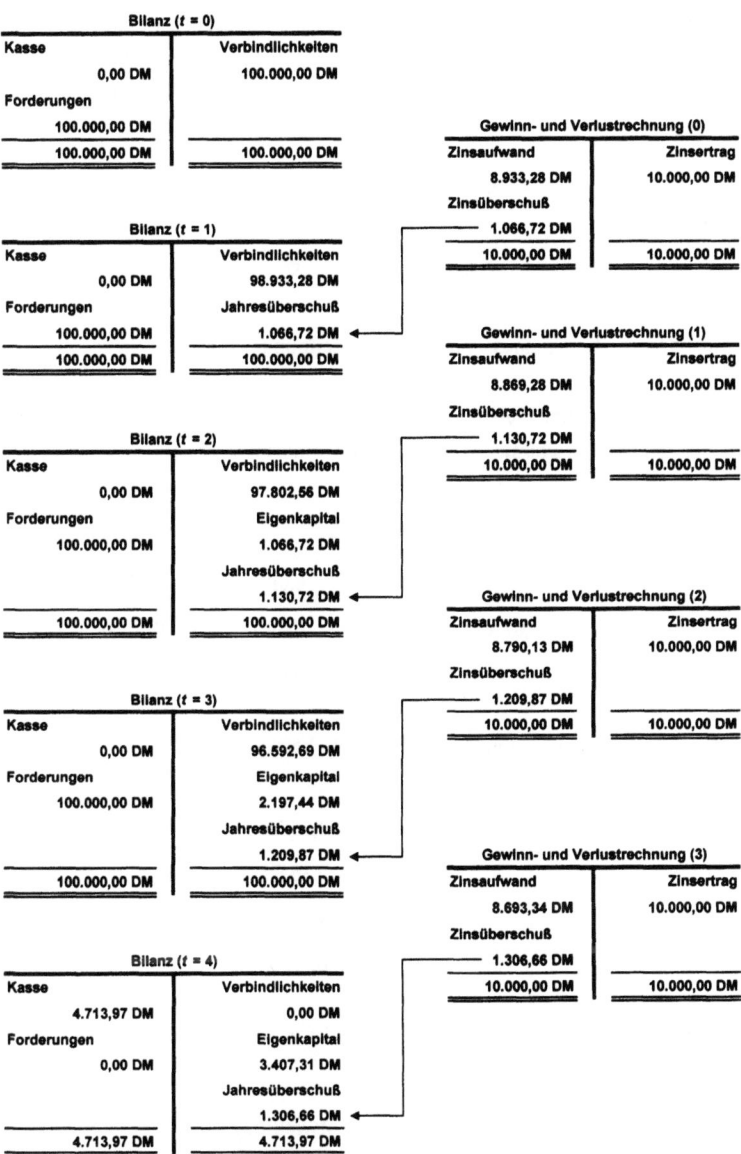

Abbildung 20: Bilanzentwicklung und GuV-Verlauf der modifizierten Opportunität

Sollen explizit Ausschüttungsbeträge berücksichtigt werden, ist eine weitere Modifikation erforderlich, indem die Ausschüttungsbeträge in die Liquiditätsbedingungen der Zeitpunkte $t = 1$ bis T -1 eingestellt werden.[267] Allgemein gilt dann:

$$
\begin{aligned}
\textit{(86)} \qquad \sum_{t=1}^{T} x_t &= cf_0 \\
(1+i_t)\,x_t + \sum_{t=1}^{T-1} i_{t+1}\,x_{t+1} + GA_t &= cf_t \qquad \textit{für } t = 1, \dots, T-1
\end{aligned}
$$

mit GA_t :   Gewinnausschüttung zum Zeitpunkt t [DM]

Bei einer gewünschten Gewinnausschüttung von 500,00 DM zu den Zeitpunkten $t = 1, 2, 3$ hat das Gleichungssystem folgende konkrete Gestalt:

$$
\textit{(87)} \qquad
\begin{aligned}
x_1 + x_2 + x_3 + x_4 &= 100.000,00 \text{ DM} \\
1,06\,x_1 + 0,07\,x_2 + 0,08\,x_3 + 0,09\,x_4 &= 9.500,00 \text{ DM} \\
1,07\,x_2 + 0,08\,x_3 + 0,09\,x_4 &= 9.500,00 \text{ DM} \\
1,08\,x_3 + 0,09\,x_4 &= 9.500,00 \text{ DM}
\end{aligned}
$$

Die Werte der Refinanzierungstranchen $x_1 - x_4$ betragen dann:

$$
\textit{(88)} \qquad
\begin{aligned}
x_1 &= 533,36 \text{ DM} \\
x_2 &= 565,36 \text{ DM} \\
x_3 &= 604,93 \text{ DM} \\
x_4 &= 98.296,35 \text{ DM}
\end{aligned}
$$

Der Refinanzierungsplan dieser Opportunität ist in der folgenden Tabelle 38 wiedergegeben,

Abbildung 21 enthält die zugehörige Bilanzentwicklung samt GuV-Verlauf.

---

[267]   Vgl. hierzu auch **Kotissek, Norbert:** Zur Berechnung des Konditionsbeitrages bei konstanter effektiver Marge. In: bank und markt 1/1987, S. 34-37, hier S. 36-37.

	Zeitpunkt	0	1	2	3	4
Zahlungen des Kundengeschäfts						
Kapital	[DM]	-100.000,00				100.000,00
10.00 % Zins	[DM]		10.000,00	10.000,00	10.000,00	10.000,00
Zahlungen der Refinanzierung						
4-Jahres-Tranche Kapital	[DM]	98.296,35				-98.296,35
9,00 % Zins	[DM]		-8.846,67	-8.846,67	-8.846,67	-8.846,67
3-Jahres-Tranche Kapital	[DM]	604,93			-604,93	
8,00 % Zins	[DM]		-48,39	-48,39	-48,39	
2-Jahres-Tranche Kapital	[DM]	565,36		-565,36		
7,00 % Zins	[DM]		-39,58	-39,58		
1-Jahres-Tranche Kapital	[DM]	533,36	-533,36			
6,00 % Zins	[DM]		-32,00			
Summe der Refinanzierungszahlungen	[DM]	100.000,00	-9.500,00	-9.500,00	-9.499,99	-107.143,02
Summe aller Zahlungen	[DM]	0,00	500,00	500,00	500,01	2.856,98
Barwerte der Zahlungen			471,70	436,43	395,70	2.005,95
Barwert des Zahlungsstroms	[DM]	3.309,78				

Tabelle 38: Refinanzierungsplan bei jährlicher Gewinnausschüttung[268]

Insgesamt wird deutlich, daß die Definition und dispositive Herbeiführung eines Zustands der Zinsänderungsrisikofreiheit von individuellen Vorgaben abhängt, in welchem Umfang die in der Gewinn- und Verlustrechnung ausgewiesenen Zinsüberschüsse auch liquiditätsmäßig zur Verfügung stehen müssen. Die Zahlungsstrukturkongruenz herkömmlicher Art und die modifizierte Variante bilden die Eckpunkte des in dieser Hinsicht möglichen Dispositionsverhaltens. An dieser Stelle läßt sich weiterhin die auch in organisatorischer Hinsicht bestehende Anforderung nach Integration der Treasury-Funktion in den Prozeß finanzieller Führung von Kreditinstituten erkennen.[269] Dieses Integrationserfordernis bezieht sich auch auf die im folgenden beschriebene Berücksichtigung quantitativer Aspekte im Rahmen der Strukturierung von Treasury-Modellen.

---

[268] Die Bestimmung des Barwerts erfolgt unter Verwendung der laufzeitspezifischen Zerobond-Abzinsfaktoren.

[269] Vgl. **Buhr, Reinhard; Hansel, Andreas:** Risikosteuerung im Treasury-Bereich. In: Bernd Lüthje (Hrsg.): Risikomanagement in Banken – Konzeptionen und Steuerungssysteme, Bonn 1991, S. 157-173, hier S. 159.

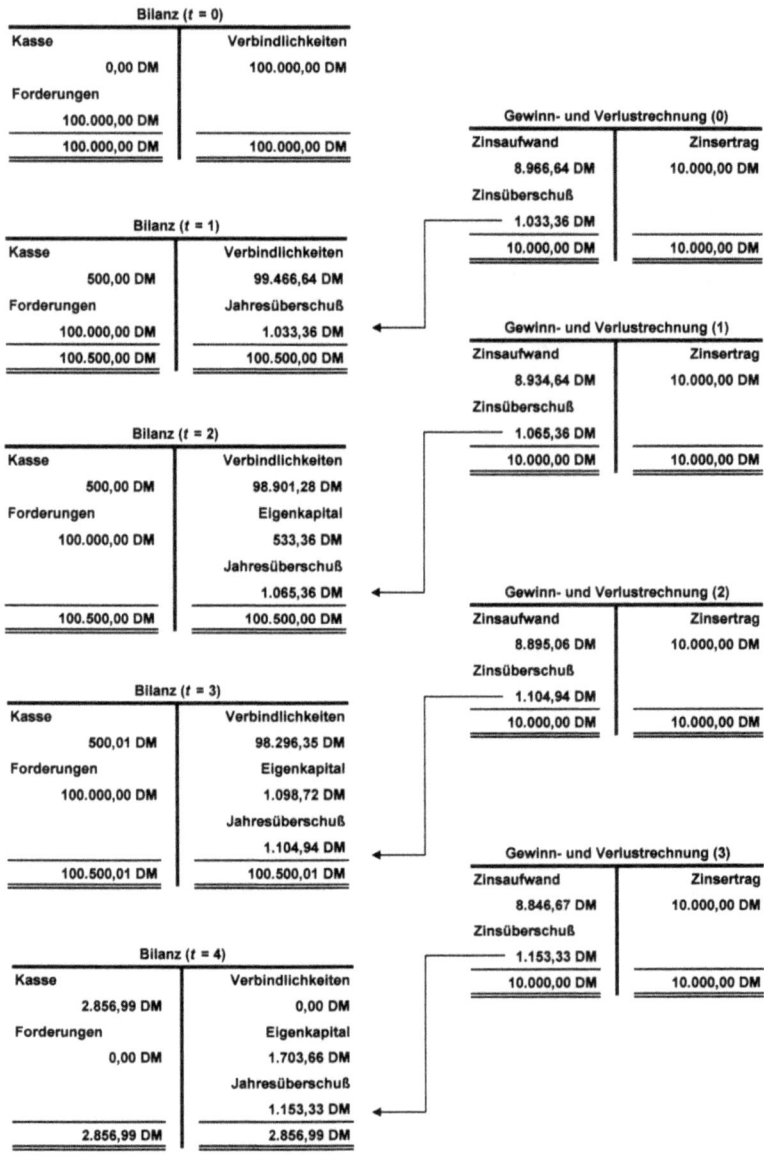

Abbildung 21: Bilanzentwicklung und GuV-Verlauf bei jährlicher Gewinnausschüttung

2. Transaktionsorientierung

a) Quantitative Aspekte

(1) Grundsätzliches

Zur vollständigen Abbildung des Zinsänderungs- und Währungsrisikos ist die Kenntnis der Zahlungsströme der betrachteten Transaktionen – bisher handelte es sich ausschließlich um Kundengeschäfte – erforderlich.[270] Definiert man das Zinsänderungs- und Währungsrisiko als Gefahr einer negativen Erfolgsveränderung, die sich aus der Notwendigkeit ergibt, in der Zukunft unbekannte Beträge zu gegenüber heute ungünstigeren Zinssätzen aufnehmen oder anlegen zu müssen oder zu gegenüber heute ungünstigeren Kursen in oder aus Fremdwährung konvertieren zu müssen, dann scheint es zunächst unerheblich, welche Geschäftsarten diesen Finanzierungs- resp. Anlageerfordernissen zugrunde liegen.

Dennoch differieren die Auffassungen hinsichtlich der Bestimmung des quantitativen Umfangs der in ein Treasury-Konzept einzubeziehenden Transaktionen: So schlagen etwa Benke et al. vor, „nur sämtliche aus der »unmittelbaren« Banktätigkeit resultierenden Positionen"[271] zu analysieren. Unter dem Begriff unmittelbare Banktätigkeit sind hier sowohl bilanzielle als auch außerbilanzielle Positionen des Eigenhandels- und des Kundengeschäfts zusammengefaßt.[272] Jacob et al. erheben dagegen „die Forderung nach (...) Abbildung eines jeden Vertrages im weitesten Sinne"[273], also beispielsweise auch von Verträgen mit Kapitalgebern und Mitarbeitern des Kreditinstituts, denen ein Zahlungsstrom zugeordnet werden kann.

Bei der Diskussion dieser Fragestellung, die regelmäßig im Zusammenhang mit der Frage nach den Grenzen der Anwendbarkeit der Marktzinsmethode geführt wird, wird oftmals ein impliziter Zusammenhang konstruiert, der nicht immer existiert, nämlich der Zusammenhang zwischen erfolgsrechnerischer Bewertung (Kalkulation) und risikoorientierter Steuerung (Disposition). Umfaßt ein Steuerungskonzept

---

[270]   Vgl. stellvertretend **Siegert, Helmut:** Vom Umgang mit Zahlungsströmen. In: Die Bank 7/1994, S. 422-426, hier S. 422 und **Schierenbeck, Henner; Wiedemann, Arnd:** Marktwertrechnungen im Finanzcontrolling. Stuttgart 1996, S. 1.

[271]   **Benke, Holger; Gebauer, Burkhard; Piaskowski, Friedrich:** Die Marktzinsmethode wird erwachsen: Das Barwertkonzept (II). In: Die Bank 9/1991, S. 514-521, hier S. 515.

[272]   Dies geht aus einer weiteren diesbezüglichen Veröffentlichung hervor. Vgl. hierzu **Benke, Holger; Flesch, Hans-Rudolf:** Die Steuerung des Zinsänderungsrisikos. In: Bernd Lüthje (Hrsg.): Risikomanagement in Banken. – Konzeptionen und Steuerungssysteme, Bonn 1991, S. 17-40, hier S. 24-28.

[273]   Vgl. **Jacob, Hans-Reinhard; Villiez, Christian von; Westphal, Eva:** Erfolgs-Management zwischen Risiko und Chance. In: Die Bank 2/1992, S. 101-106, hier S. 103.

ausschließlich diejenigen Transaktionen, die sich analog zu Kundengeschäften eines Kreditinstituts nach dem Konzept der Marktzinsmethode bewerten lassen, dann bleiben alle diejenigen Transaktionen unberücksichtigt, denen sich zwar ein Zahlungsstrom zuordnen läßt, deren Abschluß aber in keiner Substitutionsbeziehung zum Abschluß anderer Kundengeschäfte steht, so daß die verursachungsgerechte Zurechnung von Konditions- und Strukturerfolgen als nicht angebracht erscheint.[274] Dennoch sind auch derartige Transaktionen Teil der gesamten Zinsänderungs- und Währungsrisikoposition eines Kreditinstituts.

Richtet sich die Abbildung in einem Treasury-Konzept dagegen ausschließlich am Tatbestand eines zuzuordnenden Zahlungsstroms aus, dann stellt sich die Problematik der Zurechnung der durch diese Transaktionen realisierbaren Dispositionserfolge. Jede dieser zusätzlich berücksichtigten Transaktionen beeinflußt den Saldo der in zukünftigen Perioden zu leistenden oder zu erhaltenden Zahlungen und damit den Umfang möglicher Ausgleichsoperationen des Treasury. Die Transaktionen eines Kreditinstituts lassen sich in drei Gruppen, nämlich in Transaktionen des Kundengeschäfts, in Eigenhandelstransaktionen und in sonstige Transaktionen einteilen. Unbestritten ist, daß die Abbildung der Transaktionen des aktivischen und passivischen Kundengeschäfts innerhalb eines Treasury-Modells zu erfolgen hat. Inwieweit Transaktionen des Eigenhandels sowie sonstige Transaktionen zu berücksichtigen sind, soll im folgenden geklärt werden.

(2) Die Berücksichtigung von Transaktionen des Eigenhandels

Unter dem Eigenhandel der Kreditinstitute versteht man die in eigenem Namen auf eigene Rechnung durchgeführten Eigenhändlergeschäfte des Eigengeschäfts.[275] Damit unterscheidet sich der Eigenhandel einerseits von den Eigenhändlergeschäften des Kundengeschäfts. Diese dienen lediglich der technischen Abwicklung von Kundenaufträgen und führen nur zu kurzfristigen Veränderungen des Eigenbestands. Andererseits ist der Eigenhandel vom in eigenem Namen auf fremde Rechnung betriebenen Kommissionshandel des Kundengeschäfts abzugrenzen.

Der Eigenhandel in Kreditinstituten erfüllt eine Doppelfunktion. Eigenhandelsgeschäfte werden einerseits aufgrund eigener Initiative des Handelsbereichs abge-

---

[274] Vgl. **Villiez, Christian von:** Budgetkontrolle und Abweichungsanalyse in Kreditinstituten. Frankfurt/Main 1989, S. 57.

[275] Vgl. **Echterbeck, Harald:** Marktzinsorientierte Ergebnisspaltung des Eigenhandels von Kreditinstituten. Frankfurt/Main 1991, S. 5-9.

schlossen und sollen zur Erzielung autonomer Eigenhandelserfolge führen (autonomer Eigenhandel). Bei diesen Geschäften fallen die Entscheidungsfindung und deren Ausführung unmittelbar zusammen. Autonome Eigenhandelserfolge lassen sich immer dann erzielen, wenn es gelingt, auf den Märkten des Eigenhandels Preisunterschiede für gleichwertige Handelsobjekte zu identifizieren und durch Arbitragegeschäfte auszunutzen. Derartige Arbitragegeschäfte werden in Form von Zeit- und Raumarbitragegeschäften abgeschlossen.[276]

Andererseits werden Eigenhandelsgeschäfte aufgrund von Dispositionsentscheidungen anderer Entscheidungsträger ausgeführt (determinierter Eigenhandel). Dem Eigenhandel kommt in diesem Zusammenhang lediglich eine ausführende Funktion zu. Derartige Dispositionsentscheidungen werden von folgenden Entscheidungsträgern getroffen:[277]

(1) Dispositionsentscheidungen des Treasury zur Fristen- und Währungstransformation.

(2) Dispositionsentscheidungen der Bankkunden im Wertpapier- und Devisenhandel, die als Eigenhändlergeschäfte abgewickelt werden (Beispiel: Deckungskaufvertrag im Rahmen eines Kommissionsgeschäfts mit Selbsteintritt zwischen der Bank und einem Börsenhändler).

(3) Dispositionsentscheidungen der Bankleitung zur Pflege des Standings am Interbankenmarkt (Beispiel: Kurspflege einer betreuten Neuemission durch Käufe und Verkäufe auf eigene Rechnung).

(4) Dispositionsentscheidungen anderer Kreditinstitute innerhalb eines Verbundes, die keine eigene Eigenhandelsabteilung unterhalten.

Die Fragestellung, inwieweit derartige Transaktionen in einem Treasury-Konzept abzubilden sind, läßt sich anhand des Kriteriums der voraussichtlichen Haltedauer und der Disponierbarkeit erörtern:

Wesentliche Anteile der Handelsaktivitäten von Kreditinstituten werden als Arbitragegeschäfte durchgeführt. Die jeweils aufgebauten Positionen werden in der Regel innerhalb relativ kurzfristiger Zeiträume wieder glattgestellt. Wenn derartige Trans-

---

[276] Vgl. zur Beschreibung von Arbitragestrategien **Hubbes, Harald:** Arbitragestrategien auf internationalen Finanzmärkten. In: Hans J. Krümmel; Bernd Rudolph (Hrsg.): Finanzintermediation und Risikomanagement, Frankfurt/Main 1989, S. 109-130, hier S. 111-130.

[277] Vgl. **Echterbeck, Harald:** Marktzinsorientierte Ergebnisspaltung des Eigenhandels von Kreditinstituten. Frankfurt/Main 1991, S. 25-53.

aktionen – unabhängig von der späteren Erfolgszurechnung – in einem Treasury-Konzept berücksichtigt werden, ergibt sich die Notwendigkeit eines permanenten Umdisponierens des gebildeten Gesamt-Zahlungsstroms, die sich letztlich nur in einer Veränderung der ausgewiesenen Liquiditätsposition niederschlägt. Damit scheidet eine Abbildung der Arbitragehandelspositionen bereits aus praktischen Erwägungen aus. Unter dem Aspekt der Disponierbarkeit ist eine Abbildung dieser Handelsaktivitäten in einem Treasury-Modell dann sinnvoll, wenn vor allem in organisatorischer Hinsicht Rahmenbedingungen implementiert werden, die den gesamtoptimalen Einsatz derartiger Transaktionen sicherstellen. Folgendes Beispiel soll den Gedankengang erläutern:

Angenommen, der Rentenhandel eines Kreditinstituts habe die Möglichkeit, eine Anleihe zu einem unter dem theoretischen Kurswert liegenden Preis zu kaufen.[278] Die Anleihe wird in den Handelsbestand aufgenommen und durch Bestimmung einer kongruenten Opportunität mit kalkulatorischen Refinanzierungskosten bewertet. Da sich ein eindeutiger Zahlungsstrom zuordnen läßt und mit einer längeren Haltedauer gerechnet wird, erfolgt eine entsprechende Abbildung im Gesamt-Zahlungsstrom des Treasury. Nach Ablauf einer bestimmten Zeit fällt im Rentenhandel die Entscheidung, die Position aufgrund der zwischenzeitlich eingetretenen allgemeinen Senkung des Marktzinsniveaus und des damit erzielbaren Kursgewinns durch einen Verkauf der Anleihe zu schließen.

Diese Entscheidung kann zur Öffnung einer Risikoposition des Treasury führen, wenn beispielsweise dessen Disposition darin bestand, die mit der Tilgung verbundene Einzahlung der Auszahlung eines bereits zugesagten Kredits gegenüberzustellen, so daß dessen Refinanzierung jetzt zu unbekannten Sätzen erfolgen muß. Aufgrund der Tatsache, daß eine erfolgsrechnerische Sanktionierung der Dispositionsentscheidung des Rentenhandels, beispielsweise in Form einer Vorfälligkeitsentschädigung,[279] der Zielsetzung der Handelsaktivitäten wegen ausscheidet, bleibt als Lösungsansatz nur die Möglichkeit, über Definition von Abstimm-Mechanismen sicherzustellen, daß das Treasury in derartige Positionen eintreten kann.[280]

---

[278] Bonitätsbedingte Überlegungen sollen im folgenden unberücksichtigt bleiben.
[279] Vgl. hierzu den Kalkulationsvorschlag von **Stark, Gunnar:** Zahlungsstromorientierte Vorfälligkeitsentschädigung. In: Die Bank 9/1996, S. 552-555.
[280] Vgl. **Penthor, Jürgen:** Asset/Liability-Management in Banken. In: Österreichisches Bank Archiv 1/1996, S. 49-52, hier S. 51.

(3) Die Berücksichtigung sonstiger Transaktionen

Die Fragestellung der Berücksichtigung sonstiger Positionen soll anhand eines grundlegenden Beispiels geklärt werden: Angenommen, die Bilanz eines Kreditinstituts setze sich zum Zeitpunkt $t = 0$ aus 5,00 Mio. DM Eigenkapital, einer Termineinlage mit einem Volumen von 95,00 Mio. DM, einer Laufzeit von zwei Jahren und einer Verzinsung von 5,50 % sowie einem endfälligen Kredit mit einem Nominalbetrag von 100,00 Mio. DM, einer Laufzeit von 4 Jahren und einer Verzinsung von 10,00 % zusammen. Die Marktzinsstruktur entspreche der in Tabelle 4 auf S. 53 wiedergegebenen. Weiterhin steht bereits zum Zeitpunkt $t = 0$ fest, daß zur Finanzierung eines Bauvorhabens zu den Zeitpunkten $t = 1$ und $t = 2$ jeweils ein Betrag von 2,00 Mio. DM als Liquidität vorzuhalten ist.

		Zeitpunkt	0	1	2	3	4
Zahlungen Kundengeschäft aktiv							
	Kapital	[DM]	-100.000.000,00				100.000.000,00
10,00 % Zins		[DM]		10.000.000,00	10.000.000,00	10.000.000,00	10.000.000,00
Zahlungen Kundengeschäft passiv							
	Kapital	[DM]	95.000.000,00		-95.000.000,00		
5,50 % Zins		[DM]		-5.225.000,00	-5.225.000,00		
Zahlungen der Kundengeschäfte			-5.000.000,00	4.775.000,00	-90.225.000,00	10.000.000,00	110.000.000,00
Sonstige Transaktionen				-2.000.000,00	-2.000.000,00		
Zahlungsstrom gesamt			-5.000.000,00	2.775.000,00	-92.225.000,00	10.000.000,00	110.000.000,00
Zahlungen der Ausgleichsoperationen							
4-Jahres-Tranche	Kapital	[DM]	100.917.431,19				-100.917.431,19
9,00 % Zins		[DM]		-9.082.568,81	-9.082.568,81	-9.082.568,81	-9.082.568,81
3-Jahres-Tranche	Kapital	[DM]	849.473,33			-849.473,33	
8,00 % Zins		[DM]		-67.957,87	-67.957,87	-67.957,87	
2-Jahres-Tranche	Kapital	[DM]	-92.874.323,99		92.874.323,99		
7,00 % Zins		[DM]		6.501.202,68	6.501.202,68		
1-Jahres-Tranche	Kapital	[DM]	2.005.354,72	-2.005.354,72			
6,00 % Zins		[DM]		-120.321,28			
Summe der Zahlungen der Ausgleichsoperationen		[DM]	10.897.935,25	-4.775.000,00	90.225.000,00	-10.000.000,00	-110.000.000,00
Summe aller Zahlungen		[DM]	5.897.935,25	-2.000.000,00	-2.000.000,00	0,00	0,00
Gewinn- und Verlustrechnung							
Zinsertrag		[DM]		16.501.202,68	16.501.202,68	10.000.000,00	10.000.000,00
Zinsaufwand		[DM]		14.495.847,96	14.375.526,67	9.150.526,67	9.082.568,81
Zinsüberschuß		[DM]		2.005.354,72	2.125.676,01	849.473,33	917.431,19

Tabelle 39: Kalkulation von Ausgleichsoperationen ohne
Berücksichtigung sonstiger Transaktionen

Tabelle 39 zeigt die Situation bei Kalkulation der zahlungsstrukturkongruenten Ausgleichsoperationen ausschließlich auf Basis der im Bestand befindlichen Kundengeschäfte. Die Bestimmung der einzelnen Ausgleichsoperationen bezieht sich auf den durch die Kundengeschäfte ausgelösten Zahlungsstrom. Resultat ist eine zu den Zeitpunkten $t = 1$ und $t = 2$ vorliegende liquiditätsmäßige Unterdeckung in Höhe der bekannten Auszahlungsverpflichtungen mit dem damit verbundenen Zinsänderungsrisiko. Tabelle 40 gibt alternativ die Situation bei einer Berücksichtigung der zukünftigen Auszahlungsverpflichtungen wieder.

Zeitpunkt		0	1	2	3	4
Zahlungen Kundengeschäft aktiv						
	Kapital [DM]	-100.000.000,00				100.000.000,00
10,00 % Zins	[DM]		10.000.000,00	10.000.000,00	10.000.000,00	10.000.000,00
Zahlungen Kundengeschäft passiv						
	Kapital [DM]	95.000.000,00		-95.000.000,00		
5,50 % Zins	[DM]		-5.225.000,00	-5.225.000,00		
Zahlungen der Kundengeschäfte		-5.000.000,00	4.775.000,00	-90.225.000,00	10.000.000,00	110.000.000,00
Sonstige Transaktionen			-2.000.000,00	-2.000.000,00		
Zahlungsstrom gesamt		-5.000.000,00	2.775.000,00	-92.225.000,00	10.000.000,00	110.000.000,00
Zahlungen der Ausgleichsoperationen						
4-Jahres-Tranche	Kapital [DM]	100.917.431,19				-100.917.431,19
9,00 % Zins	[DM]		-9.082.568,81	-9.082.568,81	-9.082.568,81	-9.082.568,81
3-Jahres-Tranche	Kapital [DM]	849.473,33			-849.473,33	
8,00 % Zins	[DM]		-67.957,87	-67.957,87	-67.957,87	
2-Jahres-Tranche	Kapital [DM]	-94.743.482,87		94.743.482,87		
7,00 % Zins	[DM]		6.632.043,80	6.632.043,80		
1-Jahres-Tranche	Kapital [DM]	241.997,29	-241.997,29			
6,00 % Zins	[DM]		-14.519,84			
Summe der Zahlungen der Ausgleichsoperationen	[DM]	7.265.418,94	-2.775.000,00	92.225.000,00	-10.000.000,00	-110.000.000,00
Summe aller Zahlungen	[DM]	2.265.418,94	0,00	0,00	0,00	0,00
Gewinn- und Verlustrechnung						
Zinsertrag	[DM]		16.632.043,80	16.632.043,80	10.000.000,00	10.000.000,00
Zinsaufwand	[DM]		14.390.046,51	14.375.526,67	9.150.526,67	9.082.568,81
Zinsüberschuß	[DM]		2.241.997,29	2.256.517,13	849.473,33	917.431,19
Konditionserfolg	[DM]		2.005.354,72	2.125.676,01	849.473,33	917.431,19
Dispositionseffekt	[DM]		236.642,57	130.841,12	0,00	0,00

Tabelle 40: Kalkulation von Ausgleichsoperationen unter
Berücksichtigung sonstiger Transaktionen

Durch die dispositive Berücksichtigung ergibt sich ein positiver Ergebniseffekt zu den Zeitpunkten $t = 1$ und $t = 2$. Ursache hierfür sind die im Vergleich zur Nichtberücksichtigung betragsmäßig höhere 2-Jahres-Tranche (Anlage) und die betragsmäßig niedrigere 1-Jahres-Tranche (Aufnahme).[281] Selbstverständlich lassen sich auch Fälle konstruieren, in denen eine Berücksichtigung liquiditätswirksamer Verpflichtungen in zukünftigen Perioden zu negativen Ergebniswirkungen führt. Ohne auf die einzelnen Effekte im Detail einzugehen, wird deutlich, daß die Abschätzung der mit der Berücksichtigung derartiger Transaktionen verbundenen Ergebniswirkungen unter dem Aspekt einer gesamtoptimalen Disposition als sinnvoll erscheint. Die Frage der erfolgsrechnerischen Zuordnung derartiger Dispositionserfolge hängt maßgeblich davon ab, inwieweit die in zukünftigen Perioden zu berücksichtigenden Zahlungen dieser Transaktionen bereits zum Betrachtungszeitpunkt verbindlich festgeschrieben werden können.[282]

b) Qualitative Aspekte

(1) Die Berücksichtigung gebrochener Laufzeiten

Soll ein Treasury-Konzept mit hinreichender Genauigkeit aufgebaut werden, ist es bei der Bildung des Gesamt-Zahlungsstroms erforderlich, die realen Fälligkeiten zumindest näherungsweise zu berücksichtigen. Kapital- und Zinstranchen werden nicht mehr auf (ganzjährige) Stichtage verdichtet, sondern entsprechend ihrer realen Fälligkeiten abgebildet. Berücksichtigt man unterjährige Zahlungen, stellt sich bei der Bestimmung von Opportunitäten zunächst die Frage, nach welchen Prämissen die Verrechnung unterjähriger Zinszahlungen sowie die Behandlung gebrochener Laufzeitanteile zu erfolgen hat. Hierzu existieren zwei grundsätzliche Alternativen, die in der Literatur im Zusammenhang mit der sogenannten Effektivzinsdebatte diskutiert wurden:

Schierenbeck/Rolfes schlugen – einem Postulat der Qualitätskongruenz zwischen Kunden- und Opportunitätsgeschäft folgend – vor, einen identischen Verlauf des durchschnittlich gebundenen Kapitals in Kundengeschäft und Opportunität zu erzeugen. Hierzu sollte das dem Kundengeschäft zugrunde liegende Effektivzinsver-

---

[281] Eine derartige Vorgehensweise ist möglich, weil hier unterstellt wird, daß der Konditionsbeitrags-Barwert liquiditätsmäßig vorgehalten wird.

[282] Vgl. hierzu auch die Ausführungen unter 4.b) dieses Abschnitts.

fahren[283] mit dem Ziel einer während der gesamten Laufzeit konstanten Effektivmarge als Differenz zwischen Effektivverzinsung von Kundengeschäft und Opportunität[284] auf die Bestimmung der Opportunität angewandt werden.[285] Setzt sich allerdings die Opportunität – wie dies in der Regel der Fall ist – aus mehreren Geld- und
Kapitalmarkttranchen zusammen, führt diese Vorgehensweise dazu, daß deren Disposition nicht mehr exakt erfolgen kann.[286] Sowohl die durchschnittlich gebundenen
Kapitalbeträge von Kundengeschäft und Opportunität als auch die in der Opportuni-
tätsrechnung und in der Finanzbuchhaltung erfaßten Werte weichen voneinander ab.

Kritik an diesem Konzept der Kapitalstrukturkongruenz übten Flesch et al., die die
Auffassung vertraten, daß das Konzept der Zahlungsstrukturkongruenz vorzuziehen
sei. Kritisiert wurde am Konzept von Schierenbeck/Rolfes weniger die Tatsache der
mangelnden Disponierbarkeit, sondern vielmehr der Tatbestand, daß durch die
Kapitalstrukturkongruenz während der Laufzeit Zahlungsüberschüsse entstehen, die
zu unbekannten Sätzen angelegt werden müßten. Somit sei das Konzept nicht frei
von impliziten Wiederanlageprämissen und damit von Zinsänderungsrisiken.[287]

Alternativ hierzu wurde von Jacob/von Villiez unter dem Begriff „Controlling-
adäquater Effektivzins" (CaE) vorgeschlagen, unter Betonung der tatsächlichen Disponierbarkeit des Opportunitätsgeschäfts das Postulat nach Kalkulierbarkeit einer
zeitkonstanten Effektivmarge aufzugeben.[288] Der Vorschlag beruht darauf, das Op-

---

[283] Vgl. zur derzeit in Deutschland nach der Preisangabenverordnung (PAngV) angewandten
Methode **Bieg, Hartmut:** Die Effektivverzinsung von Ratenkrediten. In: Wirtschaftswissenschaftliches Studium 10/1993, S. 525-529, hier S. 526-529. Der aktuelle Stand der Umsetzung
der Zweiten Verbraucherkreditrichtlinie, die die Verwendung der Effektivzinsmethode der
Association of International Bond Dealers (AIBD) in den EU-Mitgliedstaaten vorsieht, wird
beschrieben bei **Wimmer, Konrad; Stöckl-Pukall, Ernst:** Geplante Änderungen bei der Effektivzinsberechnung. In: Die Bank 6/1996, S. 357-361, hier S. 357-358.

[284] „Die Eignung der Marktzinsmethode für die ertragsorientierte Analyse und Steuerung des
bilanzwirksamen Geschäfts steht und fällt mit der Möglichkeit, **entscheidungsorientierte
Effektivmargen** (...) für konkrete Einzelgeschäfte zu ermitteln." **Schierenbeck, Henner:** Ertragsorientiertes Bankmanagement – Controlling in Kreditinstituten. 4. Auflage, Wiesbaden
1994, S. 134 (Hervorhebungen im Original).

[285] Vgl. **Schierenbeck, Henner; Rolfes, Bernd:** Effektivzinsrechnung und Marktzinsmethode.
In: Die Bank 1/1987, S. 25-33, hier S. 25.

[286] Vgl. **Skaruppe, Martin:** Duplizierung von Bankgeschäften im Wertbereich als Kernproblem
der Marktzinsmethode. Berlin 1994, S. 99-100.

[287] Vgl. **Flesch, Hans-Rudolf; Piaskowski, Friedrich; Sievi, Christian R.:** Effektivzinsrechnung und Marktzinsmethode – Stellungnahme zu dem Aufsatz von Schierenbeck/Rolfes. In:
Die Bank 4/1987, S. 190-193, hier S. 192.

[288] Vgl. mit einem grundlegenden Beispiel **Jacob, Hans-Reinhard; von Villiez, Christian:**
Grundlagenmodell für die laufzeitkongruente Refinanzierung des Festzinsgeschäfts. In: Die
Bank 10/1990, S. 554-559.

portunitätsgeschäft entsprechend der tatsächlich am Geld- und Kapitalmarkt vorzu-
findenden Usancen, nämlich

- einer linearen Zinsrechnung im unterjährigen Bereich,
- der Zinszahlung für unterjährige Tranchen am Ende ihrer Laufzeit und
- der Zinszahlung für länger als ein Jahr laufende Tranchen jeweils nach Ablauf
  eines Jahres

zu bestimmen. Auf diese Weise läßt sich sicherstellen, daß das Opportunitätsgeschäft der ursprünglichen Kalkulation entsprechend disponierbar bleibt. Das Verfahren nach CaE eignet sich sowohl zur Bestimmung kapital- als auch zahlungsstrukturkongruenter Opportunitätsgeschäfte und bildet den logischen Abschluß der Effektivzinsdebatte.[289]

(2) Die Berücksichtigung gespaltener Zinsstrukturen

Zur exakten Quantifizierung von Ausgleichsoperationen und zugleich zur Bestimmung von Barwertgrößen kann es erforderlich sein, die der Marktzinsmethode zugrunde liegende Prämisse eines vollkommenen Geld- und Kapitalmarkts mit einem
einheitlichen Zinssatz zugunsten einer Berücksichtigung von Geld-/Brief-Differen-
zen aufzugeben. Ob dies geschieht, hängt von der individuellen Situation des Kreditinstituts, insbesondere von dessen Zugangsmöglichkeiten zum Geld- und Kapitalmarkt ab.

Ein grundlegender Vorschlag zur Berücksichtigung derartiger Geld-/Brief-Differen-
zen besteht in der Bewertung von Aktivgeschäften mit dem Brief- und von Passivgeschäften mit dem Geldsatz.[290] Die Begründung für diesen Vorschlag liegt in der
Annahme, die abgeschlossenen Kundengeschäfte eines Kreditinstituts würden immer Reaktionen in Form von Ausgleichsoperationen auf der jeweils anderen Bilanzseite hervorrufen. Die Ausführungen im Rahmen der Diskussion des erweiterten
Marktzinsmodells[291] haben jedoch verdeutlicht, daß sich die einem zu bewertenden
Bankgeschäft zuzuordnende Opportunität aus Aufnahmen und Anlagen am Geld-

---

[289] Das Konzept des Controlling-adäquaten Effektivzinses wurde anschließend von Schierenbeck
unter der Bezeichnung treasury-konformer Effektivzins übernommen. Vgl. hierzu **Schierenbeck, Henner**: Ertragsorientiertes Bankmanagement – Controlling in Kreditinstituten. 4. Auflage, Wiesbaden 1994, S. 150-155.

[290] Vgl. **Benke, Holger; Flesch, Hans-Rudolf**: Das Zinsänderungsrisiko steuern. In: bankkaufmann 4/1992, S. 37-41, hier S. 38-39.

[291] Vgl. hierzu S. 48-50 dieser Arbeit.

und Kapitalmarkt zusammensetzen kann, so daß dieser Vorschlag als zu pauschal bewertet werden muß.

Als Alternative bietet sich die Konstruktion spezifischer Zerobond-Abzinsfaktoren an, deren einzelne Zerobond-Tranchen multipliziert mit der zugehörigen Zahlung des zu bewertenden Bankgeschäfts die jeweiligen Ausgleichsoperationen ergeben würden. Gegen diese Vorgehensweise sprechen allerdings zwei Argumente:

Erstens ist die Erzeugung spezifischer Zerobond-Abzinsfaktoren insbesondere für mehrjährige Laufzeiten rechentechnisch aufwendig, weil das Sukzessivverfahren bei Berücksichtigung der Geld-/Brief-Differenzen nicht mehr angewandt werden kann.[292] Zweitens kann unter Einsatz dieser Zerobond-Abzinsfaktoren immer nur eine einzige Zahlung bewertet resp. in Opportunitätstranchen dupliziert werden. Wird ein Zahlungsstrom aus zwei oder mehr Einzelzahlungen durch Multiplikation mit den laufzeitbezogenen Zerobond-Abzinsfaktoren dupliziert, stimmen die resultierenden Opportunitätstranchen mit den tatsächlich durchzuführenden Ausgleichsoperationen nicht mehr überein. Die Ursache hierfür liegt in der Möglichkeit, daß bei einer Duplizierung von Zahlungsströmen aus zwei oder mehr Einzelzahlungen für eine bestimmte Fälligkeit sowohl eine Aufnahme als auch eine Anlage am Geld- und Kapitalmarkt bestimmt wird. Diese Lösungen sind nicht mehr effizient, weil die Aufnahme zum höheren Briefsatz und die Anlage zum niedrigeren Geldsatz erfolgt. Das Bewertungs- resp. Dispositionsproblem kann damit nur durch eine aufwendige sukzessive Bestimmung der einzelnen Opportunitätstranchen gelöst werden.

(3) Die Abbildung nicht-deterministischer Zahlungsströme

(a) Die Abbildung variabler Verzinsungen

Bei den bisher beschriebenen Bankgeschäften handelte es sich ausschließlich um Geschäftsarten, deren Zahlungsstrom durch übereinstimmende Zins- und Kapitalbindungsfristen bereits zum Zeitpunkt der Kontrahierung bekannt, also deterministisch war. Im folgenden sollen die Geschäftsarten untersucht werden, die aufgrund der Vereinbarung variabler Verzinsungen durch nicht deterministische Zahlungsströme charakterisiert sind. Hierbei läßt sich zunächst die Vereinbarung va-

---

[292] Die rechentechnisch einfachere Bestimmung für den unterjährigen Bereich wird demonstriert bei **Schierenbeck, Henner; Wiedemann, Arnd:** Marktwertrechnungen im Finanzcontrolling. Stuttgart 1996, S. 58-61.

riabler Verzinsungen bei bekanntem Verlauf der Kapitalbasis von der Vereinbarung variabler Verzinsungen bei unbekanntem Verlauf der Kapitalbasis unterscheiden.

Während der Opportunitätszins bei der Bewertung festverzinslicher Bankgeschäfte während der gesamten Zinsbindungsdauer konstant gehalten wird, erfolgt bei der Bewertung variabel verzinslicher Bankgeschäfte eine laufende, der Marktentwicklung angepaßte Veränderung des Opportunitätszinses. Die dadurch verursachte Variabilität der Konditionsmargen soll den Kundenbereichen die nötigen Impulse für die Konditionspolitik geben. Klar ist jedoch auch, daß durch schwankende Konditionsmargen Zinsänderungsrisiken in den Kundenbereich verlagert werden können. Dies widerspricht prinzipiell der Logik der Marktzinsmethode.

Variable Verzinsungen bei bekanntem Verlauf der Kapitalbasis treten vor allem im Kreditgeschäft, beispielsweise bei Hypothekendarlehen oder variabel verzinslichen Krediten auf. Aufgrund der Tatsache, daß die einer Duplikation derartiger Bankgeschäfte entsprechenden Titel des Geld- und Kapitalmarkts – beispielsweise in Form zinsvariabler Floating Rate Notes – nicht in einer ausreichenden Marktbreite zur Verfügung stehen, erfolgt die Bewertung durch Rückgriff auf konventionelle Festzinsvereinbarungen am Geld- und Kapitalmarkt.[293] Die zunächst zu treffende Entscheidung zwischen einer Bewertung anhand des Zinsbindungs- oder des Kapitalbindungskriteriums ist mit erheblichen Auswirkungen auf die Beurteilung der Vorteilhaftigkeit und die Abbildung im Gesamt-Zahlungsstrom verbunden.[294] Die hierzu vorgeschlagenen Verfahren orientieren sich an den formellen und tatsächlichen Zinsbindungs- sowie an den formellen Kapitalbindungsfristen.[295]

Argumente für die Verwendung des Zinsbindungskriteriums ergeben sich unter konditionsbezogenen, entscheidungs- und praxisorientierten Aspekten:[296] Betrachtet man etwa die Renditestrukturen der mit den zu bewertenden Bankgeschäften vergleichbaren Floating Rate Notes, läßt sich feststellen, daß die Renditeunterschiede

---

[293] Vgl. **Skaruppe, Martin**: Duplizierung von Bankgeschäften im Wertbereich als Kernproblem der Marktzinsmethode. Berlin 1994, S. 121.

[294] Vgl. hierzu **Schierenbeck, Henner; Rolfes, Bernd**: Entscheidungsorientierte Margenkalkulation. Frankfurt/Main 1988, S. 186-197.

[295] So schlagen Flechsig/Flesch vor, „die Ermittlung der zuzurechnenden Zinskosten an der formellen Fristigkeit des zugrundeliegenden Engagements" auszurichten. **Flechsig, Rolf; Flesch, Hans-Rudolf**: Die Wertsteuerung – Ein Ansatz des operativen Controlling im Wertbereich. In: Die Bank 10/1982, S. 454-465, hier S. 460. Banken empfiehlt dagegen in Abhängigkeit von „der Häufigkeit und dem Ausmaß einer möglichen bzw. der tatsächlichen Anpassung (...) die Verwendung längerfristiger Sätze". **Banken, Robert**: Die Marktzinsmethode als Instrument der pretialen Lenkung in Kreditinstituten. Frankfurt/Main 1987, S. 65.

[296] Vgl. hierzu **Skaruppe, Martin**: Duplizierung von Bankgeschäften im Wertbereich als Kernproblem der Marktzinsmethode. Berlin 1994, S. 128-135.

nicht auf unterschiedliche Kapital-, sondern vielmehr auf unterschiedliche Zinsbindungsfristen zurückzuführen sind. Demnach bietet es sich an, die Konstruktion der Opportunitätsgeschäfte ebenfalls am Kriterium der Zinsbindung auszurichten. Für eine derartige Vorgehensweise spricht weiterhin die vornehmlich an Zinsbindungen orientierte Preisgestaltung der zu bewertenden Bankgeschäfte.[297]

Aus entscheidungsorientierter Sicht löst eine an der Kapitalbindung orientierte Bewertung von Bankgeschäften ex ante falsche Steuerungsimpulse aus. Hier kann nachgewiesen werden, daß die Bewertung von Krediten mit unterschiedlichen Zinsbindungs-, aber identischen Kapitalbindungsvereinbarungen bei Verwendung des Kapitalbindungskriteriums zu – gemessen am Konditionsbeitrags-Barwert – identischen Ergebnissen führt.[298] Dennoch ist davon auszugehen, daß die Kontrahierung derart unterschiedlicher Geschäfte, über die gesamte Kapitalbindung hinweg betrachtet, mit unterschiedlichen Zinserträgen verbunden sein wird.

Hinsichtlich der praktischen Umsetzbarkeit spricht das bei Zinsänderungen erforderliche Vorgehen für den Einsatz des Zinsbindungskriteriums. Verändern sich Marktzinssätze und/oder Kundenkonditionen, ist bei Verwendung der Kapitalbindung als Zuordnungskriterium eine Anpassung der Tranchen der Opportunität mittels eines aufwendigen Verfahrens notwendig, weil für die nach Ablauf der Zinsbindungsfrist fällig werdenden Opportunitätstranchen Zinsvariabilität unterstellt wird.[299] Verwendet man die Zinsbindung, ist dagegen lediglich eine Neukalkulation auf Basis der aktuellen Zinssätze erforderlich. Die Verwendung der Zinsbindung als Maßstab für die Zuordnung von Opportunitätszinssätzen stößt allerdings bei konsequenter Anwendung im kurzfristigen zinsvariablen Bereich durch die theoretisch erforderliche Verwendung des Tagesgeldsatzes an die Grenzen der praktischen Umsetzbarkeit. In der Praxis lassen sich aus diesem Grund Modifikationen hinsichtlich der Berücksichtigung einer abgeschätzten im Gegensatz zur formell vereinbarten Zinsbindungsfrist feststellen.[300]

---

[297] Dem widersprechen – allerdings ohne konkrete Beweise – Rolfes/Schierenbeck. Vgl. hierzu **Rolfes, Bernd; Schierenbeck, Henner:** Der Marktwert variabel verzinslicher Bankgeschäfte. In: Die Bank 7/1992, S. 403-412, hier S. 404.

[298] Vgl. **Skaruppe, Martin:** Duplizierung von Bankgeschäften im Wertbereich als Kernproblem der Marktzinsmethode. Berlin 1994, S. 130-134.

[299] Vgl. zu diesem Verfahren **Schierenbeck, Henner; Rolfes, Bernd:** Entscheidungsorientierte Margenkalkulation. Frankfurt/Main 1988, S. 197-213.

[300] Vgl. **Schmid, Marcel:** Management Accounting der Banken – Moderne Ansätze zur Steuerung von Banken und ihre controlling- und marktorientierte Einführung. Zürich 1996, S. 227.

Kennzeichnend für die Bewertung variabel verzinslicher Bankgeschäfte mit unbekanntem Verlauf der Kapitalbasis – als Beispiele gelten Kontokorrentkredite, Sicht- und Spareinlagen – ist das Erfordernis, Informationen

- über durchschnittliche Kapitalbindungen und
- über mögliche Bewertungszinsen, die die Schwankungen der Verzinsung des zu bewertenden Kundengeschäfts hinreichend genau nachzeichnen,

zu gewinnen. Zur Informationsgewinnung muß eine als repräsentativ erachtete Anzahl von Konten analysiert werden, womit „das Bewertungszinsproblem (...) vom Einzelgeschäft auf die Ebene des Gesamtbestands der Position"[301] verlagert wird. Hierzu liegen zwei Vorschläge vor: Erstens die Bewertung durch Konstruktion anpassungskongruenter Opportunitätsgeschäfte und zweitens die Bewertung anhand gleitender Durchschnittszinssätze. Diese beiden Konzepte sollen im folgenden diskutiert werden.

Das von Rolfes/Schierenbeck vorgestellte Konzept zur Konstruktion anpassungskongruenter Opportunitäten[302] setzt an der Überlegung an, daß die bereits angesprochene, erfolgsrechnerische Verlagerung von Zinsänderungsrisiken in den Kundenbereich nur dann stattfinden dürfe, wenn die Kundenbereiche bei der Kontrahierung von den zentral vorgegebenen Standardkonditionen abweichen. Diese Standardkonditionen werden als Ergebnis einer zentralen Struktursteuerung interpretiert. Konsequenz ist, daß die Konditionsbeiträge für variabel verzinsliche Geschäfte immer dann konstant bleiben müssen, wenn die Konditionierung zu diesen zentral beschlossenen Standardsätzen erfolgt. Hieraus ergibt sich die Anforderung, daß sich der zugeordnete Opportunitätszins in der gleichen Weise zu verändern habe wie der Positionszins des variablen Kundengeschäfts. Dies wiederum soll dadurch erreicht werden, daß die Opportunität des Alternativgeschäfts so konstruiert wird, daß ihre Elastizität mit der Zinsanpassungselastizität des Kundengeschäfts übereinstimmt. Gelingt dies, dann wirken sich Marktzinsänderungen mit gleicher Intensität auf Kunden- und Opportunitätsgeschäft aus und die kalkulierte Konditionsmarge bleibt konstant.

Die Opportunitätsgeschäfte werden durch Mischung vollelastischer ($e = 1$) und vollkommen unelastischer ($e = 0$) Geschäftsarten so konstruiert, daß der festverzinsliche Anteil der Opportunität zu jedem Zeitpunkt genau dem $(1 - e)$-fachen des

---

[301] **Akmann, Michael:** Ergebnissteuerung in Kreditinstituten. Frankfurt/Main 1994, S. 50.

[302] Vgl. hierzu **Rolfes, Bernd; Schierenbeck, Henner:** Der Marktwert variabel verzinslicher Bankgeschäfte. In: Die Bank 7/1992, S. 403-412.

im Kundengeschäft gebundenen Kapitals entspricht. Der verbleibende Betrag wird vollkommen elastisch, also im Idealfall durch revolvierende Tagesgeldaufnahmen resp. -anlagen, in der Praxis durch Abschluß revolvierender 3-Monats-Geschäfte, angelegt resp. finanziert. Reagieren die durchsetzbaren Kundenkonditionen bei Veränderungen des Marktzinsniveaus mit einer anderen als der ursprünglich abgeschätzten Intensität, weichen also prognostizierte und tatsächliche Zinsanpassungselastizität voneinander ab, dann können Zinsänderungsrisiken schlagend werden. Derartige Ergebniseffekte sollen dann im Transformationsergebnis abgefangen werden, weil es sich bei der Festlegung zu erwartender Zinsanpassungselastizitäten bereits um zentral fixierte Ertragsanforderungen handelt, deren Nichterreichen auch zentral zu verantworten ist.

Der Problematik, die unbekannten Kapitalverläufe der zu bewertenden Bankgeschäfte nachbilden zu müssen, soll durch Bestimmung einer hypothetischen Fälligkeitsstruktur begegnet werden. An diesen Kapitalverläufen richten sich dann die zu disponierenden festverzinslichen Komponenten der anpassungskongruenten Opportunität aus.

Zu diesem Vorschlag ist zusammenfassend folgendes festzuhalten: Der Einsatz der Elastizität zur Bestimmung anpassungskongruenter Opportunitäten ist mit der dieser Konzeption inhärenten Prognoseproblematik verbunden.[303] Die Tatsache, daß sich stabile Elastizitätswerte ex post zur Beschreibung einzelner Teilzyklen der Zinsentwicklung bestimmen lassen, daß ihre Prognose – und genau die ist hier erforderlich – hiervon weitgehend unabhängig erfolgt, führt zunächst dazu, daß der vorgeschlagene Ansatz in der praktischen Umsetzung als aufwendig erscheint. Zinsanpassungselastizitäten müssen bei Anwendung des Konzepts permanent neu prognostiziert und zur Bestimmung der einzelnen Opportunitäten weiterverarbeitet werden.

Wesentlicher erscheint allerdings der Konnex zwischen Zinsprognose und erfolgsrechnerischer Behandlung schlagend gewordener Zinsänderungsrisiken, der dem Vorschlag von Rolfes/Schierenbeck zugrunde liegt. Aufgrund der Tatsache, daß Zinsanpassungselastizitäten ein bestimmtes Maß an prognostizierten Erwartungen enthalten, wird der Erfolg des Treasury nicht mehr ausschließlich an dessen Dispositionsleistung, sondern an der Qualität der Abschätzung der Zinsanpassungselastizitäten gemessen. Neben der Problematik, daß zur Erfüllung einer derartigen Aufgabe Informationen hinsichtlich dezentral vorherrschender Marktbedingungen

---

[303] Vgl. hierzu die entsprechenden Ausführungen im Rahmen der Diskussion des Elastizitätskonzepts auf S. 104-105 und Fußnote 241 auf S. 122 dieser Arbeit.

zentral zusammengeführt und verarbeitet werden müssen, bleibt offen, auf welche Weise Fälle in erfolgsrechnerischer Hinsicht behandelt werden sollen, in denen

- durch fehlenden Anreiz bewußt Geschäfte kontrahiert oder prolongiert werden, die den ursprünglichen Ertragserwartungen nicht entsprechen und/oder
- in denen aufgrund geschickten Ausnutzens von Verhandlungsmacht bessere als ursprünglich erwartete Ergebnisse erzielt werden.

Alternativ zum Ansatz von Rolfes/Schierenbeck schlagen Flesch et al. ein Verfahren zur Bestimmung konkreter Ablauffiktionen vor.[304] Ziel ist es, einen Dispositionsvorschlag zu bestimmen, der sowohl Bodensatzüberlegungen beinhaltet als auch die Kalkulation einer möglichst stabilen Marge als Differenz zwischen Positions- und Opportunitätszins ermöglicht. Geht man zunächst von einem konstanten Gesamtvolumen der zu bewertenden Geschäftsart aus, läßt sich eine fiktive Zinsanpassungsperiode definieren. Die Zinsanpassungsperiode umschreibt den Zeitraum, von dem angenommen wird, daß innerhalb dieser Zeitspanne ein bestimmter Anteil des Gesamtbestands fällig und zu angepaßten Zinsen wieder angelegt resp. finanziert wird. Der zu bewertende Gesamtbestand kann auf diese Weise in n Anteile zerlegt werden, die jeweils revolvierend für n Perioden angelegt resp. finanziert werden. Der Bewertungszins entspricht dann dem gleitenden Durchschnittszins der gewählten Zinsanpassungsfrist für n Perioden.

Betrachtet man beispielsweise einen Gesamtbestand, der bei einer unterstellten Zinsanpassungsfrist von einem Monat, in $n = 12$ Teile zerlegt ist, dann wird jeden Monat $^1/_{12}$ des Bestands fällig und für 12 Monate wieder angelegt resp. finanziert. Der Bewertungszins entspricht dann dem gleitenden 1-Jahres-Durchschnitt des 1-Monats-Zinssatzes. Durch dieses Vorgehen soll neben einer eindeutig definierbaren Dispositionsvorschrift dem Umstand Rechnung getragen werden, daß die tatsächliche Zinsanpassung bei einer Veränderung der Zinssituation nicht in vollem Umfang vorgenommen wird, wie dies auch Ziel der anpassungskongruenten Bewertung ist. Der Bewertungszins wird so gewählt, daß er eine möglichst stabile Marge gewährleistet. Dabei sind Mischungen aus verschiedenen gleitenden Durchschnittssätzen explizit vorgesehen. Sievi schlägt hier beispielsweise folgende Mischung von

---

[304] Das hier beschriebene Verfahren wird erstmals erwähnt bei **Flesch, Hans-Rudolf; Piaskowski, Friedrich; Seegers, Jürgen:** Marktzinsmethode bzw. Wertsteuerung – Neue Thesen und Erkenntnisse aus der Realisierung. In: Die Bank 9/1987, S. 485-494, hier S. 489. Eine ausführliche Beschreibung liefert **Sievi, Christian R.:** Kalkulation und Disposition – Betriebswirtschaftliche Grundlagen, Rechenverfahren, Anwendungen. Bretten 1995, S. 215-281.

Marktzinsen zur Bewertung von Spareinlagen vor, die auf einer Auswertung historischer Zeitreihen basiert:[305]

    5,00 %:   3-Monats-Zins
   10,00 %:   1-Jahres-Zins
   10,00 %:   5-Jahres-Zins
   75,00 %:   10-Jahres-Zins

Die Bildung der Zahlungsströme bei gemischten Bewertungszinsen erfolgt nach folgendem Verfahren: Der zu bewertende Gesamtbestand wird entsprechend der relativen Anteile der einzelnen Bewertungszinsen in einzelne Teilbestände zerlegt. Diese wiederum werden entsprechend der definierten Zinsanpassungsperiode weiter unterteilt.

Betrachtet man beispielsweise ein Gesamtvolumen von 10.000,00 DM, das bei einer unterstellten monatlichen Zinsanpassung mit einer Mischung aus 20,00 % 1-Jahres-Zins und 80,00 % 5-Jahres-Zins bewertet werden soll, dann entfallen zunächst 2.000,00 DM auf den gleitenden 1-Jahres-Zins und 8.000,00 DM auf den gleitenden 5-Jahres-Zins. Die mit dem gleitenden 1-Jahres-Zins zu bewertenden 2.000,00 DM werden in 12 Teile zu jeweils 166,67 DM, die mit dem gleitenden 5-Jahres-Zins zu bewertenden 8.000,00 DM in 60 Teile zu jeweils 133,33 DM zerlegt. Der fiktive Zahlungsstrom setzt sich aus jeweils (166,67 DM + 133,33 DM =) 300,00 DM für die Monate 1 – 12 und aus jeweils 133,33 DM für die Monate 13 – 60 zusammen. Nach Ablauf eines Monats werden die beiden fällig werdenden Teilbeträge zu aktuellen Zinssätzen wieder angelegt, so daß die Gesamtstruktur des Bestands erhalten bleibt.

Das von Flesch et al. vorgeschlagene Verfahren greift den ursprünglich formulierten Aspekt der Abkehr von einer Einzelgeschäftsbewertung im zinsvariablen Bereich konsequent auf. Durch die explizite Ableitbarkeit von Zahlungsströmen können Dispositionshilfen für das Treasury abgeleitet werden, die Zinsänderungsrisiken zumindest begrenzen. Problematisch erscheint allerdings das vorgeschlagene Vorgehen bei Bestandsänderungen – ein bei der praktischen Umsetzung unverzichtbarer Aspekt. Hier sollen Ausgleichszahlungen zwischen Treasury und Kundenbereichen vorgenommen werden, um die Barwerte der Zinsdifferenzen zwischen historischen und aktuellen Bewertungszinsen zu berücksichtigen – ähnlich der Kalkulation von

---

[305]   Vgl. **Sievi, Christian R.**: Kalkulation und Disposition – Betriebswirtschaftliche Grundlagen, Rechenverfahren, Anwendungen. Bretten 1995, S. 215-281, S. 246.

Vorfälligkeitsentschädigungen.[306] Hierbei handelt es sich um ein rechentechnisches Modell, dessen Komplexität mit der Anzahl der gebildeten Teilbestände und der Periodizität der Berücksichtigung von Bestandsänderungen zunimmt. Die Umsetzung in der Praxis wird daher, um nachvollziehbar und damit steuerungsrelevant sein zu können, unter vereinfachenden Annahmen vorgenommen werden müssen.

(b) Die Abbildung optionaler Komponenten

In der Tatsache, daß sich optionale Komponenten ex ante nicht in einen zu bildenden Gesamt-Zahlungsstrom einbinden lassen, daß bei deren Ausübung aber erhebliche Auswirkungen auf die Werthaltigkeit des Zahlungsstroms zu konstatieren sind, wurde über einen langen Zeitraum eine Grenze für die Anwendbarkeit der Marktzinsmethode gesehen.[307] Der Zahlungsstrom dieser Geschäfte ist nicht mehr konstant, sondern abhängig beispielsweise von Veränderungen der Marktzinsstruktur.[308] Optionale Komponenten von Kundengeschäften können sein:

– Kreditzusagen (Kreditangebote),
– Kündigungsrechte im Einlagenbereich,
– Sondertilgungsrechte im Kreditgeschäft,
– Nichtabnahmerechte im Kreditbereich sowie
– Aufstockungsrechte im Kreditbereich.

Optionale Bestandteile von Kundengeschäften können durch Fixierung interner Vereinbarungen zwischen Treasury und Kundenbereichen erfaßt und abgebildet werden. So ist es beispielsweise möglich, für Kreditzusagen, die für einen überschaubaren Zeitraum (beispielsweise 14 Tage) gewährt werden, die Bestimmung der Opportunität und des Konditionsbeitrags-Barwerts entweder zum Zeitpunkt der Angebotsabgabe durch das Kreditinstitut oder zum Zeitpunkt der Annahme vorzunehmen. Verfährt man so, daß die Bewertung bereits zum Zeitpunkt der Angebotsab-

---

[306] Vgl. **Sievi, Christian R.**: Kalkulation und Disposition – Betriebswirtschaftliche Grundlagen, Rechenverfahren, Anwendungen. Bretten 1995, S. 215-281, hier S. 276-281.

[307] Vgl. hierzu **Breuer, Ralf; Skaruppe, Martin**: Bankkalkulation als Marktproblem (Teil II). In: Kredit und Kapital 3/1993, S. 417-450, hier S. 444-446.

[308] Vgl. **Brammertz, Willi**: Die engen Grenzen des Super-Cash-Flows. In: Die Bank 8/1995, S. 496-499, hier S. 496.

gabe erfolgt, liegt das Risiko bis zum Zeitpunkt der Annahme eintretender Zinsänderungen verursachungsgerecht beim Kundenbereich.[309]

Eine weitere Möglichkeit besteht darin, derartige Rechte als echte Optionsrechte zu interpretieren und damit auf Basis der Optionspreistheorie so zu bewerten, daß diese Bewertung frei von individuellen Risikoneigungen des Betrachters ist und damit dem Prinzip der Arbitragefreiheit entspricht.[310] So können beispielsweise Sondertilgungsrechte im Kreditgeschäft oder Kündigungsrechte im Einlagengeschäft aus der Sicht des Kunden eines Kreditinstituts als gehaltene Positionen in Verkaufsoptionen interpretiert werden, die den Kunden berechtigen, das Basisobjekt (Kredit, Einlage) an den Stillhalter (Kreditinstitut) zu verkaufen. Im Fall des Kredits wird die Ausübung des Optionsrechts bei sinkenden Zinsen (Ablösung und Aufnahme eines niedriger verzinslichen Kredits), im Fall der Einlage bei steigenden Marktzinsen erfolgen. Die Bewertung derartiger Kundengeschäfte erfolgt dann durch Berücksichtigung des Werts des Optionsrechts, der sich auf Basis von Optionspreismodellen bestimmen läßt.[311] Für die Konzeption eines Treasury-Modells ergibt sich somit die Anforderung einer permanenten Neubewertung derartiger Transaktionen auf Basis der in die verwendeten Optionspreismodelle eingehenden Parameter.[312]

(4) Die Abbildung von Fremdwährungsgeschäften

Bei der Abbildung von Transaktionen in Fremdwährung ist ein abgestuftes Vorgehen erforderlich. Notwendig ist zum einen eine Bewertungsregel, die es erlaubt, durch einen Standard-Hedge die den Transaktionen in Fremdwährung zugeordneten Zahlungsströme in DM-Zahlungsströme zu transformieren. Diese umgerechneten Zahlungsströme fließen in den Gesamt-Zahlungsstrom ein. Das zugehörige Wäh-

---

[309]   Insofern trifft die von Sievi an diesem Punkt geäußerte Kritik nicht zu. Auch das Argument, eine derartige Vorgehensweise sei nicht praktikabel, weil in Kreditinstituten keine Limitsysteme zur Kontrolle des Volumens dieser Auszahlungsverpflichtungen existierten, muß angezweifelt werden. Vgl. hierzu **Sievi, Christian R.:** Kalkulation und Disposition. Betriebswirtschaftliche Grundlagen, Rechenverfahren, Anwendungen. Bretten 1995, hier S. 208.

[310]   Vgl. **Rolfes, Bernd; Hassels, Michael:** Das Barwertkonzept in der Banksteuerung – Möglichkeiten und Grenzen. In: Österreichisches Bank Archiv 5/1994, S. 337-349, hier S. 341.

[311]   Auf die Modelle zur Optionspreisbestimmung wird im Rahmen dieser Untersuchung nicht eingegangen. Ein konkretes Beispiel zur Bestimmung einer derartigen Optionsprämie enthält der Aufsatz von Reinelt/Keller. Vgl. hierzu **Reinelt, Iris; Keller, Thomas:** Außerbilanzielle Risiken in bilanziellen Geschäften. In: Die Bank 5/1995, S. 292-297, hier S. 296-297.

[312]   Neben der Bewertung optionaler Komponenten lassen sich Optionspreismodelle auch zur Abschätzung von Risikoprämien in der Kalkulation aktiver Kundengeschäfte einsetzen. Vgl. hierzu den Beitrag von **Gerdsmeier, Stefan; Krob, Bernhard:** Kundenindividuelle Bewertung des Ausfallrisikos mit dem Optionspreismodell. In: Die Bank 8/1994, S. 469-475.

rungsrisiko wird damit in ein Zinsänderungsrisiko umgewandelt. Damit ist zunächst eine Analyse auf strategischer Ebene möglich. Aufgrund der komplexen Zusammenhänge zwischen Zins- und Wechselkursveränderungen[313] und der Notwendigkeit, für jede Fremdwährung Analysen unter Berücksichtigung spezifischer Informationen, beispielsweise in Form historischer Volatilitäten und Korrelationen, durchführen zu müssen, darf sich eine derart verdichtete Analyse nur auf die strategische Ebene beschränken.

Zur Umsetzung eines derartigen Transfers von Währungs- in Zinsänderungsrisiken schlagen Flesch et al. den Einsatz von Devisentermingeschäften vor.[314] Problematisch an dieser Vorgehensweise erscheint, daß Devisentermingeschäfte meist nur über eine Laufzeit von maximal 12 Monaten abgeschlossen werden.[315] Ein alternativer mit der Logik der Marktzinsmethode vereinbarer Bewertungsansatz besteht darin, die Zahlungsströme der Fremdwährungsgeschäfte nicht durch Verwendung gehandelter, sondern kalkulatorischer Terminkurse in DM-Zahlungsströme umzurechnen. Hierzu soll folgendes Beispiel betrachtet werden:

Angenommen, ein Kreditinstitut erhalte in 5 Jahren aus einem in USD gewährten Kredit 1,00 Mio. USD. Dieser Betrag läßt sich entweder durch den unterstellten Abschluß eines Bündels von Geld- und Kapitalmarkttransaktionen in USD in eine USD-Barwertgröße transformieren und zum aktuellen Kassakurs in DM umrechnen oder zu einem kalkulatorischen Terminkurs in DM konvertieren und auf Basis der inländischen Zinsstruktur in eine DM-Barwertgröße umrechnen. Unterstellt man Zinssatzparität zwischen USD und DM, dann führen beide Vorgehensweisen zu identischen Ergebnissen.[316] Die benötigten Terminkurse in USD lassen sich durch Bestimmung der laufzeitbezogenen Swapsätze berechnen:[317] Für den kalkulatorischen Terminkurs einer betrachteten Fremdwährung gilt:

---

[313] Vgl. hierzu **Bösl, Konrad:** Integrative Risikobegrenzung – Eine Konzeption für Banken und Bankenaufsicht. Wiesbaden 1993, S. 67-72.

[314] Vgl. **Flesch, Hans-Rudolf; Piaskowski, Friedrich; Seegers, Jürgen:** Marktzinsmethode bzw. Wertsteuerung – Neue Thesen und Erkenntnisse aus der Realisierung. In: Die Bank 9/1987, S. 485-494, hier S. 490.

[315] Vgl. bspw. **Rübel, Markus:** Devisen- und Zinstermingeschäfte in der Bankbilanz – Eine Konzeption zur Abbildung von Wechselkurs- und Zinsrisiken im Jahresabschluß. Berlin 1990, S. 19.

[316] Vgl. zum Begriff der Zinssatzparität **Heidorn, Thomas:** Treasury Management – Risiko, Analyse, Steuerung. Wiesbaden 1993, S. 36.

[317] Vgl. hierzu **Bernhard, Wolfgang:** Management von Wechselkursrisiken – Ein Konzept zur Führung internationaler Unternehmen. Wiesbaden 1992, S. 22-25.

$$(89) \qquad\qquad F_t^{FW} = S^{FW} + Swp_t^{FW}$$

mit F_t^{FW} : Devisenterminkurs der Laufzeit t [Preisnotiz]

S^{FW} : Devisenkassakurs [Preisnotiz]

Swp_t^{FW} : Swapsatz einer Fremdwährung der Laufzeit t [Preisnotiz]

Die Swapsätze können aus den Aufzinsungsfaktoren in Inlands- und in Fremd-währung sowie dem Devisenkassakurs bestimmt werden. Allgemein gilt:

$$\frac{F_t^{FW}}{S^{FW}} = \frac{AF_t^{IW}}{AF_t^{FW}}$$

$$\frac{S^{FW} + Swp_t^{FW}}{S^{FW}} = \frac{AF_t^{IW}}{AF_t^{FW}}$$

$$(90) \qquad 1 + \frac{Swp_t^{FW}}{S^{FW}} = \frac{AF_t^{IW}}{AF_t^{FW}}$$

$$\frac{Swp_t^{FW}}{S^{FW}} = \frac{AF_t^{IW}}{AF_t^{FW}} - \frac{AF_t^{FW}}{AF_t^{FW}}$$

$$Swp_t^{FW} = \frac{AF_t^{IW} - AF_t^{FW}}{AF_t^{FW}} S^{FW}$$

mit AF_t^{IW} : Aufzinsungsfaktor Inlandswährung der Laufzeit t

AF_t^{FW} : Aufzinsungsfaktor Fremdwährung der Laufzeit t

Ersetzt man zur Berücksichtigung sämtlicher Informationen der vorliegenden Zinsstrukturen die Aufzinsungsfaktoren der Inlands- und Auslandswährung durch die Kehrwerte der jeweils zugehörigen Zerobond-Abzinsfaktoren, ergibt sich:

$$(91) \qquad Swp_t^{FW} = \frac{\dfrac{1}{ZAF^{t/IW}} - \dfrac{1}{ZAF^{t/FW}}}{\dfrac{1}{ZAF^{t/FW}}} S^{FW}$$

$$= \left(\frac{ZAF^{t/FW}}{ZAF^{t/IW}} - 1 \right) S^{FW}$$

Unterstellt man im betrachteten Beispiel einen Devisenkassakurs in Höhe von 1,5000 DM/USD, einen DM-1-Jahres-Zins von 6,00 % und einen USD-1-Jahres-Zins von 6,50 %, dann beträgt der zugehörige Swapsatz:

(92)
$$Swp_1^{USD} = \left(\frac{ZAF^{1/USD}}{ZAF^{1/DM}} - 1 \right) S^{USD}$$

$$= \left(\frac{0,9389671}{0,9433962} - 1 \right) \cdot 1,5000 = -0,0070423$$

Tabelle 41 gibt die Berechnung kalkulatorischer Terminkurse für USD für den im betrachteten Beispiel relevanten 5-Jahres-Zeitraum wieder.

Laufzeit	DM		USD			
	Marktzins	Zerobond-Abzinsfaktor	Marktzins	Zerobond-Abzinsfaktor	Swap-satz	Devisen-kurs
[Jahre]	[%]		[%]		[DM/USD]	[DM/USD]
0						1,5000000
1	6,0000	0,9433962	6,5000	0,9389671	-0,0070423	1,4929577
2	7,0000	0,8728619	7,5000	0,8647232	-0,0139862	1,4860138
3	8,0000	0,7913883	8,5000	0,7803561	-0,0209105	1,4790895
4	9,0000	0,7021209	9,5000	0,6890553	-0,0279131	1,4720869
5	10,0000	0,6082030	10,5000	0,5939587	-0,0351305	1,4648695

Tabelle 41: Kalkulatorische Terminkurse auf Basis von Zerobond-Abzinsfaktoren

Der Betrag von 1,00 Mio. USD kann durch Multiplikation mit dem zugehörigen USD-Zerobond-Abzinsfaktor (0,5939587) in einen USD-Barwert (593.958,70 USD) umgerechnet werden.[318] Dem entspricht ein DM-Gegenwert von 890.938,05 DM. Zum gleichen Ergebnis gelangt man durch Umrechnung zum kalkulatorischen Terminkurs und anschließender Barwertbestimmung auf Basis der DM-Zinsstruktur. Abbildung 22 gibt dies zusammenfassend wieder.

---

[318] Insofern trifft die Aussage, nur durch Einsatz derivativer Finanzinstrumente Fremdwährungstransaktionen in DM-Zahlungsströme umwandeln zu können, nicht zu. Vgl. hierzu **Reinelt, Iris; Keller, Thomas:** Bewertung von Fremdwährungsgeschäften. In: Die Bank 5/1996, S. 308-313, hier S. 309.

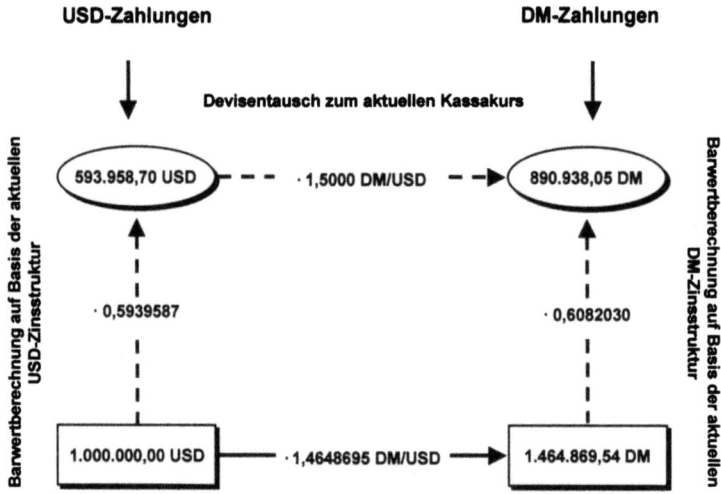

Abbildung 22: Standard-Hedge auf Basis kalkulatorischer Terminkurse

3. Funktionsorientierung

a) Der Prozeß des Risiko-Managements

(1) Überblick

Als Funktionsorientierung ist die Forderung nach Ausrichtung des zu entwickelnden Planungs- und Steuerungsmodells an den einzelnen Teilfunktionen des Prozesses des Managements von Zinsänderungs- und Währungsrisiken definiert. Dieser Management-Prozeß, im folgenden verallgemeinernd als Risiko-Management bezeichnet, ist bislang noch nicht einheitlich charakterisiert worden.[319] Risiko-Management als Komponente der Unternehmensführung in Kreditinstituten ist mit der Zielsetzung einer optimalen Gestaltung des Risikoprofils, also einer bestmöglichen Allokation der zur Verfügung stehenden finanziellen, personellen und technischen Res-

---

[319]   Vgl. **Karten, Walter:** Risk Management. In: Waldemar Wittmann et al. (Hrsg.): Handwörterbuch der Betriebswirtschaft, Teilband 3, 5. Auflage, Stuttgart 1993, Sp. 3825-3836, hier Sp. 3825-3826.

sourcen auf die einzelnen Risikoarten verbunden.[320] Strenge Nebenbedingung ist die Begrenzung des bei Schlagendwerden aller Risiken erwarteten Verlusts auf die als Ausgleich zur Verfügung stehende Risikodeckungsmasse.[321]

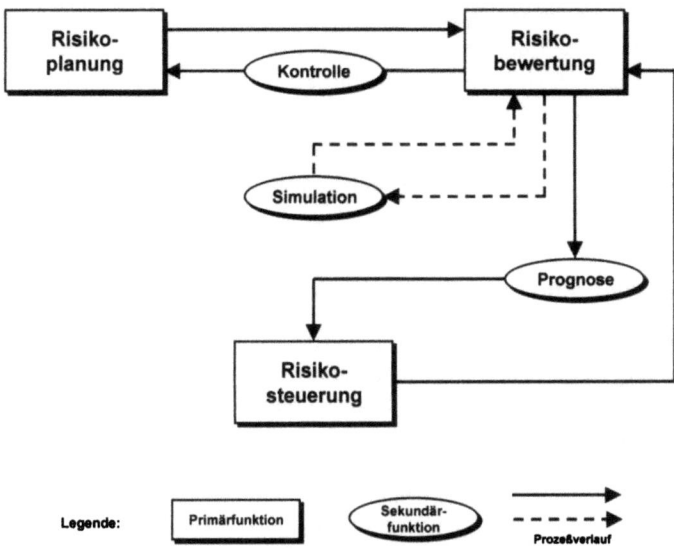

Abbildung 23: Funktionsmodell des Risiko-Managements

Unter funktionalen Aspekten läßt sich der Prozeß des Risiko-Managements auf den allgemeinen Problemlösungsprozeß der betriebswirtschaftlichen Unternehmensführung zurückführen.[322] Dieser wiederum setzt sich aus den Phasen der Willensbil-

---

[320] Vgl. hierzu **Hagen, Paul; Jakobs, Wolfgang**: Risikosteuerung im Eigenhandel. In: Die Bank 11/1995, S. 664-671, hier S. 664; **Lagger, Andé**: Risikomanagement bei Banken. Publikation 112 der Swiss Banking School, Bern – Stuttgart – Wien 1995, S. 12; **Moser, Hubertus; Quast, Wolfgang**: Organisation des Risikomanagements in einem Bankkonzern. In: Henner Schierenbeck; Hubertus Moser (Hrsg.): Handbuch Bankcontrolling, Wiesbaden 1995, S. 663-686, hier S. 669 und **Akmann, Michael; Benke, Holger**: Die Steuerung des Zinsänderungsrisikos im Rahmen eines Gesamtrisikokonzepts. In: Gesellschaft zur Förderung der wissenschaftlichen Forschung über das Spar- und Girowesen e.V. (Hrsg.): Aktuelle Probleme des Controlling und der Rechnungslegung, Stuttgart 1993, S. 55-93, hier S. 58.

[321] Dieses Kalkül geht letztlich auf Stützels Maximalbelastungstheorie zurück. Vgl. hierzu **Schulte, Michael**: Integration der Betriebskosten in das Risikomanagement von Kreditinstituten. Wiesbaden 1994, S. 45 und **Keine, Friedrich-Michael**: Die Risikoposition eines Kreditinstituts – Konzeption einer umfassenden bankaufsichtsrechtlichen Verhaltensnorm. Wiesbaden 1986, S. 6.

[322] Vgl. **Fürer, Guido**: Risk Management im internationalen Bankgeschäft. Dissertation, Bern – Stuttgart 1990, S. 61.

dung, bestehend aus Planungs- und Entscheidungselementen, und der aus Anord-
nungs- und Kontrollelementen bestehenden Willensdurchsetzung zusammen.[323] Dem
entsprechend können dem Prozeß des bankbetrieblichen Risiko-Managements
willensbildende (Risikoplanung) und willensdurchsetzende (Risikosteuerung und
-kontrolle) Komponenten zugeordnet werden.[324] Abbildung 23 gibt ein grundlegendes Funktionsmodell des bankbetrieblichen Risiko-Managements wieder, das sich
auf eine gedanklich vorgenommene zeitliche Abfolge des Risiko-Management-Prozesses stützt. Die einzelnen Teilfunktionen des Modells werden im folgenden über-
blicksartig beschrieben. Ziel ist es, Ansatzpunkte der Gestaltung eines Planungs-
und Steuerungsmodells des Treasury aufzuzeigen.

(2) Die Primärfunktionen des Risiko-Managements

Als Pimärfunktionen des Risiko-Managements können die Risikoplanung, die Risikobewertung und die Risikosteuerung definiert werden. Diese Funktionen besitzen,
im Gegensatz zu den sogenannten Sekundärfunktionen, unmittelbar prozeßbestimmende Relevanz. Die Risikoplanung umfaßt folgende Teilfunktionen:[325]

- Identifikation der Risikoquellen,
- Systematisierung der einzelnen Risikoarten,
- Strukturierung einer risikobegrenzenden Limitsystematik,
- Kalkulation des Risikodeckungspotentials sowie
- Allokation des Risikodeckungspotentials auf Risikoarten und -ausprägungen.

Die Begrenzung des maximal tolerierbaren Gesamtrisikobetrags auf das zur Verfügung stehende Risikodeckungspotential im Rahmen der Risikoplanung läßt sich
durch die sogenannte Grundgleichung des Risiko-Managements wiedergeben:[326]

---

[323]   Vgl. **Rühli, Edwin:** Unternehmungsführung und Unternehmungspolitik 1. Bern 1973, S. 26.
[324]   Vgl. **Buschmann, Wolfgang F.:** Risiko-Controlling – Anforderungen an die Steuerung von
        derivativen Finanzinstrumenten. In: Die Wirtschaftsprüfung 23/1992, S. 720-729, hier S. 723
        und **Pfeifer, Uwe:** Management bankbetrieblicher Erfolgsrisiken unter besonderer Berück-
        sichtigung des Zinsänderungsrisikos. Rheinfelden – Berlin 1991, S. 70.
[325]   Vgl. **Schulte, Michael:** Integration der Betriebskosten in das Risikomanagement von Kredit-
        instituten. Wiesbaden 1994, S. 56-57.
[326]   Vgl. **Schierenbeck, Henner:** Ertragsorientiertes Bankmanagement – Controlling in Kredit-
        instituten. 4. Auflage, Wiesbaden 1994, S. 508.

(93) $$p\left(V_{max} \geq RDP\right) \leq \alpha$$

mit p: Wahrscheinlichkeit [%]

V_{max}:   Maximaler Verlust [DM]

RDP: Risikodeckungspotential [DM]

α :   Sicherheitswahrscheinlichkeit [%]

Im Rahmen der Risikobewertung wird die aktuelle Risikosituation anhand eindeutig definierter Risikomeßvorschriften abgeschätzt. Diese Abschätzung bezieht sich sowohl auf die aktuelle Auslastung der bereitgestellten Limite als auch auf die Simulation zukünftiger Marktentwicklungen und eine damit verbundene Antizipation zukünftiger Risikowirkungen. Die Risikobewertung ist grundsätzlich abhängig von der durch die Risikoplanung vorgegebenen Limitssystematik. Auf Basis von Risikoplanung und -bewertung erfolgt die Steuerung der Risiken. Der Begriff der Risikosteuerung läßt sich allgemein als kontrollierende Beeinflussung und Gestaltung der Risikoposition unter Prognose der zukünftigen Entwicklung risikobestimmender Parameter definieren. Die einzelnen Steuerungsalternativen können folgendermaßen klassifiziert werden:[327]

–   Risikovermeidung: Verzicht auf den Abschluß risikobehafteter Geschäftsarten,

–   Risikobegrenzung: Verringerung der Möglichkeit eines zukünftigen Risikoeintritts,

–   Risikoüberwälzung: Übertragung der Risikowirkungen auf einen Dritten sowie

–   Risikoübernahme: Bewußtes Eingehen einer risikobehafteten Position.

(3) Die Sekundärfunktionen des Risiko-Managements

Im Gegensatz zu den Primärfunktionen wird den Sekundärfunktionen des Risiko-Managements in Form der Prognose-, der Simulations- und der Kontrollfunktion keine unmittelbar prozeßbestimmende Bedeutung beigemessen. Sekundärfunktionen sind entweder im Sinne einer Prozeßunterstützung zwischen zwei Primärfunktionen

---

[327]   Vgl. **Imboden, Carlo:** Ein entscheidbezogenes Risikohandhabungsverfahren. Dissertation, Bern 1983, S. 113-115 und **Pfeifer, Uwe:** Management bankbetrieblicher Erfolgsrisiken unter besonderer Berücksichtigung des Zinsänderungsrisikos. Rheinfelden – Berlin 1991, S. 66-68.

angeordnet (Prognose, Kontrolle) oder werden im Rahmen eines eigenen Sekundär-prozesses durchlaufen (Simulation).[328]

Bei den im Rahmen der Risikosteuerung zu treffenden Dispositionsentscheidungen handelt es sich um Entscheidungen unter Unsicherheit. Diese können – rationales Verhalten unterstellt – nur auf Basis einer Erwartung über die zukünftige Entwick-lung der für die Risikosituation relevanten Einflußgrößen getroffen werden.[329] Die Formulierung derartiger Erwartungen wird als Prognose bezeichnet.[330] Die Prognose erfolgt, dem jeweiligen Planungshorizont entsprechend, kurz,- mittel- oder langfri-stig.[331]

Während die Prognose explizit mit der Herbeiführung einer Steuerungsentscheidung verbunden ist, dient die Simulation dazu, im Sinne einer permanenten Überwachung das zukünftige Verhalten der beobachteten Realität (Veränderungen der Marktgegeben-heiten) und die Reaktion des betrachteten Systems (Risikoposition des Kredit-instituts) nachzuahmen.[332] Simulationen werden im Rahmen der Bewertung von Risi-ken eingesetzt, um mögliche Veränderungen der jeweils definierten Zielgrößen auf Basis eines angenommenen Verhaltens der Umweltbedingungen abzuschätzen.[333] Simulationen können in kontinuierlicher oder diskreter Ausprägung durchgeführt werden. Kontinuierliche Simulationen bilden die im Zeitablauf beobachteten Verän-derungen ab, diskrete Simulationen zeichnen bestimmte, punktuelle Ereignisse nach. Hinsichtlich der Intensität der jeweils beobachteten Veränderungen lassen sich fol-gende Simulationsvarianten voneinander unterscheiden:[334]

---

[328]   Vgl. Abbildung 23 auf S. 165.

[329]   Vgl. **Vollmer, Karl-Heinz:** Risikomanagement in Banken. In: Zeitschrift für das gesamte Kreditwesen 15/1996, S. 723-732, hier S. 728 und **Hauschildt, Jürgen; Schewe, Gerhard:** Der Controller in der Bank – Systematisches Informations-Management in Kreditinstituten. 2. Auflage, Frankfurt/Main 1993, S. 35.

[330]   Eine zusammenfassende Darstellung der Prognosemethoden und -instrumente im Zins- und Währungsbereich enthält **Rehm, Hannes (Hrsg.):** Methoden und Instrumente der Zins- und Wechselkursprognose. Bonn 1988.

[331]   Vgl. **Kotz, Hans-Helmut; Braun, Ulrich:** Zinsstruktur und Aktiv-Passiv-Steuerung: Der Prognoseteil. In: Sparkasse 2/1991, S. 556-561, hier S. 558 und **Schaumlöffel, Bernd:** Neue Wege zur Zinsprognose. In: Betriebswirtschaftliche Blätter 3/1991, S. 111-115, hier S. 112.

[332]   Vgl. **Witte, Thomas:** Simulation und Simulationsverfahren. In: Waldemar Wittmann et al. (Hrsg.): Handwörterbuch der Betriebswirtschaft, Teilband 3, 5. Auflage, Stuttgart 1993, Sp. 3837-3849, hier Sp. 3845.

[333]   Vgl. hierzu auch **Schmidt, Reinhart:** Neuere Entwicklungen der modellgestützten Ge-samtplanung von Banken. In: Zeitschrift für Betriebswirtschaft 3/1983, S. 304-318, hier S. 307.

[334]   Vgl. **Buschmann, Wolfgang F.:** Risiko-Controlling – Anforderungen an die Steuerung von derivativen Finanzinstrumenten. In: Die Wirtschaftsprüfung 23/1992, S. 720-729, hier S. 728.

(1) **Standard-Simulationen:** Standard-Simulationen werden auf Basis mittelfristiger Zeitreihenanalysen durchgeführt. Ziel ist die Gewinnung vergleichbarer Werte der risikobestimmenden Faktoren (beispielsweise in Form von Schwankungen von Zinssätzen und Devisenkursen).

(2) **Worst-Case-Szenarien:** Worst-Case-Szenarien werden entweder auf Basis statistischer Ansätze mit entsprechend hoch angesetzten Konfidenzniveaus oder unter Zugrundelegung des Datenmaterials historisch beobachteter Krisen aufgestellt.

Die Kontrollfunktion schließlich umfaßt die Durchführung eines Soll-Ist-Vergleichs zwischen geplanten und aktuellen Risikowerten und eine Analyse eventueller Abweichungen.[335] Werden im Rahmen der Risikokontrolle Überschreitungen vorhandener Limite identifiziert, erfolgt – idealtypisch[336] – die Bestimmung und Durchführung von Dispositionsmaßnahmen zur Stabilisierung der Risikosituation.

b) Anforderungen an ein zu entwickelndes Planungs- und Steuerungsmodell

Aus der Skizzierung des Risiko-Management-Prozesses können in funktionsorientierter Hinsicht folgende Anforderungen für die Entwicklung eines Planungs- und Steuerungsmodells abgeleitet werden:

– Der Planungs- und Steuerungsprozeß muß in seiner Struktur innerhalb des Planungs- und Steuerungsmodells abgebildet werden können.

– Es müssen Limitstrukturen definiert werden, die sich in einen übergeordneten Ansatz des Risiko-Managements einordnen lassen. Limitauslastungen und -überschreitungen müssen bestimmt werden können.

– Erforderlich ist die Formulierung eindeutiger Bewertungsvorschriften, anhand derer das Risiko auf den gebildeten Planungsebenen gemessen werden kann.[337]

---

[335] Die Kontrollfunktion in der hier geschilderten Ausprägung bezieht sich ausschließlich auf die Kontrolle der Dispositionsmaßnahmen, nicht auf eine laufende Überprüfung der angewandten Methoden und eingesetzten Instrumente. Vgl. hierzu **Schulte, Michael:** Integration der Betriebskosten in das Risikomanagement von Kreditinstituten. Wiesbaden 1994, S. 60.

[336] Vgl. **Sengera, Jürgen:** Management-Informationssysteme. In: Johann-Heinrich von Stein; Jürgen Terrahe (Hrsg.): Handbuch Bankorganisation, 2. Auflage, Wiesbaden 1995, S. 687-702, hier S. 692-693.

[337] Vgl. hierzu S. 129-131 dieser Arbeit.

- Konkrete Handlungsalternativen müssen bestimmt werden können, um die Risikoposition beeinflussen zu können. Die Wirksamkeit der Durchführung dieser Handlungsalternativen auf die Risikoposition muß darstellbar sein.

- Prognosen, die sich explizit auf den jeweils vorhanden Planungshorizont beziehen, müssen verarbeitet werden können. Das dynamische Verhalten der jeweils betrachteten Größen (Risikowerte, Erfolgsgrößen) muß bis zum Erreichen des Planungshorizonts korrekt erfaßbar sein.

- Grundlegende Anforderung an die Simulationsfunktion liegen in einer Vergleichbarkeit der in verschiedenen Marktsegmenten unterstellten Szenarien und in der Abbildbarkeit von Szenarien unterschiedlicher Intensität.[338]

- Schließlich muß eine Kontrollkomponente vorhanden sein, anhand derer Abweichungen zwischen geplanten und tatsächlichen Risiken aufgezeigt werden können.

4. Integrationsfähigkeit

a) Vorbemerkung

Waren die vorangehenden Überlegungen vorwiegend auf die innere Struktur und die materielle Reichweite von Treasury-Konzepten ausgerichtet, so konzentrieren sich die folgenden Ausführungen auf die Anforderungen, die sich aus einer Integration von Treasury-Konzepten in den übergeordneten Prozeß der finanziellen Führung von Kreditinstituten ergeben. Diese Anforderungen stellen sich sowohl in organisatorischer als auch in kalkulatorischer Hinsicht. In organisatorischer Hinsicht liegen die Schwerpunkte auf

- einer aufbauorganisatorischen Zuordnung des Treasury,

- einer Verankerung der Führungsfunktion innerhalb der Unternehmensleitung,[339]

---

[338] Vgl. **Staub, Zeno:** Value at Risk, Eigenkapitalausstattung und Zinsstrukturrisiken. In: Finanzmarkt und Portfolio Management 3/1994, S. 381-393, hier S. 382.

[339] Vgl. **Flesch, Johann Rudolf; Lichtenberg, Michael:** Integration des Treasury-Managements in die Unternehmensplanung. In: Bernd Rolfes; Henner Schierenbeck; Stephan Schüller (Hrsg.): Bilanzstruktur- und Treasury-Management in Kreditinstituten, Frankfurt/Main 1994, S. 33-53, hier S. 52.

- einer Strukturierung der Kompetenzen und der Zusammensetzung von Abstimmgremien in Form von Dispositionsausschüssen,[340]

- einer Definition des operativen Ablaufs des Dispositionsprozesses einschließlich[341]

- einer Regelung des Zusammenwirkens von Treasury und Handelsabteilungen.[342]

Da eine Erörterung der organisatorischen Integrationserfordernisse nicht der Zielsetzung der vorliegenden Arbeit entspricht, richtet sich die Betrachtung im folgenden ausschließlich auf die kalkulatorischen Integrationserfordernisse. Diese bestehen im wesentlichen in einer Integration des Treasury-Erfolgs in die interne Ergebnisrechnung und in einer Integration der im Rahmen von Treasury-Konzepten bestimmten Limite in übergeordnete Limitstrukturen.

b) Erfolgsrechnerische Integration des Treasury-Erfolgs

Hinsichtlich der Integration der auf Basis der Marktzinsmethode bestimmten Ergebnisgröße Treasury-Erfolg in die Erfolgsrechnung von Kreditinstituten sind folgende Fragestellungen relevant:

(1) Der Treasury-Erfolg muß so bestimmt werden können, daß er zusammen mit den Erfolgsbeiträgen anderer zinstragender Geschäftsarten innerhalb der internen Ergebnisrechnung abgebildet werden kann.

(2) Der Treasury-Erfolg muß so differenzierbar sein, daß sowohl Wechsel in der personellen Erfolgsverantwortung als auch laufende Vergleiche zwischen geplantem und realisiertem Treasury-Erfolg möglich sind.

Die Erklärung des Zinsüberschusses als Summe aus Konditions- und Transformationserfolgen ist so lange unproblematisch, als sich die betrachteten Dispositionsvolumina auf der Aktiv- und der Passivseite entsprechen und keine außerbilanziellen Geschäftsarten betrachtet werden. Diese im Grundkonzept der Marktzinsmethode

---

[340] Vgl. **Spillmann, Martin:** Führungsinstrumente im Zinsengeschäft der Banken unter besonderer Berücksichtigung der Zinsänderungsrisiken. Bern – Stuttgart 1990, S. 59 mit weiteren Nachweisen und **Penthor, Jürgen:** Asset/Liability-Management in Banken. In: Österreichisches Bank Archiv 1/1996, S. 49-52.

[341] Vgl. hierzu grundlegend **Schüller, Stephan:** Organisation von Controllingsystemen in Kreditinstituten. Frankfurt/Main 1984, S. 270-272 und **Rolfes, Bernd:** Die Steuerung des Strukturergebnisses: Bilanzstrukturmanagement. In: Die Bank 10/1991, S. 568-574, hier S. 573.

[342] Vgl. **Piaskowski, Friedrich:** Treasury im Barwertkonzept. In: Die Bank 5/1993, S. 290-295, hier S. 295.

implizit unterstellte Annahme trifft in der Realität nicht zu.[343] Sobald die betrachteten Aktiv- und Passivpositionen volumenmäßig nicht miteinander übereinstimmen, weicht auch die Summe aus Konditions- und Transformationserfolgen vom Zinsüberschuß ab. Die Ursache für derartige Bestandsabweichungen liegt darin, daß bestimmte Bilanzpositionen eines Kreditinstituts wegen mangelnder Steuerungsrelevanz innerhalb eines Treasury-Konzepts nicht berücksichtigt werden, daß aber von diesen Positionen durchaus Effekte auf den Zinsüberschuß ausgehen.[344] Für die Abbildung des Treasury-Erfolgs ergeben sich folgende Anforderungen:

– Der Treasury-Erfolg muß auch bei nicht ausgeglichenen Beständen exakt bestimmbar sein.

– Erfolgsbeiträge anderer zins- und währungsrisikotragender Geschäftsarten (Eigenhandel) müssen abgrenzbar sein.

– Zur differenzierten Erfolgsanalyse ist eine Zerlegbarkeit in folgende Komponenten erforderlich:[345]

   (1) Treasury-Erfolg aus Altbestand,

   (2) Treasury-Erfolg aus Neugeschäft (der betrachteten Periode) sowie

   (3) Treasury-Erfolg aus dem Transfer zukünftiger Überschüsse in die aktuelle Periode.

– Zur laufenden Erfolgskontrolle ist eine fortschreibende Erfolgsrechnung durch Kalkulation täglicher Treasury-Erfolge notwendig.

c) Integration in übergeordnete Limitstrukturen

Die Begrenzung der für das Treasury relevanten Risiken erfolgt im Rahmen des Prozesses der Risikoplanung durch Strukturierung von Limitsystemen. Dabei sind zwei grundlegende Vorgehensweisen zu unterscheiden. Zum einen die Definition risikoorientierter Limite in Form von Bestandslimiten, Volumenlimiten oder kennzahlenorientierten Limiten; zum anderen die Definition von Ergebnislimiten. Volumen- und Bestandslimite orientieren sich im Treasury-Bereich in der Regel an als maximal tolerierbar erachteten Überhängen zwischen aktivischer und passivischer Zinsbindung (sogenannte Gap-Limite). Diese Limite begrenzen eine

---

[343] Vgl. hierzu die Ausführungen auf S. 34 dieser Arbeit.

[344] Vgl. hierzu **Villiez, Christian von:** Die Abgrenzung von Handelserfolgen in der bankbetrieblichen Ergebnisrechnung. In: Die Bank 11/1989, S. 624-627.

[345] Vgl. **Benke, Holger; Flesch, Hans-Rudolf; Piaskowski, Friedrich:** Steuerung des Zinsänderungsrisikos. In: Die Bank 8/1989, S. 431-438, hier S. 438.

Ursache des Risikos, stehen aber nur in mittelbarem Zusammenhang zu dessen Wirksamkeit. Der Grund hierfür liegt darin, daß mit der Limitierung von Überhängen nur eine Determinante der Risikowirkung berücksichtigt wird. Zur Abschätzung der Ausprägung des Risikos ist jedoch eine Annahme über die Entwicklung der relevanten Marktparameter erforderlich, die bei einer derartigen Limitierung nicht berücksichtigt werden kann.

Kennzahlenorientierte Limite begrenzen die Wertänderungen der betrachteten Positionen als Reaktion auf eine unterstellte standardisierte Veränderung der relevanten Marktparameter.[346] Derartige Limite sind im Treasury-Bereich in der Regel als Barwertlimite realisiert. Barwertlimite beschreiben die maximal zulässige negative Wertänderung bei einem Ausgleich sämtlicher Zins- und Währungsrisikopositionen zu unterstellten Marktbedingungen. Während durch die Definition von Barwertlimiten ausschließlich nicht realisierte Bewertungsverluste antizipiert werden, richten sich ergebnisorientierte Limite explizit auf bereits realisierte Verlustbeträge. Unter einem Ergebnislimit versteht man einen für eine definierte Periode und eine bestimmte Risikoart zur Verfügung gestellten Risikokapitalbetrag. Ergebnisorientierte Limite sind in der Regel „selbstverzehrend", das heißt realisierte Verlustbeträge werden auf den zur Verfügung stehenden Limitbetrag angerechnet.[347]

Barwert- und ergebnisorientierte Limite beziehen sich auf unterschiedliche Belastungsfälle. Während Barwertlimite ein vollständiges Glattstellen aller Positionen zu ungünstigen Marktbedingungen unterstellen, richten sich Ergebnislimite auf einen Ausgleich bereits realisierter Verluste innerhalb einer Abrechnungsperiode. Dementsprechend unterschiedlich strukturiert sind die jeweils gegenübergestellten Risikokapitalbeträge. Vorschläge zur Kalkulation derartiger Risikodeckungsmittel liegen in der Literatur bereits vor und werden an dieser Stelle nicht explizit erläutert.[348]

---

[346] Vgl. **Daube, Carl Heinz:** Risikomanagement und Limitsysteme für Wertpapieranlagen. In: Sparkasse 1/1995, S. 13-16, hier S. 16.

[347] Vgl. **Röpke, Klaus; Schüller, Stephan:** Ergebniskalkulation und Risikomanagement des Eigenhandels und der Bilanzstruktur. In: Bernd Rolfes; Henner Schierenbeck; Stephan Schüller (Hrsg.): Bilanzstruktur- und Treasury-Management in Kreditinstituten, Frankfurt/Main 1994, S. 55-79, hier S. 67-68.

[348] Vgl. hierzu stellvertretend **Hölscher, Reinhold:** Risikokosten-Management in Kreditinstituten – Ein integratives Modell zur Messung und ertragsorientierten Steuerung der bankbetrieblichen Erfolgsrisiken. Frankfurt/Main 1987, S. 242-247 und **Schierenbeck, Henner:** Ertragsorientiertes Bankmanagement – Controlling in Kreditinstituten. 4. Auflage, Wiesbaden 1994, S. 505-506.

Die wesentlichen Anforderungen, die sich hinsichtlich der Berücksichtigung übergeordneter Limitstrukturen an ein Planungs- und Steuerungsmodell des Treasury
ergeben, liegen in folgenden Punkten:

- Zinsänderungs- und Währungsrisiken müssen getrennt voneinander limitiert
  werden können, um eine gesamtbankorientierte Limitauslastung nach Risikoarten ermitteln zu können.

- Zwingend ist die Strukturierung von Ergebnislimiten, um eine taktische Risikokontrolle ermöglichen zu können.

- Haftungshierarchien, also abgestufte Zuordnungen von Risikokapitalbeträgen in
  Abhängigkeit von der Art der Limitierung und der unterstellten Marktverände-
  rung, müssen innerhalb der Limitkonzeption berücksichtigt werden können.

5. Zusammenfassung

Als Ergebnis der Präzisierung des Bezugsrahmens lassen sich zusammenfassend
folgende Anforderungen ein zu entwickelndes Planungs- und Steuerungsmodell des
strategisch-taktischen Treasury in Kreditinstituten festhalten:

(1) Transaktionsorientierung:

- Ausgangsbasis des Modells muß eine Darstellung der Zahlungsströme der
  betrachteten Transaktionen sein. Diese setzen sich aus Transaktionen des
  Kundengeschäfts, aus Transaktionen des Treasury in Form von Ausgleichsoperationen und aus sonstigen Transaktionen zusammen, sofern deren dispositive Berücksichtigung durch Zuordnung eines Zahlungsstroms möglich
  ist.

- Aus dem Erfordernis, eine Zeitspanne von einigen Monaten bis hin zu zehn
  Jahren abbilden zu müssen, ergibt sich zur Sicherstellung der Praktikabilität
  die Anforderung nach einem degressiven Zeitraster, d.h. einer Rasterung der
  Zahlungsstromdarstellung, deren Feinheit mit zunehmender Entfernung
  vom Betrachtungszeitpunkt abnimmt. Weiterhin ist es erforderlich, die
  Erfolgsbestandteile der einzelnen Positionen in Form von Zinstranchen explizit abzubilden.

- Variabel verzinsliche Transaktionen und Transaktionen mit optionalen
  Komponenten werden durch Bewertungsfiktionen in Festzins-Zahlungsströme umgewandelt. Dies führt bei Transaktionen mit optionalen Komponenten dazu, daß der zugehörige Teilzahlungsstrom zu einer Funktion der

Marktzinsstruktur wird. Derartige Effekte verursachen dann keine Probleme, wenn das auf dem Gesamt-Zahlungsstrom aufbauende Steuerungssystem funktional differenziert zwischen einer auf Ist-Daten basierenden Risikoanalyse und einer auf unterstellten Marktdaten gestützten Simulation der Marktentwicklung. Weitere Konsequenz ist eine hinreichend gute Aktualisierung des Zahlungsstroms.

–   Transaktionen in Fremdwährung müssen über einen Standard-Hedge in DM-Zahlungen transformiert werden, um in die Darstellung des strategischen Zinsänderungsrisikos integriert werden zu können.

–   Bei der Bestimmung risikofreier Ausgleichsoperationen für Transaktionen mit unterjährigen Zahlungen und/oder gebrochenen Laufzeiten ist das Verfahren nach CaE anzuwenden, da nur durch die Ausrichtung der Bestimmung der Ausgleichsoperationen an den Prämissen des Geld- und Kapitalmarkts – unabhängig von dem im Kundengeschäft verwandten Effektivzinsverfahren – eine echte Entscheidungsunterstützung des Treasury gegeben ist.

(2) Risikoorientierung:

–   Da sich Zinsänderungs- und Währungsrisiken je nach Betrachtungsweise im Barwert des Geschäftsbestands oder in Schwankungen des periodisierten Ergebnisses eines Kreditinstituts niederschlagen, ist es bei der Konzeption eines Planungs- und Steuerungsmodells erforderlich, beide Wirkungsrichtungen und deren gegenseitigen Beziehungen abzubilden. Dies bedingt eine Differenzierung zwischen einem strategischen, an Barwertgrößen ausgerichteten und einem taktischen, an Ergebnisgrößen orientierten Treasury.

–   Werden im Rahmen eines Planungs- und Steuerungsmodells risikofreie Ausgleichsoperationen kalkuliert, müssen die damit verbundenen Liquiditätswirkungen abgebildet werden. Gegebenenfalls ist die unter A.1.b) beschriebene Modifikation zu berücksichtigen.

–   Die getrennte Betrachtung der strategischen und der taktischen Risiken muß durch einen Kalkulationsmechanismus so miteinander verbunden werden, daß es erkennbar wird, wenn beispielsweise Transformationserfolge aus der Zukunft in die Gegenwart verlagert werden et vice versa.

(3) Funktionsorientierung:

–   Zur Unterstützung der Risikoplanung muß ein Planungs- und Steuerungs-
    modell Informationen über maximale Verlustpotentiale liefern. Diese ma-
    ximalen Verluste müssen differenzierbar sein hinsichtlich der beiden
    grundlegenden Risikoarten Zinsänderungs- und Währungsrisiko. Weiterhin
    müssen derartige Verlustbeträge in sich strukturiert werden können, um mit
    einer hierarchisch abgestuften Kalkulation von Risikodeckungspotential
    verbunden werden zu können.

–   Die beiden Risikoarten Zinsänderungs- und Währungsrisiko müssen sich zu
    einer Marktrisikoposition verdichten lassen.

–   In einem zu konzipierenden Planungs- und Steuerungsmodell muß eine
    explizite Differenzierung zwischen Simulation und Prognose erfolgen.
    Während die Simulation als permanent durchgeführter Sensibilitätstest der
    risikotragenden Bestände interpretiert werden kann, erfolgt – davon unab-
    hängig – die Prognose der Marktentwicklung auf den einzelnen Segmenten
    als Entscheidungsunterstützung für die jeweils einzuleitenden Disposi-
    tionsmaßnahmen.

–   Sowohl in der Simulations- als auch in der Prognosekomponente muß es
    möglich sein, differenzierte Marktentwicklungen abzubilden. Denkbar sind
    hier isolierte Zinsvariationen bei konstanten Wechselkursen et vice versa
    sowie Verknüpfungen zwischen Zins- und Wechselkursveränderungen über
    empirisch beobachtete Korrelationen oder über theoretisch fundierte Hypo-
    thesen.

(4) Integrationsfähigkeit:

–   Hinsichtlich der Bestimmung des Treasury-Erfolgs liegen die wesentlichen
    Anforderungen in dessen Abgrenzbarkeit gegenüber Erfolgsgrößen anderer
    zinstragender Geschäftsarten und in einer differenzierten und fortschreiben-
    den Berechnungsart.

–   Aus der Notwendigkeit einer Integration des Planungs- und Steuerungsmo-
    dells in eine Systematik übergeordneter Limitstrukturen ergeben sich An-
    forderungen einer Bildung ergebnisorientierter Limite, einer nach Risikoar-
    ten differenzierten Limitierung und einer Berücksichtigung von Haftungs-
    hierarchien bei den Risikokapitalbeträgen, die den einzelnen Limiten zuge-
    ordnet werden.

B. Beschreibung des Modells

1. Überblick

a) Die Modellstruktur

Die folgende Beschreibung des Planungs- und Steuerungsmodells ist mit zwei Ziel-setzungen verbunden. Zum einen sollen Anhaltspunkte gegeben werden, wie sich der zuvor formulierte Bezugsrahmen des strategisch-taktischen Treasury durch Konzeption einzelner Planungs- und Steuerungsinstrumente in der Praxis umsetzen läßt. Zum anderen soll anhand konkreter Beispielrechnungen der Planungs- und Steuerungsprozeß im Zeitverlauf nachgebildet werden. Das Planungs- und Steue-rungsmodell setzt sich aus einer Planungsebene und je einer strategischen und takti-schen Steuerungsebene zusammen. Der Planungsebene werden die Funktionen der Festlegung und Strukturierung des zur Verfügung stehenden Risikodeckungspoten-tials und dessen Allokation durch Limitdefinition zugeordnet. Da der eigentliche Steuerungsprozeß hiervon nur im Sinne einer Restriktion berührt wird,[349] erfolgt die Beschreibung der vorgelagerten Planungsebene unter b) dieses Abschnitts.

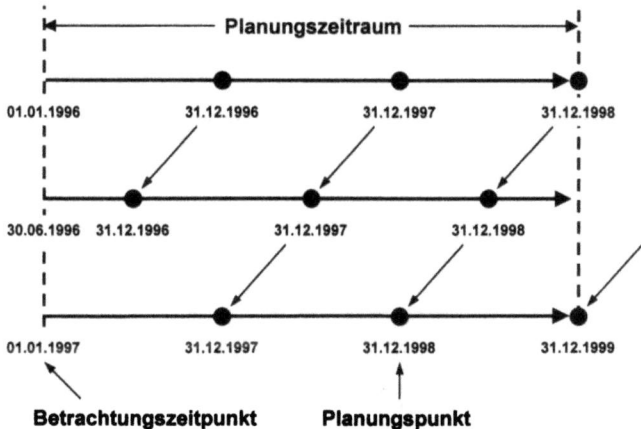

Abbildung 24: Schematische Darstellung flexibler Planungspunkte bei festem Planungszeitraum

---

[349] Dies trifft auch für den Fall zu, in dem Limite als Ergebnis angepaßter Risikoplanung verän-dert werden. Vgl. **Krumnow, Jürgen:** Derivative Instrumente als Herausforderung für Bank-controlling und Bankorganisation. In: Zeitschrift für Bankrecht und Bankwirtschaft 3/1993, S. 133-138, hier S. 136.

Hinsichtlich der zu berücksichtigenden Planungshorizonte wird ein Ansatz flexibler Planungspunkte verfolgt, der die erforderliche Integration eines festen Planungszeitraums mit einer stichtagsbezogenen Planung ermöglichen soll. Abbildung 24 gibt das Konzept in schematischer Form wieder. Mit dem Konzept flexibler Planungspunkte ist die Idee verbunden, eine periodenbezogene, zu einem bestimmten Stichtag durchgeführte Ergebnismessung mit der Betrachtung eines festen, langfristigen Planungszeitraums zu verbinden. Als Zeitpunkte der Ergebnismessung sind die Stichtage der Bestimmung der Gewinn- und Verlustrechnung definiert. Deren Abstand zum Betrachtungszeitpunkt verringert sich mit fortschreitender Betrachtungsdauer. Richtet man die Betrachtung, wie in Abbildung 24 unterstellt, jeweils auf drei derartige Planungspunkte aus, dann schwankt der zugehörige flexible Planungszeitraum zwischen zwei und drei Jahren. Gleichzeitig wird durch Berücksichtigung eines langfristigen Planungszeitraums sichergestellt, daß die Entwicklung der Risikoposition des Treasury – soweit dies aufgrund des dynamischen Verhaltens im Zeitablauf möglich ist – in die Betrachtung einbezogen werden kann.

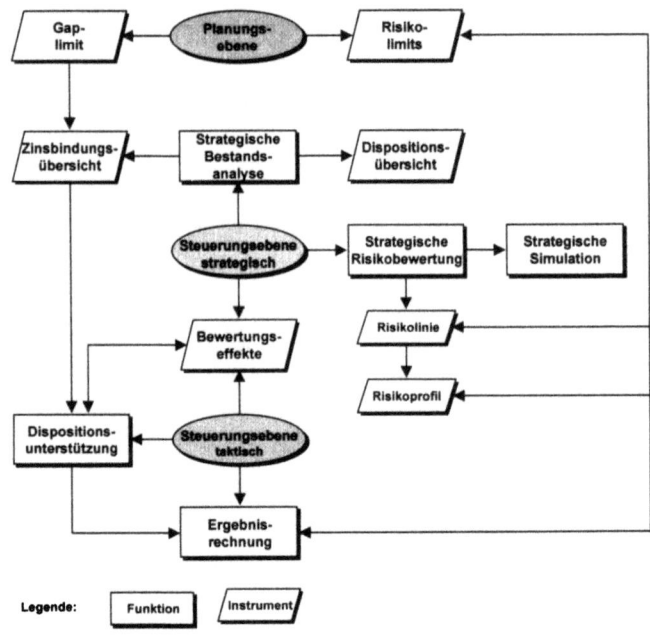

Abbildung 25: Grundstruktur des Planungs- und Steuerungsmodells

Der strategischen Steuerungsebene sind zwei grundlegende Funktionen zugeordnet, nämlich die Bestandsanalyse und die strategische Bewertung der Risikoposition. Auf der taktischen Steuerungsebene erfolgt eine permanente Kontrolle des bislang erzielten Erfolgs und eine Bewertung von Chancen und Risiken unter taktischen Aspekten. Die taktische Steuerungsebene ist damit durch eine fortschreibende Ergebnisrechnung und eine dispositive Unterstützungsfunktion gekennzeichnet. Abbildung 25 gibt einen Überblick über die funktionale Grundstruktur des Planungs- und Steuerungsmodells und die an den einzelnen Funktionen ansetzende instrumentelle Unterstützung.

b) Limitdefinition der vorgelagerten Planungsebene

Die Limitierung der Treasury-Risiken erfolgt durch eine Kombination aus Risiko- und Volumenlimiten. Insgesamt werden drei verschiedene Limite definiert, nämlich

- ein strategisches Bewertungslimit,
- ein taktisches Ergebnislimit und ein
- Gap-Limit.

Abbildung 26 gibt einen Überblick über diese Limitkonzeption:

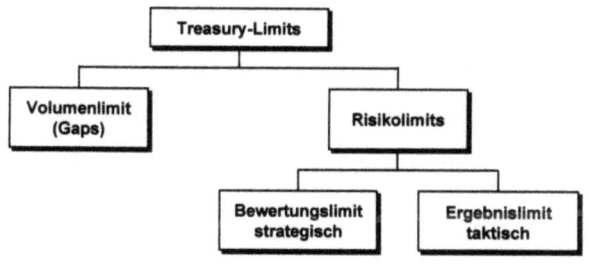

Abbildung 26: Limitkonzeption des Planungs- und Steuerungsmodells

Das strategische Bewertungslimit ist barwertorientiert und begrenzt Bewertungseffekte einer als negativ erachteten Marktentwicklung auf bestimmte Risikodeckungsmittel. Das strategische Bewertungslimit ist folgendermaßen definiert:

$$(94) \qquad BL(M) = RDP(M)$$

mit $BL(M)$:   Bewertungslimit abhängig von der unterstellten Marktentwicklung [DM]

$RDP(M)$:   Risikodeckungspotential abhängig von der unterstellten
Marktentwicklung [DM]

Für die Limitierungsbedingung gilt:

(95)
$$BV_t(M) \leq BL(M) \quad \text{mit}$$
$$BV_t(M) = B_t - B_t(M)$$

mit $BV_t(M)$:   Bewertungsverlust zum Zeitpunkt t abhängig von der unterstellten Marktentwicklung [DM]

$B_t(M)$:   Barwert zum Zeitpunkt t abhängig von der unterstellten
Marktentwicklung [DM]

Das taktische Ergebnislimit beschreibt im Sinne eines Zielkorridors maximal tole-
rierbare Abweichungen zwischen geplanten und als minimal erachteten Treasury-
Ergebnissen zu bestimmten Zeitpunkten:

(96)
$$EL_t = TE_t^P - TE_t^{min}$$

mit EL_t: Ergebnis-Limit zum Zeitpunkt t [DM]

TE_t^P: Geplantes Treasury-Ergebnis zum Zeitpunkt t [DM]

TE_t^{min}:   Mindest-Treasury-Ergebnis zum Zeitpunkt t [DM]

Für die Limitierungsbedingung des taktischen Ergebnislimits gilt:

(97)
$$TE_t^P - TE_t \leq EL_t$$

mit TE_t: Realisiertes Treasury-Ergebnis zum Zeitpunkt t [DM]

Das Gap-Limit begrenzt die auch als Gaps bezeichneten Überhänge aktivischer und passivischer Zinsbindungen auf einen bestimmten Maximalbetrag.[350] Es ist definiert als:

$$(98) \qquad\qquad GL_t = \ddot{U}B_t^{max}$$

mit GL_t : Gap-Limit der Fälligkeit t [DM]

$\qquad \ddot{U}B_t^{max}$: Maximal zulässiger Zinsbindungs-Überhang der Fälligkeit t [DM]

Die Limitierungsbedingung der Gap-Limitierung lautet:

$$(99) \qquad\qquad \left| \ddot{U}B_t \right| \leq GL_t$$

Die Wirksamkeit der einzelnen Limite wird anhand der folgenden Beschreibung der Funktionsbereiche des Planungs- und Steuerungsmodells deutlich.

2. Funktionale Struktur und instrumentelle Umsetzung

a) Strategische Bestandsanalyse

(1) Dispositionsübersicht

Die Dispositionsübersicht enthält sämtliche für dispositive Zwecke relevanten Zahlungsströme, also Transaktionen des Kundengeschäfts, Ausgleichsoperationen des Treasury und sonstige zahlungswirksam werdende Transaktionen, die unter dispositiven Aspekten Berücksichtigung finden.[351] Die Darstellung erfolgt getrennt nach Transaktionen in Inlands- und in Fremdwährung. Der Planungshorizont beträgt zehn Jahre. Die Verdichtung, also die vereinfachende Verlagerung der realen Fälligkeiten der einzelnen Zahlungen auf bestimmte Zeitpunkte, richtet sich nach folgendem Zeitraster:[352]

---

[350] Vgl. hierzu die Ausführungen auf S. 68-70 dieser Arbeit.

[351] Vgl. hierzu S. 147-149 dieser Arbeit.

[352] Vgl. zur Rasterung von Zahlungsströmen **Rogusch, Michael**: Die Abstimmung der Aktiv- und Passivgeschäfte einer Bank aus der Sicht der Geschäftsleitung. In: Michael Bitz (Hrsg.): Bank- und Börsenwesen – Band 2: Geschäftspolitik der Banken, München 1981, S. 176-201, hier S. 179.

[Fälligkeit ≤ 1 Jahr]:   Verdichtung auf Vierteljahre

[1 Jahr < Fälligkeit ≤ 2 Jahre]:   Verdichtung auf Halbjahre

[2 Jahre < Fälligkeit ≤ 10 Jahre]: Verdichtung auf Jahre

Bei der Durchführung der Verdichtung wird folgendes Verfahren angewandt: In
einem ersten Schritt erfolgt, ausgehend vom Betrachtungszeitpunkt, die Bestimmung der einzelnen Rasterpunkte, die gleichzeitig die Grenzen der betrachteten Intervalle bilden. Danach werden die Zeitpunkte bestimmt, die in der Mitte der gebildeten Intervalle liegen. Die einem Rasterpunkt zuzuordnende Zahlung setzt sich aus
den Zahlungen zusammen, die eine reale Fälligkeit nach der Mitte des vor dem Rasterpunkt liegenden und vor der Mitte des nach dem Rasterpunkt liegenden Intervalls aufweisen. Abbildung 27 illustriert dieses Vorgehen. Auf diese Weise wird die
Konzentration der um einen Rasterpunkt liegenden realen Fälligkeiten besser abgebildet, als dies bei einer einfachen Vor- oder Rückverlagerung der Fälligkeiten
innerhalb eines Intervalls möglich ist.

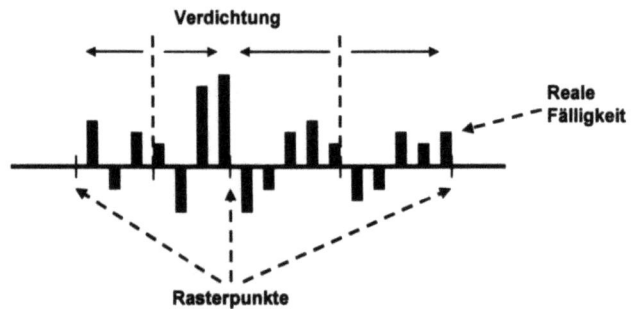

Abbildung 27: Schematische Darstellung des Verdichtungskonzepts

Um die Darstellung überschaubar zu halten und den Bezug zu den einzelnen Transaktionen zu erhalten, werden bei der Beschreibung der strategischen Steuerungsebene acht Einzeltransaktionen betrachtet, die zunächst in der Dispositionsübersicht wiedergegeben werden. Im einzelnen handelt es sich um folgende
Transaktionen:

(1) Transaktionen in DM:

Kredite: Nominalbetrag 10,00 Mio. DM; Laufzeit 10 Jahre, endfällig; Verzinsung 12,00 % p.a.

             Nominalbetrag 3,00 Mio. DM; Laufzeit 8 Jahre, endfällig; Verzinsung 10,50 % p.a.

             Nominalbetrag 8,00 Mio. DM; Laufzeit 5 Jahre; Tilgung von 2,00 Mio. DM nach 6 Monaten, von 3,00 Mio. DM nach 18 Monaten und von 3,00 Mio. DM nach 5 Jahren; Verzinsung 10,00 % p.a. bei jährlicher Zinsverrechnung.

             Nominalbetrag 2,00 Mio. DM; Laufzeit 2 Jahre; Tilgung von 1,00 Mio. DM nach 12 Monaten; Verzinsung 7,50 % p.a. bei vierteljährlicher Zinsverrechnung.

Einlagen: Nominalbetrag 10,00 Mio. DM; Laufzeit 3 Jahre, endfällig; Verzinsung 6,50 % p.a.

             Nominalbetrag 6,00 Mio. DM; Laufzeit 5 Jahre, endfällig; Verzinsung 7,80 % p.a.

(2) Transaktionen in US-Dollar:

Einlage: Nominalbetrag 8,30 Mio. USD; Laufzeit 4 Jahre, endfällig; Verzinsung 6,80 % p.a.; Kassakurs 1,4500 DM/USD.

(3) Transaktionen in Yen:

Kredit: Nominalbetrag 415,00 Mio. JPY; Laufzeit 2 Jahre, endfällig; Verzinsung 8,50 % p.a.; Kassakurs 1,2000 DM/100 JPY.

Tabelle 42 gibt die Dispositionsübersicht der DM-Transaktionen wieder. Der in der letzten Spalte ausgewiesene Gesamt-Zahlungsstrom entspricht dem Saldo der Ablaufbilanz des Barwertkonzepts.[353] Der konzeptionelle Unterschied zu der im Rahmen der Diskussion des Barwertkonzepts propagierten Vorgehensweise besteht in zwei Punkten: Erstens wird in dem hier vorgestellten Ansatz eine Differenzierung zwischen Kapital- und Zinstranchen vorgenommen. Zweitens dient die Dispositionsübersicht hier ausschließlich als grundlegendes Instrument der Informationsaufbereitung zur Unterstützung mehrerer Steuerungsfunktionen. Durch Bildung der Dispositionsübersicht können die Bestandsinformationen der betrachteten Transak-

---

[353]   Vgl. zum Konzept der Ablaufbilanz die Ausführungen auf S. 81-82 dieser Arbeit.

tionen in eine vergleichbare Struktur transformiert und damit für eine Analyse von Zinsänderungs- und Währungsrisiken aufbereitet werden. Dies impliziert im Gegensatz zur Anwendung des Barwertkonzepts nicht, daß sich sämtliche Auswertungen, die sich auf die Dispositionsübersicht als Informationsquelle stützen, ausschließlich auf die zahlungsstromorientierte Sichtweise beschränken.

| Fälligkeit | Transaktionen aktiv | | Transaktionen passiv | | Summe |
| | Kapital | Zins | Kapital | Zins | |
	[DM]	[DM]	[DM]	[DM]	[DM]
3 Monate		37.500,00			37.500,00
6 Monate	2.000.000,00	37.500,00			2.037.500,00
9 Monate		37.500,00			37.500,00
12 Monate	1.000.000,00	2.552.500,00		-1.118.000,00	2.434.500,00
18 Monate	3.000.000,00	37.500,00			3.037.500,00
2 Jahre	1.000.000,00	2.302.500,00		-1.118.000,00	2.184.500,00
3 Jahre		1.815.000,00	-10.000.000,00	-1.118.000,00	-9.303.000,00
4 Jahre		1.815.000,00		-468.000,00	1.347.000,00
5 Jahre	3.000.000,00	1.815.000,00	-6.000.000,00	-468.000,00	-1.653.000,00
6 Jahre		1.515.000,00			1.515.000,00
7 Jahre		1.515.000,00			1.515.000,00
8 Jahre	3.000.000,00	1.515.000,00			4.515.000,00
9 Jahre		1.200.000,00			1.200.000,00
10 Jahre	10.000.000,00	1.200.000,00			11.200.000,00

Tabelle 42: Dispositionsübersicht der DM-Transaktionen

Tabelle 43 enthält die für die betrachteten Währungen unterstellten Marktzinsen einschließlich der für eine spätere Barwertermittlung erforderlichen Zerobond-Abzinsfaktoren. Die Zerobond-Abzinsfaktoren werden für jede Währung getrennt bestimmt.[354]

---

[354] Vgl. zur Bestimmung von ganzjährigen Zerobond-Abzinsfaktoren S. 48-50 dieser Arbeit.

Fälligkeit	DEM		USD		JPY	
	Marktzins [%]	Zerobond-Abzinsfaktor	Marktzins [%]	Zerobond-Abzinsfaktor	Marktzins [%]	Zerobond-Abzinsfaktor
3 Monate	4,5000	0,9888752	4,8000	0,9881423	9,8000	0,9760859
6 Monate	4,7500	0,9768010	5,0000	0,9756098	9,6000	0,9541985
9 Monate	5,0000	0,9638554	5,2000	0,9624639	9,4000	0,9341429
12 Monate	5,0000	0,9523810	5,8000	0,9451796	9,2000	0,9157509
18 Monate	5,5000	0,9222570	6,0500	0,9151338	8,8500	0,8800154
2 Jahre	6,0000	0,8894879	6,3000	0,8847165	8,5000	0,8499181
3 Jahre	7,0000	0,8140833	6,6000	0,8247907	7,9000	0,7975089
4 Jahre	8,0000	0,7291887	6,8000	0,7673046	7,5000	0,7514062
5 Jahre	8,5000	0,6564636	6,9000	0,7145768	7,4000	0,7027195
6 Jahre	9,0000	0,5837207	7,1000	0,6594805	7,4000	0,6543012
7 Jahre	9,2500	0,5237139	7,2000	0,6107131	7,3000	0,6141406
8 Jahre	9,5000	0,4665217	7,3000	0,5641252	7,3000	0,5723584
9 Jahre	9,6700	0,4166821	7,4000	0,5196968	7,2000	0,5393811
10 Jahre	10,0000	0,3607052	7,5000	0,4774011	7,1000	0,5095972

Tabelle 43: Marktzinsen und Zerobond-Abzinsfaktoren der strategischen Steuerungsebene

Die den unterjährigen Rasterpunkten zugeordneten Zerobond-Abzinsfaktoren werden folgendermaßen berechnet:

(1) Die den Rasterpunkten 3, 6, 9 und 12 Monate zuzuordnenden Zerobond-Abzinsfaktoren entsprechen, da jeweils nur eine implizite Zerobond-Tranche unterstellt wird, den Abzinsfaktoren gleicher Laufzeit. Unterstellt man die $^{30}/_{360}$-Tage-Methode, dann gilt:

$$(100) \qquad ZAF^t = \frac{1}{1 + i_t \dfrac{t \cdot 30}{360}} \qquad \text{für } t = 3, 6, 9, 12 \text{ Monate}$$

(2) Die Bestimmung des zum Rasterpunkt 18 Monate zuzuordnenden Zerobond-Abzinsfaktors folgt dem Verfahren nach CaE, das heißt für die impliziten Zerobond-Transaktionen werden die Usancen des Geldmarkts un-

terstellt.[355] Modifiziert man *(19)* durch Verkürzung des zweiten Teilinter-
valls auf 6 Monate, gilt:

$$ZAF^{18} = \frac{-i_{18}}{(1+i_{12})\left(1+i_{18}\frac{180}{360}\right)} + \frac{1}{1+i_{18}\frac{180}{360}}$$

$$(101) \qquad = \frac{1}{1+i_{18}\frac{180}{360}}\left(1-i_{18}\frac{1}{1+i_{12}}\right)$$

$$= \frac{1}{1+i_{18}\frac{180}{360}}\left(1-i_{18}\,ZAF^{12}\right)$$

Fälligkeit	USD		JPY	
	Swapsatz [DM/USD]	Devisenkurs [DM/USD]	Swapsatz [DM/100JPY]	Devisenkurs [DM/100JPY]
		Kassakurs 1,4500		Kassakurs 1,2000
3 Monate	-0,0010746	1,4489	-0,0155198	1,1845
6 Monate	-0,0017683	1,4482	-0,0277672	1,1722
9 Monate	-0,0020934	1,4479	-0,0369921	1,1630
12 Monate	-0,0109641	1,4390	-0,0461538	1,1538
18 Monate	-0,0111992	1,4388	-0,0549629	1,1450
2 Jahre	-0,0077780	1,4422	-0,0533832	1,1466
3 Jahre	0,0190713	1,4691	-0,0244315	1,1756
4 Jahre	0,0757938	1,5258	0,0365625	1,2366
5 Jahre	0,1283607	1,5784	0,0845547	1,2846
6 Jahre	0,1881923	1,6382	0,1450978	1,3451
7 Jahre	0,2408738	1,6909	0,2071972	1,4072
8 Jahre	0,3033623	1,7534	0,2722361	1,4722
9 Jahre	0,3584778	1,8085	0,3533599	1,5534
10 Jahre	0,4691064	1,9191	0,4953363	1,6953

Tabelle 44: Kalkulatorische Terminkurse der strategischen Steuerungsebene

---

[355]   Vgl. zum Verfahren nach CaE die Ausführungen auf S. 151 dieser Arbeit.

Tabelle 44 gibt die Swapsätze und kalkulatorischen Terminkurse der betrachteten Fremdwährungen wieder.[356] Die Berechnung der Swapsätze erfolgt unter Verwendung der laufzeitspezifischen Zerobond-Abzinsfaktoren. Ziel ist die Transformation der Fremdwährungs-Zahlungen in DM-Gegenwerte. Dazu werden die Zahlungsströme der Fremdwährungs-Transaktionen durch Multiplikation mit den laufzeitmäßig zugehörigen kalkulatorischen Terminkursen in DM-Gegenwerte transformiert:

$$(102) \qquad cf_t^{FW} = cf_t^{FW/DM} \cdot F_t^{FW}$$

mit cf_t^{FW} : Zum Zeitpunkt t fällig werdende Zahlung aus einer Fremdwährungstransaktion [Fremdwährung]

$cf_t^{FW/DM}$: Kalkulatorischer DM-Gegenwert einer zum Zeitpunkt t fällig werdenden Zahlung aus einer Fremdwährungstransaktion [DM]

Faßt man die Transaktionen in Inlandswährung und die Fremdwährungs-Transaktionen zusammen, läßt sich die in Tabelle 45 dargestellte Gesamt-Dispositionsübersicht bilden.

Fälligkeit	Transaktionen DM [DM]	Transaktionen USD [USD]	[DM]	Transaktionen JPY [JPY]	[DM]	Gesamt [DM]
3 Monate	37.500,00					37.500,00
6 Monate	2.037.500,00					2.037.500,00
9 Monate	37.500,00					37.500,00
12 Monate	2.434.500,00	-564.400,00	-812.171,50	36.275.000,00	407.002,95	2.029.331,35
18 Monate	3.037.500,00					3.037.500,00
2 Jahre	2.184.500,00	-564.400,00	-813.977,68	450.275.000,00	5.162.853,15	6.533.375,47
3 Jahre	-9.303.000,00	-564.400,00	-829.160,04			-10.132.160,04
4 Jahre	1.347.000,00	-8.864.400,00	-13.525.301,52			-12.178.301,52
5 Jahre	-1.653.000,00					-1.653.000,00
6 Jahre	1.515.000,00					1.515.000,00
7 Jahre	1.515.000,00					1.515.000,00
8 Jahre	4.515.000,00					4.515.000,00
9 Jahre	1.200.000,00					1.200.000,00
10 Jahre	11.200.000,00					11.200.000,00

Tabelle 45: Gesamt-Dispositionsübersicht

---

[356] Vgl. hierzu die auf S. 161-163 dieser Arbeit beschriebene Vorgehensweise.

Die Dispositionsübersicht in der hier vorgestellten Form liefert auf einer obersten Aggregationsstufe Informationen über zu erwartende zukünftige Zahlungsströme. Um eine derartige Darstellung in ihrer praktischen Umsetzung auch bei Betrachtung eines umfangreichen Geschäftsvolumens überschaubar und in informationstechnischer Hinsicht realisierbar zu gestalten, sind die beschriebenen, vereinfachenden Annahmen der Verdichtung der realen Fälligkeiten auf Rasterpunkte und der Unterstellung eines Standard-Hedge für sämtliche Fremdwährungs-Transaktionen erforderlich.

Die Dispositionsübersicht kann als Grundlage der Bestimmung von Ausgleichsoperationen eingesetzt werden, die sich auf konkrete Planungshorizonte beziehen. Die Relevanz derartiger Berechnungen nimmt allerdings mit zunehmendem Planungshorizont aufgrund der zu akzeptierenden Ungenauigkeiten ab. Aus diesem Grund wird der explizite Ausgleich des Gesamtbank-Zahlungsstroms nicht auf der strategischen, sondern auf der taktischen Steuerungsebene mit entsprechend kurzfristigem Planungshorizont vorgenommen.[357] Weiterhin lassen sich auf Basis der Dispositionsübersicht Bewertungen der Risikoposition durch Barwertbestimmung und abschließende Variation der Bewertungsparameter vornehmen. Dies wird unter b) und c) dieses Abschnitts beschrieben. Da im Rahmen der Dispositionsübersicht bestandsverändernde und erfolgswirksame Zahlungen zusammengefaßt werden, läßt sich die Fälligkeitsstruktur, die der betriebenen Fristentransformation zugrunde liegt, nicht exakt abbilden. Hierzu wird die Zinsbindungsübersicht eingesetzt.

(2) Zinsbindungsübersicht

Neben der auf Zahlungsströmen basierenden Dispositionsübersicht ist es für das Treasury erforderlich, Kenntnis über die zu den einzelnen Zeitpunkten durch Zinsvereinbarungen gebundenen Kapitalbeträge und deren zeitlichen Verlauf zu besitzen. Tabelle 46 gibt eine derartige Übersicht des Zinsbindungsverlaufs und der zu den einzelnen Rasterpunkten fällig werdenden Zinszahlungen wieder.

In der Spalte Fälligkeit sind die Kapitaltranchen, also die bestandsverändernden Zahlungen der betrachteten Transaktionen aufgeführt. Deren Kumulierung, begonnen mit dem am weitesten in der Zukunft liegenden Wert, liefert die Zinsbindung zu den jeweiligen Zeitpunkten. Die Zinsbindung einer bestimmten Fälligkeit ist damit definiert als:

---

[357]   Vgl. hierzu 2.*d)* dieses Teils B.

$$(103) \qquad ZB_t^A = \sum_{t+1}^{T} k_t^A$$

$$ZB_t^P = \sum_{t+1}^{T} k_t^P$$

mit k_t^A: Zum Zeitpunkt t fällig werdende aktivische Kapitaltranche [DM]

k_t^P: Zum Zeitpunkt t fällig werdende passivische Kapitaltranche [DM]

Fälligkeit	aktiv Fälligkeit [DM]	aktiv Zinsbindung [DM]	aktiv Zins [DM]	passiv Fälligkeit [DM]	passiv Zinsbindung [DM]	passiv Zins [DM]
3 Monate		27.758.390,00	37.500,00		-28.664.140,00	
6 Monate	2.000.000,00	25.758.390,00	37.500,00		-28.664.140,00	
9 Monate		25.758.390,00	37.500,00		-28.664.140,00	
12 Monate	1.000.000,00	24.758.390,00	2.959.502,95		-28.664.140,00	-1.930.171,60
18 Monate	3.000.000,00	21.758.390,00	37.500,00		-28.664.140,00	
2 Jahre	5.758.390,00	16.000.000,00	2.706.963,15		-28.664.140,00	-1.931.977,68
3 Jahre		16.000.000,00	1.815.000,00	-10.000.000,00	-18.664.140,00	-1.947.160,04
4 Jahre		16.000.000,00	1.815.000,00	-12.664.140,00	-6.000.000,00	-1.329.161,52
5 Jahre	3.000.000,00	13.000.000,00	1.815.000,00	-6.000.000,00		-468.000,00
6 Jahre		13.000.000,00	1.515.000,00			
7 Jahre		13.000.000,00	1.515.000,00			
8 Jahre	3.000.000,00	10.000.000,00	1.515.000,00			
9 Jahre		10.000.000,00	1.200.000,00			
10 Jahre	10.000.000,00		1.200.000,00			

Tabelle 46: Zinsbindungsübersicht

Die in Tabelle 46 dargestellte Übersicht läßt sich inhaltlich mit einer Zinsbindungsbilanz vergleichen. Zinsbindungsbilanzen werden vor allem ihres statischen Charakters wegen als unzureichend für die operative Steuerung von Zinsänderungsrisiken beurteilt.[358] Auf der strategischen Ebene liefert die Zinsbindungsbilanz allerdings relevante Informationen in Form der Aktiv- und Passivüberhänge resp. deren Veränderungen im Zeitablauf. Abbildung 28 zeigt den Verlauf der betragsmäßig geschlossenen Position und der zu den einzelnen Zeitpunkten vorliegenden Überhänge. Die geschlossene Position läßt sich formal darstellen als:

$$(104) \qquad P_t^G = min\left[\left|ZB_t^A\right|, \left|ZB_t^P\right| \right]$$

---

[358] Vgl. hierzu die Ausführungen auf S. 104 dieser Arbeit.

mit P_t^G: Geschlossene Position der Fälligkeit t [DM]

Um die graphische Aussagekraft zu erhöhen, sind die Überhänge als Differenz zwischen der geschlossenen Position und der als „Saldo" bezeichneten Linie dargestellt. Diese Linie entspricht dem Verlauf der Summe aus der geschlossenen Position und dem Überhang. Ein Aktivüberhang liegt dann vor, wenn die geschlossene Position unterhalb verläuft; ein Passivüberhang liegt dann vor, wenn die geschlossene Position oberhalb der Saldo-Linie verläuft.

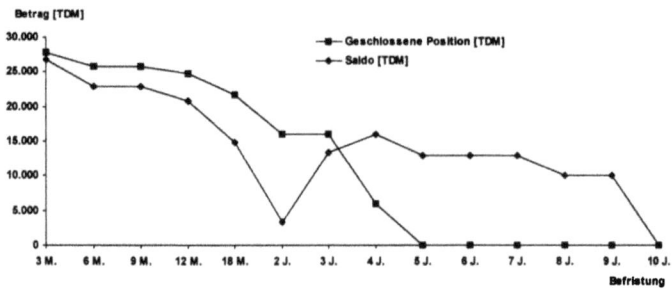

Abbildung 28: Verlauf von geschlossener Position und Zinsbindungs-Überhang

Die Abbildung zeigt einen bis zum 2-Jahres-Zeitpunkt zunehmenden Passivüberhang, wobei vor allem das Intervall von 18 Monaten bis 2 Jahren durch eine starke Zunahme gekennzeichnet ist. Die Ursache hierfür liegt in dem nach zwei Jahren fällig werdenden Yen-Kredit in Höhe von rund 5,16 Mio. DM.[359] Im Intervall zwischen drei und vier Jahren schlägt der Passivüberhang in einen Aktivüberhang um, der bis zum Ende des Betrachtungszeitraums bestehen bleibt.

Die Zinsbindungsübersicht in der hier vorgestellten Form dient als Instrument der Unterstützung der langfristig ausgerichteten Begrenzung von Zinsänderungs- und Währungsrisiken. So ist es, inhaltlich aufbauend auf den Dispositionsübersichten der einzelnen Währungen, möglich, für jede Währung eine Zinsbindungsübersicht aufzustellen und die Überhänge durch Zuordnung der unter 1.b) dieses Abschnitts definierten Gap-Limite auf bestimmte Beträge zu begrenzen.

---

[359]   Vgl. hierzu Tabelle 47 auf S. 191.

b) Strategische Risikobewertung

(1) Grundkonzept

Die strategische Risikobewertung stützt sich auf die unter 2.a)(1) beschriebene Dispositionsübersicht. Auf Basis des Gesamt-Zahlungsstroms erfolgt zunächst eine Barwertbestimmung. Hierzu werden die in Tabelle 43 wiedergegebenen Zerobond-Abzinsfaktoren verwandt. Dabei ist es unerheblich, ob die betrachteten Fremd-währungs-Transaktionen auf Basis währungsbezogener Zerobond-Abzinsfaktoren in eine Barwertgröße transformiert und dann zum aktuellen Kassakurs in einen DM-Betrag umgerechnet werden oder die DM-Gegenwerte unter Verwendung der laufzeitspezifischen DM-Zerobond-Abzinsfaktoren in DM-Barwerte umgerechnet werden.[360] Der Barwert des betrachteten Bestands beträgt 2.719.058,01 DM. Die Berechnung ist in Tabelle 47 in vereinfachter Form wiedergegeben.

| Fälligkeit | Transaktionen | | | | Zerobond-Abzinsfaktor | Barwert |
| | DM | USD | JPY | Summe | | |
	[DM]	[DM]	[DM]	[DM]		[DM]
3 Monate	37.500,00			37.500,00	0,988875155	37.082,82
6 Monate	2.037.500,00			2.037.500,00	0,976800977	1.990.231,99
9 Monate	37.500,00			37.500,00	0,963855422	36.144,58
12 Monate	2.434.500,00	-812.171,50	407.002,95	2.029.331,35	0,952380952	1.932.696,52
18 Monate	3.037.500,00			3.037.500,00	0,922256961	2.801.355,58
2 Jahre	2.184.500,00	-813.977,68	5.162.853,15	6.533.375,47	0,889487871	5.811.358,23
3 Jahre	-9.303.000,00	-829.160,04		-10.132.160,04	0,814083348	-8.248.422,77
4 Jahre	1.347.000,00	-13.525.301,52		-12.178.301,52	0,729188728	-8.880.280,20
5 Jahre	-1.653.000,00			-1.653.000,00	0,656463616	-1.085.134,36
6 Jahre	1.515.000,00			1.515.000,00	0,583720728	884.336,90
7 Jahre	1.515.000,00			1.515.000,00	0,523713881	793.426,53
8 Jahre	4.515.000,00			4.515.000,00	0,466621720	2.106.345,57
9 Jahre	1.200.000,00			1.200.000,00	0,416682107	500.018,53
10 Jahre	11.200.000,00			11.200.000,00	0,360705186	4.039.898,09
Summe						2.719.058,01

Tabelle 47: Barwertbestimmung

Der Barwert der betrachteten Transaktionen erfüllt eine Indikatorfunktion zur Beur-teilung der Werthaltigkeit der offenen Zins- und Währungsrisikoposition, da durch die Bewertung mit den Zerobond-Abzinsfaktoren ein Ausgleich aller zukünftigen

---

[360] Vgl. hierzu S. 161-163 dieser Arbeit.

Zahlungseingänge und -verpflichtungen zum Betrachtungszeitpunkt unterstellt wird. Unter risikobegrenzenden Aspekten sind hier zwei Fragestellungen relevant:[361]

(1) Verfügt das Kreditinstitut bei einem negativen Barwert der betrachteten Transaktionen – wenn also ein vollständiger Zahlungsstromausgleich zu aktuellen Marktsätzen nur unter Nachschuß eines bestimmten Betrags möglich ist – über ausreichende Risikodeckungsmittel, die den Risikoquellen Zinsänderungs- und Währungsrisiko zugeordnet werden können?

(2) Besteht die Möglichkeit, daß Risikodeckungsmittel, die zum aktuellen Betrachtungszeitpunkt für einen Ausgleich der Zins- und Währungsrisikoposition ausreichend (negativer Barwert) oder nicht erforderlich (positiver Barwert) sind, bei Veränderungen der für die Barwertbestimmung relevanten Bewertungsparameter eine negative Bewertungswirkung nicht mehr abfangen können?

Die Veränderung der Bewertungsparameter soll zunächst in Form einer Bewertung des Zinsänderungsrisikos beschrieben werden. Hierzu ist zunächst eine Annahme über die Ausprägung der unterstellten Veränderung der Bewertungs-Zinssätze erforderlich. Um die in der Realität zu beobachtende laufzeitabhängige Reagibilität der Zinssätze[362] abzubilden, erfolgt die Abschätzung der Veränderungen der Zinssätze durch Verwendung laufzeitspezifischer Standardabweichungen. Unterstellt man eine Normalverteilung der beobachteten Zinsabweichungen, dann können die erwarteten Werte für die möglichen Zinsveränderungen in Abhängigkeit von geforderten Konfidenzniveaus bestimmt werden. Hierzu werden Abgrenzungsfaktoren der Standard-Normalverteilung verwendet.[363] Tabelle 48 gibt die Werte der Abgrenzungsfaktoren für drei verschiedene Konfidenzniveaus wieder.

Konfidenzniveau [%]	33,00	66,00	99,00
Abgrenzungsfaktor	0,4261	0,9542	2,5758

Tabelle 48: Abgrenzungsfaktoren der Standard-Normalverteilung

Tabelle 49 enthält die Zinsabweichungen auf Basis angenommener laufzeitspezifischer Standardabweichungen.

---

[361] An dieser Stelle setzt die unter 1.b) dieses Abschnitts beschriebene strategische Bewertungslimitierung an.

[362] Vgl. hierzu S. 93 in Teil II dieser Arbeit.

[363] Vgl. **Rinne, Horst:** Taschenbuch der Statistik. Frankfurt/Main 1995, S. 375.

Fälligkeit	Marktzins [%]	Standard-abweichung [%]	Zinsabweichung bei Konfidenzniveau		
			33,00 % [%]	66,00 % [%]	99,00% [%]
3 Monate	4,5000	1,5000	0,6392	1,4312	3,8638
6 Monate	4,7500	1,4500	0,6179	1,3835	3,7350
9 Monate	5,0000	1,4000	0,5966	1,3358	3,6062
12 Monate	5,0000	1,3500	0,5753	1,2881	3,4774
18 Monate	5,5000	1,3000	0,5540	1,2404	3,3486
2 Jahre	6,0000	1,2500	0,5327	1,1927	3,2198
3 Jahre	7,0000	1,2000	0,5114	1,1450	3,0910
4 Jahre	8,0000	1,1500	0,4901	1,0973	2,9622
5 Jahre	8,5000	1,1000	0,4688	1,0496	2,8334
6 Jahre	9,0000	1,0500	0,4475	1,0019	2,7046
7 Jahre	9,2500	1,0000	0,4261	0,9542	2,5758
8 Jahre	9,5000	0,9500	0,4048	0,9065	2,4470
9 Jahre	9,6700	0,9000	0,3835	0,8587	2,3183
10 Jahre	10,0000	0,8500	0,3622	0,8110	2,1895

Tabelle 49: Standard- und Zinsabweichungen

Die Zinsabweichungen sind definiert als:

(105) $$ZA_t(KN) = s_t \cdot F^A(KN)$$

mit $ZA_t(KN)$: Absolute Zinsabweichung der Fälligkeit t abhängig von einem geforderten Konfidenzniveau [%]

s_t : Der Fälligkeit t zugeordnete Standardabweichung [%]

$F^A(KN)$: Abgrenzungsfaktor des Konfidenzniveaus

Die Bewertung des strategischen Zinsänderungsrisikos erfolgt vereinfachend durch Unterstellung einer tendenziellen Zinsveränderung in Form einer Zinssenkung resp. eines Zinsanstiegs jeweils für die betrachteten Konfidenzniveaus. Für die veränderten Zinssätze gilt damit:

(106) $$i_t'(KN) = i_t \pm ZA_t(KN)$$

mit $i_t'(KN)$:   Veränderter Marktzins der Fälligkeit t abhängig von einem geforderten Konfidenzniveau [%]

| Fälligkeit | Transaktionen | | | | Zerobond-Abzinsfaktor | Barwert |
| | DM | USD | JPY | Summe | | |
	[DM]	[DM]	[DM]	[DM]		[DM]
3 Monate	37.500,00			37.500,00	0,998412026	37.440,45
6 Monate	2.037.500,00			2.037.500,00	0,994950626	2.027.211,90
9 Monate	37.500,00			37.500,00	0,989654645	37.112,05
12 Monate	2.434.500,00	-785.306,16	393.527,90	2.042.721,74	0,985002354	2.012.085,72
18 Monate	3.037.500,00			3.037.500,00	0,968391670	2.941.489,70
2 Jahre	2.184.500,00	-765.100,64	4.853.063,95	6.272.463,31	0,946306771	5.935.668,23
3 Jahre	-9.303.000,00	-758.666,48		-10.061.666,48	0,889725784	-8.952.124,10
4 Jahre	1.347.000,00	-12.075.085,68		-10.728.085,68	0,816736407	-8.762.018,15
5 Jahre	-1.653.000,00			-1.653.000,00	0,751289534	-1.241.881,60
6 Jahre	1.515.000,00			1.515.000,00	0,680830145	1.031.457,67
7 Jahre	1.515.000,00			1.515.000,00	0,620230010	939.648,47
8 Jahre	4.515.000,00			4.515.000,00	0,559233124	2.524.937,55
9 Jahre	1.200.000,00			1.200.000,00	0,503547038	604.256,45
10 Jahre	11.200.000,00			11.200.000,00	0,438329042	4.909.285,28
Summe						4.044.569,62

Tabelle 50: Barwertbestimmung bei unterstellter Zinssenkung (Konfidenzniveau: 99,00 %)

Tabelle 50 gibt in Form eines Berechnungsbeispiels die Ergebnisse der Barwertbestimmung für den Fall einer unterstellten Zinssenkung bei Akzeptanz eines Konfidenzniveaus von 99,00 % wieder. Die unterstellte Veränderung der Zinssätze wirkt dabei sowohl direkt über die Barwerte der betrachteten Transaktionen als auch indirekt. Die indirekte Wirkungsrichtung liegt in einer Anpassung der Terminkurse der betrachteten Fremdwährungen. Führt man die Berechnung für sämtliche Kombinationen aus unterstellten Konfidenzniveaus und tendenziellen Zinsveränderungen durch, ergibt sich der in Tabelle 51 abgebildete Barwertverlauf samt zugehöriger Veränderungswerte.[364]

---

[364]   Die Anlagen 2-7 im Anhang dieser Arbeit enthalten die zugehörigen Berechnungstableaus.

Zinsänderung	Konfidenz-niveau [%]	Barwert [DM]	Risiko/Chance [DM]
	99,00	4.044.569,62	1.325.511,61
Zinssenkung	66,00	3.168.651,03	449.593,02
	33,00	2.914.653,87	195.595,86
		2.719.058,01	0,00
	33,00	2.532.449,58	-186.608,43
Zinsanstieg	66,00	2.311.779,42	-407.278,59
	99,00	1.704.913,21	-1.014.144,80

Tabelle 51: Barwertverlauf

Die Ergebnisse lassen sich graphisch in Form einer strategischen Risikolinie, wie in Abbildung 29 gezeigt, darstellen.

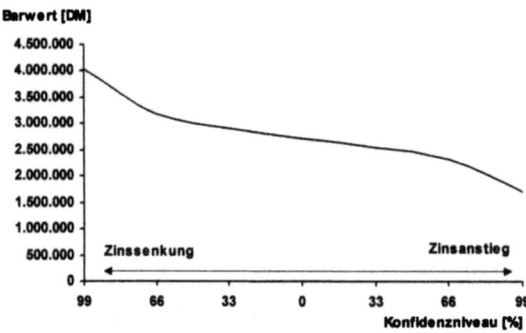

Abbildung 29: Strategische Risikolinie

Der Barwert der betrachteten Transaktionen sinkt bei einem tendenziellen Anstieg der Marktzinssätze et vice versa, wobei hier das Ausmaß der negativen Veränderung das der positiven Veränderung übersteigt. Ein negativer Barwert ergibt sich, selbst bei unterstelltem Worst-Case in Form eines starken Zinsanstiegs, nicht.

(2) Die Berücksichtigung von Korrelationen zwischen den Zinssätzen von Inlands- und Fremdwährungen

Bei der strategischen Risikobewertung in ihrer Grundform wurde eine Beeinflussung der Werthaltigkeit der Fremdwährungs-Transaktionen durch eine angenommene Veränderung der kalkulatorischen Terminkurse als Reaktion auf die Veränderung der inländischen Zinsstruktur unterstellt.

Fälligkeit	Korrelation	
	USD	JPY
3 Monate	0,7000	0,5000
6 Monate	0,7200	0,5100
9 Monate	0,7400	0,5200
12 Monate	0,7600	0,5300
18 Monate	0,7800	0,5400
2 Jahre	0,8000	0,5500
3 Jahre	0,8100	0,5600
4 Jahre	0,8300	0,5700
5 Jahre	0,8500	0,5800
6 Jahre	0,8700	0,5900
7 Jahre	0,8900	0,6000
8 Jahre	0,9100	0,6100
9 Jahre	0,9300	0,6200
10 Jahre	0,9500	0,6300

Tabelle 52: Korrelationen zwischen DM- und Fremdwährungs-Marktzinsen

Eine Alternative zu dieser vereinfachenden Vorgehensweise liegt – entsprechendes statistisches Datenmaterial vorausgesetzt – darin, Veränderungen der Zinsstrukturen der betrachteten Fremdwährungen als Reaktion auf Veränderungen der inländischen Zinsstruktur abzubilden.[365] Tabelle 52 enthält angenommene Korrelationen zwischen der Veränderung der DM-Zinssätze und der Zinssätze von US-Dollar und Yen.

---

[365] Vgl. **Lagger, André:** Risikomanagement bei Banken. Publikation 112 der Swiss Banking School, Bern – Stuttgart – Wien 1995, S. 29.

| Fälligkeit | Korrelierte Zinsabweichung bei Konfidenzniveau | | | | | |
| | USD | | | JPY | | |
	33,0 % [%]	66,0 % [%]	99,00% [%]	33,0 % [%]	66,0 % [%]	99,00% [%]
3 Monate	0,4475	1,0019	2,7046	0,3196	0,7156	1,9319
6 Monate	0,4449	0,9961	2,6892	0,3151	0,7056	1,9048
9 Monate	0,4415	0,9885	2,6686	0,3102	0,6946	1,8752
12 Monate	0,4372	0,9790	2,6428	0,3049	0,6827	1,8430
18 Monate	0,4321	0,9675	2,6119	0,2992	0,6698	1,8082
2 Jahre	0,4261	0,9542	2,5758	0,2930	0,6560	1,7709
3 Jahre	0,4142	0,9274	2,5037	0,2864	0,6412	1,7310
4 Jahre	0,4068	0,9108	2,4586	0,2793	0,6255	1,6885
5 Jahre	0,3984	0,8921	2,4084	0,2719	0,6088	1,6434
6 Jahre	0,3893	0,8716	2,3530	0,2640	0,5911	1,5957
7 Jahre	0,3793	0,8492	2,2925	0,2557	0,5725	1,5455
8 Jahre	0,3684	0,8249	2,2268	0,2470	0,5529	1,4927
9 Jahre	0,3567	0,7986	2,1560	0,2378	0,5324	1,4373
10 Jahre	0,3441	0,7705	2,0800	0,2282	0,5110	1,3794

Tabelle 53: Korrelierte Abweichungen der Fremdwährungs-Zinssätze

Auf Basis dieser Korrelationen können die tendenziellen Abweichungen der Fremd-währungs-Zinssätze in Abhängigkeit von den in Tabelle 49 unterstellten Standard-abweichungen der DM-Zinssätze bestimmt werden. Für die Zinsabweichungen der betrachteten Fremdwährungen gilt:

$$(107) \qquad ZA_t^{FW}(KN) = ZA_t(KN) \cdot korr_t^{FW}$$

mit $ZA_t^{FW}(KN)$: Absolute Zinsabweichung der Fälligkeit t einer Fremdwäh-rung abhängig von einem geforderten Konfidenzniveau [%]

$korr_t^{FW}$: Korrelation zwischen den Zinssätzen in Inlands- und Fremd-währung der Fälligkeit t

Tabelle 53 gibt diese korrelierten Fremdwährungs-Zinsabweichungen für die ein-zelnen Konfidenzniveaus wieder. Die Barwertveränderung wird für jede betrachtete Fremdwährung getrennt bestimmt. Tabelle 54 enthält als Beispielrechnung die

Barwertbestimmung für den Fall einer unterstellten Zinssenkung bei einem Konfidenzniveau von 99,00 %.[366]

Fälligkeit	Transaktionen DM [DM]	USD [DM]	JPY [DM]	Summe [DM]	Zerobond-Abzinsfaktor	Barwert [DM]
3 Monate	37.500,00			37.500,00	0,998412026	37.440,45
6 Monate	2.037.500,00			2.037.500,00	0,994950626	2.027.211,90
9 Monate	37.500,00			37.500,00	0,989654645	37.112,05
12 Monate	2.434.500,00	-805.398,80	400.300,70	2.029.401,90	0,985002354	1.998.965,65
18 Monate	3.037.500,00			3.037.500,00	0,968391670	2.941.489,70
2 Jahre	2.184.500,00	-803.649,16	5.014.712,68	6.395.563,52	0,946305771	6.052.156,67
3 Jahre	-9.303.000,00	-814.880,72		-10.117.880,72	0,889725784	-9.002.139,36
4 Jahre	1.347.000,00	-13.259.369,52		-11.912.369,52	0,816736407	-9.729.265,88
5 Jahre	-1.653.000,00			-1.653.000,00	0,751289534	-1.241.881,60
6 Jahre	1.515.000,00			1.515.000,00	0,680830145	1.031.457,67
7 Jahre	1.515.000,00			1.515.000,00	0,620230010	939.648,47
8 Jahre	4.515.000,00			4.515.000,00	0,559233124	2.524.937,55
9 Jahre	1.200.000,00			1.200.000,00	0,503547038	604.256,45
10 Jahre	11.200.000,00			11.200.000,00	0,438329042	4.909.285,28
Summe						3.130.677,00

Tabelle 54: Barwertbestimmung bei unterstellter Zinssenkung (Konfidenzniveau: 99,00 %) und Berücksichtigung von Korrelationen zwischen den Zinssätzen in Inlands- und Fremdwährungen

Führt man die Barwertbestimmung für sämtliche Kombinationen aus tendenzieller Zinsveränderung und geforderten Konfidenzniveaus durch, ergeben sich die in Tabelle 55 dargestellten Ergebnisse für den Verlauf des Barwerts.

Die in Tabelle 55 als Risiko/Chance ausgewiesenen Barwertveränderungen ergeben sich durch Bildung der Differenz zwischen den aktuellen Barwerten der Transaktionen unter Berücksichtigung der Korrelationen (Tabelle 54) und den ursprünglichen Barwerten (Tabelle 47).

(108) $$\Delta B_{korr}(KN) = B_{korr}(KN) - B$$

mit $\Delta B_{korr}(KN)$: Korrelierte Barwertveränderung abhängig von einem geforderten Konfidenzniveau [DM]

---

[366] Die Anlagen 8-13 im Anhang dieser Arbeit enthalten die Berechnungstableaus der übrigen angenommenen Zinsveränderungen.

$B_{korr}(KN):$ Korrelierter Barwert abhängig von einem geforderten
Konfidenzniveau [DM]

Zinsänderung	Konfidenz-niveau	Barwert	Risiko/Chance nach Währungen			
			Gesamt	DM	USD	JPY
[%]	[%]	[DM]	[DM]	[DM]	[DM]	[DM]
	99,00	3.130.677,00	411.618,99	1.325.012,34	-1.073.224,94	159.831,57
Zinssenkung	66,00	2.843.410,81	124.352,80	449.340,00	-383.294,03	58.306,82
	33,00	2.770.612,75	51.554,74	195.140,56	-169.452,63	25.866,79
		2.719.058,01	0,00	0,00	0,00	0,00
	33,00	2.672.651,48	-46.406,53	-186.711,05	165.876,10	-25.571,61
Zinsanstieg	66,00	2.621.869,25	-97.188,76	-407.034,47	367.065,63	-57.219,95
	99,00	2.509.650,30	-209.407,71	-1.014.413,30	956.977,37	-151.971,79

Tabelle 55: Barwertverlauf bei Berücksichtigung von Korrelationen
zwischen den Zinssätzen in Inlands- und Fremdwährungen

Die zugehörige strategische Risikolinie ist in Abbildung 30 wiedergegeben. Sie
weist gegenüber der Risikobewertung in ihrer Grundform einen deutlich flacheren
Verlauf auf.[367]

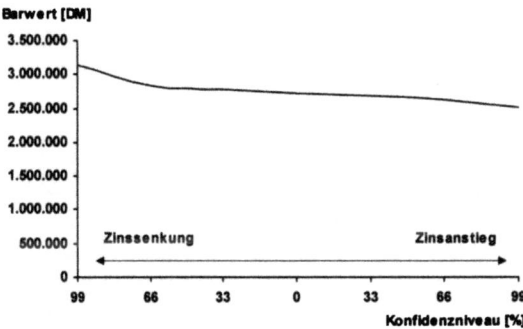

Abbildung 30: Strategische Risikolinie bei Berücksichtigung von Korrelationen
zwischen den Zinssätzen in Inlands- und Fremdwährungen

---

[367]   Vgl. hierzu Abbildung 29 auf S. 195 dieser Arbeit.

Die Ursache für diesen flacheren Verlauf liegt darin, daß sich die Barwertveränderungen der DM- und der USD-Transaktionen durch die Berücksichtigung der
Korrelationen fast vollständig neutralisieren. Durch diese Bewertungsvariante lassen
sich derartige Effekte transparent machen, womit die langfristig ausgelegte Abschätzung der Sensitivität des Barwerts der betrachteten Transaktionen wirkungsvoller
unterstützt werden kann.

c) Strategische Simulation

(1) Übersicht

Neben der permanent durchgeführten strategischen Bewertung der Risikoposition
kann es erforderlich sein, die Reagibilität des Barwerts der betrachteten Transaktionen unter Annahme konkreter Szenarien zu testen. Die grundlegende Anforderung
an eine Simulationskomponente besteht damit darin, die Variation sämtlicher Bewertungsparameter, also

– Zinsen (Inlands- und Fremdwährung),
– Devisenkurse,
– Korrelationen (zwischen Zinsen und zwischen Devisenkursen),
– Marktvolatilität (Standardabweichungen) und
– geforderte Konfidenzniveaus

verarbeiten zu können.

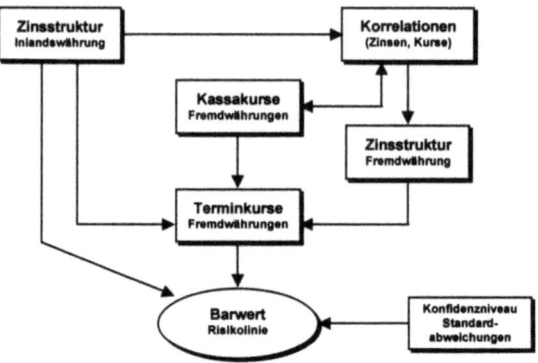

Abbildung 31: Direkte und indirekte Wirkungsrichtungen
der Variation von Bewertungsparametern

Abbildung 31 gibt zusammenfassend die Wirkungsrichtungen der Variation der einzelnen Bewertungsparameter wieder. Die Simulation erfolgt durch Berechnung des bekannten Barwerttableaus auf Basis der veränderten Bewertungsparameter.

(2) Simulationsbeispiel

Betrachtet man beispielsweise das Szenario einer Drehung der DM-Zinsstruktur in eine flache Form auf ein Niveau von 7,00 %, verbunden mit einem Absinken des USD-Kurses auf 1,40 DM/USD und eine lineare Senkung der Zinsstruktur in Yen um 0,50 Prozent-Punkte, dann ergibt sich, ausgehend von den in Tabelle 56 wiedergegebenen Zinssätzen und Devisenkursen, die in Tabelle 57 abgebildete Barwertberechnung.

	Marktzinsen			USD		JPY	
Fälligkeit	**DEM** [%]	**USD** [%]	**YEN** [%]	**Swapsatz** [DM/USD]	**Devisenkurs** [DM/USD]	**Swapsatz** [DM/100JPY]	**Devisenkurs** [DM/100JPY]
					Kassakurs 1,4000		Kassakurs 1,2000
3 Monate	7,0000	4,8000	9,3000	0,0076087	1,4076	-0,0067432	1,1933
6 Monate	7,0000	5,0000	9,1000	0,0136585	1,4137	-0,0120517	1,1879
9 Monate	7,0000	5,2000	8,9000	0,0181906	1,4182	-0,0160300	1,1840
12 Monate	7,0000	5,8000	8,7000	0,0158790	1,4159	-0,0187673	1,1812
18 Monate	7,0000	6,0500	8,3500	0,0188510	1,4189	-0,0223135	1,1777
2 Jahre	7,0000	6,3000	8,0000	0,0180768	1,4181	-0,0215125	1,1785
3 Jahre	7,0000	6,6000	7,4000	0,0145657	1,4146	-0,0113018	1,1887
4 Jahre	7,0000	6,8000	7,0000	0,0080917	1,4081	0,0039065	1,2039
5 Jahre	7,0000	6,9000	6,9000	0,0031233	1,4031	0,0103097	1,2103
6 Jahre	7,0000	7,1000	6,9000	-0,0144166	1,3856	0,0114419	1,2114
7 Jahre	7,0000	7,2000	6,8000	-0,0270694	1,3729	0,0222691	1,2223
8 Jahre	7,0000	7,3000	6,8000	-0,0430189	1,3570	0,0245680	1,2246
9 Jahre	7,0000	7,4000	6,7000	-0,0623821	1,3376	0,0403483	1,2403
10 Jahre	7,0000	7,5000	6,6000	-0,0852316	1,3148	0,0594716	1,2595

Tabelle 56: Unterstellte Marktzinsen und Devisenkurse des Simulationsbeispiels

Durch abgestufte Veränderung der Intensität der Bewertungsparametervariation kann die strategische Simulation in der beschriebenen Form sowohl als Standard- als auch als Worst-Case-Simulation eingesetzt werden.[368]

---

[368] Vgl. hierzu die Ausführungen auf S. 167-169 dieser Arbeit.

Fälligkeit	Transaktionen DM [DM]	USD [DM]	JPY [DM]	Summe [DM]	Zerobond-	Barwert [DM]
3 Monate	37.500,00			37.500,00	0,982800983	36.855,04
6 Monate	2.037.500,00			2.037.500,00	0,966183575	1.968.599,03
9 Monate	37.500,00			37.500,00	0,950118765	35.629,45
12 Monate	2.434.500,00	-799.133,96	416.668,30	2.052.034,34	0,934579439	1.917.789,10
18 Monate	3.037.500,00			3.037.500,00	0,902975304	2.742.787,48
2 Jahre	2.184.500,00	-800.375,64	5.306.490,88	6.690.615,24	0,873438728	5.843.842,47
3 Jahre	-9.303.000,00	-798.400,24		-10.101.400,24	0,816297877	-8.245.751,57
4 Jahre	1.347.000,00	-12.481.961,64		-11.134.961,64	0,762896212	-8.494.808,92
5 Jahre	-1.653.000,00			-1.653.000,00	0,712986179	-1.178.566,15
6 Jahre	1.515.000,00			1.515.000,00	0,666342224	1.009.508,47
7 Jahre	1.515.000,00			1.515.000,00	0,622749742	943.465,86
8 Jahre	4.515.000,00			4.515.000,00	0,582009105	2.627.771,11
9 Jahre	1.200.000,00			1.200.000,00	0,543933743	652.720,49
10 Jahre	11.200.000,00			11.200.000,00	0,508349292	5.693.512,07
Summe						5.553.353,93

Tabelle 57: Barwertbestimmung im Rahmen der strategischen Simulation

d) Risikosteuerung auf taktischer Ebene

(1) Überblick

Während es Ziel der Risikobewertung auf der strategischen Steuerungsebene ist, die Sensitivität des Marktwerts der betrachteten Positionen auf Basis von Annahmen resp. statistisch ausgewerteten Vergangenheitsinformationen zu testen und dem Treasury Anhaltspunkte für eine Abschätzung der Risikoposition zu liefern, ist die taktische Steuerungsebene durch die Zielsetzung der Ansteuerung geplanter Zinsüberschüsse unter expliziter Berücksichtigung unterjähriger dynamischer Effekte gekennzeichnet.[369] Die Risiken, denen das Treasury ausgesetzt ist, liegen darin, ein definiertes Erfolgsziel zu verfehlen. Chancen bestehen in einer Generierung höherer als ursprünglich geplanter Treasury-Erfolge. Im Gegensatz zur strategischen Steuerungsebene verändert sich die Länge des Planungshorizonts im Zeitverlauf.

Um einen derart definierten Steuerungsprozeß zu unterstützen, ist zunächst eine funktionale Struktur erforderlich, die im Sinne eines Navigationssystems sowohl bereits entstandene Abweichungen zwischen geplanten und erzielten (Teil-) Ergebnissen als auch zukünftige Ergebniseffekte unter veränderten Marktbedingungen abbilden kann.[370] Der erste Schritt einer derartigen Ergebnisrechnung besteht in einer täglichen Abrechnung der gesamten Treasury-Position, um einen permanenten Vergleich zwischen geplanten und tatsächlichen Zinsüberschüssen durchführen zu können. Das folgende Konzept wird zunächst anhand eines Einzelgeschäftsbeispiels erläutert.

(2) Grundkonzept

(a) Tägliche Treasury-Ergebnisrechnung

Betrachtet werden soll ein Kundenkredit in Höhe von 200.000,00 DM, der für zwei Jahre zu einem Nominalzins von 8,00 % p.a. gewährt wird. Tilgungsleistungen in Höhe von je 50.000,00 DM sind nach Ablauf von sechs und 18 Monaten fällig. Die Zinszahlung erfolgt in halbjährlichem Rhythmus. Um den täglichen Treasury-Erfolg auf Basis der tatsächlich durchgeführten Disposition des Kundengeschäfts bestimmen zu können, muß der täglich zu verrechnende Konditionserfolg bekannt sein.

---

[369] Vgl. **Meyer zu Selhausen, Hermann:** Ermittlung robuster Strategien für die Steuerung des Zinsrisikos einer Universalbank. In: Zeitschrift für Bankrecht und Bankwirtschaft 3/1991, S. 137-146, hier S. 138.

[370] Vgl. **Pfingsten, Andreas:** Die Erkennung und Behandlung von Zinsänderungsrisiken. In: Zeitschrift für das gesamte Kreditwesen 7/1988, S. 270-274, hier S. 272.

Dieser wird – entgegen dem Grundkonzept der Marktzinsmethode – nicht auf Grundlage der jeweils vorliegenden Volumina, sondern unter Berücksichtigung des vollständigen Zahlungsstroms des Kundengeschäfts bestimmt.[371] Tabelle 58 gibt den Zahlungsstrom des Kreditgeschäfts und die kalkulatorische Refinanzierung wieder.[372]

			Zeitpunkt	0	6 Monate	12 Monate	18 Monate	24 Monate
Zahlungen des Kundengeschäfts								
	Kapital	[DM]		-200.000,00	50.000,00		50.000,00	100.000,00
8,00 % Zins		[DM]			8.000,00	6.000,00	6.000,00	4.000,00
Opportunitätszahlungen								
24-Monats-Tranche	Kapital	[DM]		91.196,06				-91.196,06
6,00 % Zins		[DM]				-5.471,76		-5.471,76
18-Monats-Tranche	Kapital	[DM]		54.501,22			-54.501,22	
5,50 % Zins		[DM]				-2.997,57	-1.498,78	
12-Monats-Tranche	Kapital	[DM]		-2.351,74		2.351,74		
5,00 % Zins		[DM]				117,59		
6-Monats-Tranche	Kapital	[DM]		56.654,46	-56.654,46			
4,75 % Zins		[DM]			-1.345,54			
Summe der Opportunitätszahlungen		[DM]		200.000,00	-58.000,00	-6.000,00	-56.000,00	-96.667,82
Summe aller Zahlungen		[DM]		0,00	0,00	0,00	0,00	7.332,18
Gewinn- und Verlustrechnung								
Zinsertrag		[DM]			8.000,00	6.000,00	6.000,00	4.000,00
Zinsaufwand		[DM]			1.345,54	8.351,74	1.498,78	5.471,76
Konditionserfolg pro Tag		[DM]			11,9520			8,4152

Tabelle 58: Bestimmung täglicher Konditionserfolge

Aus den Zinszahlungen des Kundengeschäfts und den kalkulatorischen Refinanzierungskosten läßt sich eine kalkulatorische Gewinn- und Verlustrechnung ermitteln. Innerhalb des ersten Laufzeitjahres erhält das Kreditinstitut (8.000,00 DM + 6.000,00 DM =) 14.000,00 DM Zinsertrag. Dem steht ein kalkulatorischer Zinsaufwand von (1.345,54 DM + 8.351,74 DM =) 9.697,28 DM gegenüber, so daß insgesamt ein kalkulatorischer Zinsüberschuß von 4.302,72 DM verbleibt. Dieser ist in voller Höhe dem Kundenbereich gutzuschreiben. Bezieht man den Konditionserfolg auf einen Tag, ergibt sich ein Betrag von 11,9520 DM.[373] Im zweiten Laufzeitjahr

---

[371] Vgl. zur Bestimmung periodisierter Konditionserfolge S. 30-32 dieser Arbeit.
[372] Unterstellt sind die Marktzinssätze aus Tabelle 43.
[373] Unterstellt sind wieder 360 Tage pro Jahr.

beträgt der tägliche Konditionserfolg bei analoger Vorgehensweise 8,4152 DM pro Tag.

Zeitpunkt			0	6 Monate	12 Monate	18 Monate	24 Monate
Opportunitätszahlungen							
24-Monats-Tranche	Kapital	[DM]	91.196,07				-91.196,07
	6,00 % Zins	[DM]		-2.735,88	-2.735,88	-2.735,88	-2.735,88
18-Monats-Tranche	Kapital	[DM]	54.501,22			-54.501,22	
	5,50 % Zins	[DM]		-1.498,78	-1.498,78	-1.498,78	
12-Monats-Tranche	Kapital	[DM]	-2.351,74		2.351,74		
	5,00 % Zins	[DM]		58,80	58,80		
6-Monats-Tranche	Kapital	[DM]	56.654,46	-56.654,46			
	4,75 % Zins	[DM]		-1.345,54			
Summe der Opportunitätszahlungen		[DM]	200.000,00	-58.000,00	-6.000,00	-56.000,00	-96.667,84
Gewinn- und Verlustrechnung							
Zinsertrag		[DM]		8.000,00	6.000,00	6.000,00	4.000,00
Zinsaufwand		[DM]		5.521,40	4.176,86	4.234,66	2.735,88
Konditionserfolg pro Tag		[DM]		13,7700	10,1341	9,8074	7,0229

Tabelle 59: Tägliche Konditionserfolge bei Abgrenzung der Opportunitätszinsen

Um die Kalkulationsgenauigkeit zu erhöhen, ist es – insbesondere bei einer Ausdehnung der Betrachtung auf eine Vielzahl von Kundengeschäften – erforderlich, die Aufwands- und Ertragszahlungen durch Abgrenzung miteinander abzustimmen. In dem hier betrachteten Fall werden für das Kundengeschäft Zinszahlungen im 6-Monats-Rhythmus, für die Opportunität in jährlichem Rhythmus resp. bei Laufzeitende fällig. Grenzt man die Zinszahlungen der Opportunität auf 6-Monats-Zeiträume ab, ergibt sich die in Tabelle 59 abgebildete Situation. Die täglichen Konditionserfolge können jetzt ebenfalls für 6-Monats-Zeiträume bestimmt werden und zeichnen die Struktur des Kundenkredits besser nach.

Zur weiteren Beschreibung des Steuerungsprozesses wird unterstellt, daß die Auszahlung des Kundengeschäfts am 01.01.1996 erfolgt sei. Aufgrund der vorliegenden normalen Zinsstruktur sei die Refinanzierung durch Aufnahme eines 3-Monats-Gelds zum herrschenden Marktzins von 4,50 % vorgenommen worden. Die Bestimmung des Treasury-Erfolgs auf täglicher Basis und dessen Kumulierung für eine Teilperiode von drei Monaten ist in Tabelle 60 wiedergegeben.

Der Zinsertrag pro Tag beträgt 44,4444 DM und ergibt sich durch Umrechnung der nach einem halben Jahr fällig werdenden Zinszahlung des Kundengeschäfts in Höhe von 8.000,00 DM auf tägliche Basis. Der Zinsaufwand pro Tag wird aus dem Zinsaufwand der Ist-Refinanzierung berechnet. Insgesamt verbleibt ein Zinsüberschuß pro Tag in Höhe von 19,4444 DM. Subtrahiert man hiervon den dem Kundenbereich zu vergütenden Konditionserfolg pro Tag, verbleibt ein Treasury-Erfolg pro Tag in Höhe von 5,6744 DM. Kumuliert man diesen Wert für die ersten 90 Tage der betrachteten GuV-Periode, ergibt sich ein Betrag von 510,70 DM.

			Zeitpunkt	01.01.1996	31.03.1996
Zahlungen des Kundengeschäfts					
	Kapital	[DM]		-200.000,00	
8,00 % Zins		[DM]			
	Gesamt	[DM]		-200.000,00	
Ist-Refinanzierung					
3-Monats-Tranche	Kapital	[DM]		200.000,00	-200.000,00
4,50 % Zins		[DM]			-2.250,00
Erfolgsrechnung					
Zinsertrag pro Tag		[DM]			44,4444
Zinsaufwand pro Tag		[DM]			25,0000
Zinsüberschuß pro Tag		[DM]			19,4444
Konditionserfolg pro Tag		[DM]			13,7700
Treasury-Erfolg pro Tag		[DM]			5,6744
Treasury-Erfolg laufendes Jahr		[DM]			510,70

Tabelle 60: Täglicher und kumulierter Treasury-Erfolg vom 01.01.-31.03.1996

(b) Ergebniswirkungen grundlegender Dispositionsalternativen

Im folgenden wird unterstellt, daß das Ergebnisziel als geplante Bruttozinsspanne auf täglicher Basis in Höhe von 3,00 % definiert wurde. Die per 31.03.1996 relevanten Dispositionsinformationen lassen sich in Form eines taktischen Treasury-Status zusammenfassen, wie dies in Tabelle 61 gezeigt ist.

Treasury-Status DM per 31.03.1996		31.03.1996	30.06.1996	30.09.1996	31.12.1996
Geschlossene Zinsposition	[DM]	0,00	0,00	0,00	0,00
Offene Zinsposition	[DM]	200.000,00	150.000,00	150.000,00	150.000,00
Überhang	[DM]	200.000,00	150.000,00	150.000,00	150.000,00
Vorlauf	[DM]		50.000,00	0,00	0,00
Liquidität	[DM]	-200.000,00	58.000,00	0,00	6.000,00
Geplanter Zinsüberschuß kumuliert	[DM]	1.500,00	3.000,00	4.125,00	5.250,00
Realisierter Zinsüberschuß 1. Quartal	[DM]	1.750,00			
Treasury-Erfolg 1. Quartal	[DM]	510,70			

Tabelle 61: Taktischer Treasury-Status [DM] per 31.03.1996

Der geplante Zinsüberschuß beträgt je 1.500,00 DM für die beiden ersten Quartale und – aufgrund eines durch Tilgung verminderten Volumens – je 1.125,00 DM für das dritte und vierte Quartal 1996.

Das taktische Ergebnisrisiko liegt darin, den geplanten Zinsüberschuß bis zum Zeitpunkt der Bestimmung der Gewinn- und Verlustrechnung nicht zu erreichen. Zur Fundierung der Dispositionsentscheidung des Treasury ist zunächst eine Prognose der zukünftigen Zinsentwicklung erforderlich.[374] Die prognostizierte Zinsentwicklung ist in Form von drei Zinsszenarien S_1, S_2, S_3 in Tabelle 62 dargestellt.

Laufzeit	Ist	Marktzins		
		Abgeschätzt per 30.09.1996		
		S_1	S_2	S_3
[Monate]	[%]	[%]	[%]	[%]
3	5,0000	5,0000	6,5000	4,5000
6	5,5000	5,5000	6,0000	5,0000
9	5,7500	5,7500	5,7500	5,2500

Tabelle 62: Zinsmeinungen per 31.03.1996

Unterstellt man, daß sich der dispositive Handlungsspielraum des Treasury auf den Abschluß von Geldmarktgeschäften mit Laufzeiten von 3, 6 und 9 Monaten erstreckt, ist die Prognose der Zinsentwicklung maximal für den 30.09.1996 erforderlich. Zu diesem Zeitpunkt besteht die letzte Möglichkeit, vor Ablauf der GuV-Periode dispositiv einzugreifen. Weiterhin wird unterstellt, daß die Zinsveränderungen nicht schockartig, sondern gleitend in 3-Monats-Abständen eintreten. Dem Treasury eröffnen sich am 30.03.1996 folgende Alternativen:

---

[374]   Vgl. hierzu S. 167-169 dieser Arbeit.

(1) Revolvierende Schließung der offenen Zinsposition für jeweils drei Monate (Alternative 1).

(2) Schließung der offenen Zinsposition für sechs Monate, danach für drei Monate (Alternative 2).

(3) Vollständige Schließung der offenen Zinsposition für neun Monate (Alternative 3).

Angenommen, der Disponent entscheide sich zur Durchführung von Alternative 1. Nimmt man weiterhin das Eintreffen von Zinsszenario 2 an, dann ist der Abschluß folgender Einzelgeschäfte erforderlich:

- Aufnahme von 200.000,00 DM am 31.03.1996 zu 5,00 %

- Aufnahme von 150.000,00 DM am 30.06.1996 zu 5,75 %

- Aufnahme von 150.000,00 DM am 30.09.1996 zu 6,50 %

Hierbei liegt die Vorstellung zugrunde, daß die prognostizierte Zinsveränderung mit konstanter Geschwindigkeit eintritt. In diesem Fall steigt der 3-Monats-Zins jeweils nach 90 Tagen um 0,75 Prozent-Punkte an. Die Dispositionswirkungen dieser Konstellation sind in Tabelle 63 dargestellt.

	Zeitpunkt	31.03.1996	30.06.1996	30.09.1996	31.12.1996
Geschlossene Zinsposition	[DM]	0,00	0,00	0,00	0,00
Offene Zinsposition	[DM]	200.000,00	150.000,00	150.000,00	150.000,00
Überhang	[DM]	200.000,00	150.000,00	150.000,00	150.000,00
Vorlauf	[DM]		50.000,00	0,00	0,00
Dispositionsmaßnahmen					
Kapital	[DM]	200.000,00	-200.000,00		
5,00 % Zins	[DM]		-2.500,00		
Kapital	[DM]		150.000,00	-150.000,00	
5,75 % Zins	[DM]			-2.156,25	
Kapital	[DM]			150.000,00	-150.000,00
6,50 % Zins	[DM]				-2.437,50
Geplanter Zinsüberschuß pro Teilperiode	[DM]	1.500,00	1.500,00	1.125,00	1.125,00
kumuliert	[DM]		3.000,00	4.125,00	5.250,00
Realisierter Zinsüberschuß pro Teilperiode	[DM]	1.750,00	1.500,00	843,75	562,50
kumuliert	[DM]		3.250,00	4.093,75	4.656,25
Treasury-Erfolg pro Teilperiode	[DM]	510,70	260,70	-68,32	-349,57
kumuliert	[DM]		771,40	703,08	353,51

Tabelle 63: Taktische Dispositionswirkungen von Alternative 1 und Szenario 2

Insgesamt läßt sich ein Zinsüberschuß in Höhe von 4.656,25 DM erwirtschaften. Subtrahiert man hiervon den dem Kundenbereich zu vergütenden Konditionsbeitrag von 4.302,74 DM, verbleibt ein Treasury-Erfolg von 353,51 DM.[375] Das in dieser Situation realisierte Zinsänderungsrisiko, definiert als Differenz aus geplantem und tatsächlichem Zinsüberschuß, beträgt 593,75 DM. Rechnet man auf diese Weise sämtliche Konstellationen durch, läßt sich die folgende taktische Risiko-/Chancen-Matrix erstellen:[376]

Risiko/Chance	Alternative		
[DM]	1	2	3
S_1	250,00	-125,00	-312,50
S_2	-593,75	-687,50	-312,50
S_3	531,25	62,50	-312,50

Tabelle 64: Taktische Risiko-/Chancen-Matrix

Um den Steuerungsprozeß der realen Situation weiter anzunähern, wird die Betrachtung im folgenden auf einen Gesamtbankbestand unter Berücksichtigung weiterer steuerungsrelevanter Effekte ausgedehnt.

(3) Erweitertes Beispiel

(a) Ausgangslage

Die folgenden Ausführungen beziehen sich auf einen fiktiven Gesamtbankbestand, der zum 01.01.1996 zu der in Abbildung 32 gezeigten Bilanz führt.

Die Forderungsposition in Höhe von 230,00 Mio. DM setzt sich aus einem zum 31.03.1996 fällig werdenden Kredit in Höhe von 30,00 Mio. DM, der zu 6,00 % ausgereicht wurde, und einem Kredit in Höhe von 200,00 Mio. DM, der für vier Jahre zu 9,50 % ausgereicht wurde, zusammen. 100,00 Mio. DM des letztgenannten Kredits werden nach Ablauf von zwei Jahren getilgt. Die Position Termineinlagen besteht aus einer Teilposition in Höhe von 45,00 Mio. DM mit einer Laufzeit von neun Monaten und einer Verzinsung von 4,50 % und einer Teilposition in Höhe von

---

[375] Der Konditionsbeitrag ergibt sich nach Tabelle 59 als Produkt aus den kalkulierten Konditionserfolgen pro Tag und der Anzahl der zu berücksichtigenden Tage für die betrachteten Perioden: 13,77 DM/Tag · 180 Tage + 10,1341 DM/Tag · 180 Tage = 4.302,74 DM.

[376] Die Anlagen 14-19 im Anhang dieser Arbeit enthalten die zugehörigen Berechnungstableaus.

27,00 Mio. DM mit einer Laufzeit von zwei Jahren und einer Verzinsung von 5,50 %.

Aktiva		Passiva	
	[TDM]		[TDM]
Kassenbestand	3.000	Spareinlagen	32.000
Forderungen	230.000	Sichteinlagen	38.000
Sachanlagen	5.000	Termineinlagen	72.000
		Verbriefte	
		Verbindlichkeiten	80.000
		Eigenkapital	16.000
Summe der Aktiva	238.000	Summe der Passiva	238.000

Abbildung 32: Bilanz zum 01.01.1996

Die auf der Passivseite ausgewiesene verbriefte Verbindlichkeit beinhaltet eine begebene Anleihe, die in sechs Monaten fällig wird. Deren Nominalverzinsung beträgt 5,00 %. Tabelle 65 zeigt die taktische Dispositionsübersicht, die sich aus diesen Bilanzbeständen bilden läßt.

Fälligkeit	Kundengeschäft		Wertpapiere		Gesamt	
	Kapital	Zins	Kapital	Zins	Kapital	Zins
	[TDM]	[TDM]	[TDM]	[TDM]	[TDM]	[TDM]
31.03.96	30.000	450			30.000	450
30.06.96			-80.000	-2.000	-80.000	-2.000
30.09.96	-45.000	-1.519			-45.000	-1.519
31.12.96		17.515			0	17.515
30.06.97					0	0
31.12.97	73.000	17.515			73.000	17.515

Tabelle 65: Taktische Dispositionsübersicht per 01.01.1996

Die Überhänge lassen sich gemäß *(36)* bestimmen und sind zusammen mit dem Gap-Limit und der resultierenden Auslastung in Tabelle 66 ausgewiesen.

Fälligkeit	Überhang [TDM]	Limit [TDM]	Auslastung [%]
31.03.96	48.000	150.000	32,00
30.06.96	128.000	150.000	85,33
30.09.96	173.000	150.000	115,33
31.12.96	173.000	150.000	115,33
30.06.97	173.000	150.000	115,33
31.12.97	100.000	150.000	66,67

Tabelle 66: Gap-Limit und Auslastung per 01.01.1996

Für die Limitauslastung gilt:

$$(109) \qquad\qquad A_t^{GL} = \frac{\ddot{U}B_t}{GL_t}$$

mit A_t^{GL} :   Prozentuale Auslastung des Gap-Limits der Fälligkeit t [Dezimal-schreibweise]

Unterstellt man die Marktzinsstruktur von Tabelle 43 auf S. 185, dann lassen sich die pro Teilperiode zu verrechnenden Konditionserfolge nach dem oben beschriebenen Verfahren bestimmen. Die nachstehende

Tabelle 68 und Tabelle 70 enthalten diese Berechnung getrennt für die aktivischen und passivischen festverzinslichen Kundengeschäfte. Bei unterstellten konstanten Beständen ergibt sich zum 31.03.1996 die in Tabelle 67 dargestellte taktische Dispositionsübersicht.

Fälligkeit	Kundengeschäft Kapital [TDM]	Zins [TDM]	Wertpapiere Kapital [TDM]	Zins [TDM]	Gesamt Kapital [TDM]	Zins [TDM]
31.03.96	30.000	450			30.000	450
30.06.96			-80.000	-2.000	-80.000	-2.000
30.09.96	-45.000	-1.519			-45.000	-1.519
31.12.96		17.515				17.515
31.03.97						
30.09.97	73.000	17.515			73.000	17.515
31.03.98						

Tabelle 67: Taktische Dispositionsübersicht per 31.03.1996

Zeitpunkt		01.01.1996	31.03.1996	30.06.1996	30.09.1996	31.12.1996	30.06.1997	31.12.1997	31.12.1998	31.12.1999
Zahlungen der Kundengeschäfte aktiv										
Kapital	[DM]	-230.000.000,00	30.000.000,00			19.000.000,00		100.000.000,00	100.000.000,00	100.000.000,00
Zins	[DM]		450.000,00					19.000.000,00	9.500.000,00	9.500.000,00
Zins abgegr.	[DM]		5.200.000,00	4.750.000,00	4.750.000,00	4.750.000,00	9.500.000,00	9.500.000,00	9.500.000,00	9.500.000,00
Opportunitätszahlungen										
48-Monats-Tranche 8,00% — Kapital	[DM]	86.814.096,96								-86.814.096,96
48-Monats-Tranche 8,00% — Zins	[DM]					-8.929.127,76		-8.929.127,76	-8.929.127,76	-8.929.127,76
48-Monats-Tranche 8,00% — Zins abgegr.	[DM]		-1.732.281,94	-1.732.281,94	-1.732.281,94	-1.732.281,94	-3.464.563,88	-3.464.563,88	-6.929.127,76	-6.929.127,76
36-Monats-Tranche 7,00% — Kapital	[DM]	2.402.684,34							-2.402.684,34	
36-Monats-Tranche 7,00% — Zins	[DM]					-168.187,90		-168.187,90	-168.187,90	
36-Monats-Tranche 7,00% — Zins abgegr.	[DM]		-42.046,98	-42.046,98	-42.046,98	-42.046,98	-84.093,95	-84.093,95	-168.187,90	
24-Monats-Tranche 6,00% — Kapital	[DM]	105.568.570,13						-105.568.570,13		
24-Monats-Tranche 6,00% — Zins	[DM]					-6.334.114,21		-6.334.114,21		
24-Monats-Tranche 6,00% — Zins abgegr.	[DM]		-1.583.528,55	-1.583.528,55	-1.583.528,55	-1.583.528,55	-3.167.057,11	-3.167.057,11		
18-Monats-Tranche 5,50% — Kapital	[DM]	0,00								
18-Monats-Tranche 5,50% — Zins	[DM]					0,00				
18-Monats-Tranche 5,50% — Zins abgegr.	[DM]		0,00	0,00	0,00	0,00	0,00			
12-Monats-Tranche 5,00% — Kapital	[DM]	5.303.400,12				-5.303.400,12				
12-Monats-Tranche 5,00% — Zins	[DM]					-265.170,01				
12-Monats-Tranche 5,00% — Zins abgegr.	[DM]		-66.292,50	-66.292,50	-66.292,50	-66.292,50				
9-Monats-Tranche 5,00% — Kapital	[DM]	0,00								
9-Monats-Tranche 5,00% — Zins	[DM]			0,00	0,00					
9-Monats-Tranche 5,00% — Zins abgegr.	[DM]		0,00	0,00	0,00					
6-Monats-Tranche 5,00% — Kapital	[DM]	0,00								
6-Monats-Tranche 5,00% — Zins	[DM]			0,00	0,00					
6-Monats-Tranche 5,00% — Zins abgegr.	[DM]		0,00	0,00	0,00					
4,75% — Kapital	[DM]	0,00								
4,75% — Zins	[DM]			0,00	0,00					
4,75% — Zins abgegr.	[DM]		0,00							
3-Monats-Tranche 4,50% — Kapital	[DM]	30.111.248,45	-30.111.248,45							
3-Monats-Tranche 4,50% — Zins	[DM]		-338.751,55							
Summe der Opportunitätszahlungen	[DM]	230.000.000,00	-30.450.000,00	0,00	0,00	-19.000.000,00	0,00	-119.000.000,00	-9.500.000,00	-83.543.224,72
Erfolgsrechnung										
Zinsertrag abgegrenzt	[DM]		5.200.000,00	4.750.000,00	4.750.000,00	4.750.000,00	9.500.000,00	9.500.000,00	9.500.000,00	9.500.000,00
Zinsaufwand abgegrenzt	[DM]		-3.762.901,52	-3.424.149,97	-3.424.149,97	-3.424.149,97	-4.715.714,94	-4.715.714,94	-7.097.315,66	-8.929.127,76
Konditionserfolg/Teilperiode	[DM]		359.274,62	331.462,51	331.462,51	331.462,51	696.071,27	696.071,27	600.671,09	642.718,06

Tabelle 68: Aktivische Konditionserfolge pro Teilperiode

Zeitpunkt		01.01.1996	31.03.1996	30.06.1996	30.09.1996	31.12.1996	30.06.1997	31.12.1997	31.12.1998	31.12.1999
Zahlungen der Kundengeschäfte passiv										
Kapital	[DM]	72.000.000,00			-45.000.000,00			-27.000.000,00	0,00	0,00
Zins	[DM]				-1.518.750,00	-1.485.000,00		-1.485.000,00		
Zins abgegr.	[DM]		-877.500,00	-877.500,00	-877.500,00	-371.250,00	-742.500,00	-742.500,00		
Opportunitätszahlungen										
48-Monats-Tranche Kapital	[DM]	0,00						0,00	0,00	0,00
8,00 % Zins	[DM]							0,00	0,00	0,00
Zins abgegr.	[DM]								0,00	0,00
36-Monats-Tranche Kapital	[DM]	0,00						0,00	0,00	
7,00 % Zins	[DM]							0,00	0,00	
Zins abgegr.	[DM]								0,00	
24-Monats-Tranche Kapital	[DM]	-27.283.944,40						26.872.641,51		
6,00 % Zins	[DM]							1.612.358,49		
Zins abgegr.	[DM]		403.089,62	403.089,62	403.089,62	1.912.358,49		806.179,25		
18-Monats-Tranche Kapital	[DM]	0,00					806.179,25			
5,50 % Zins	[DM]						0,00			
Zins abgegr.	[DM]					403.089,62	0,00			
12-Monats-Tranche Kapital	[DM]	121.293,80				-121.293,80				
5,00 % Zins	[DM]					-8.064,69				
Zins abgegr.	[DM]		-1.516,17	-1.516,17	-1.516,17	-1.516,17				
9-Monats-Tranche Kapital	[DM]	-44.837.349,40			44.837.349,40					
5,00 % Zins	[DM]				1.981.400,00					
Zins abgegr.	[DM]				560.466,87					
6-Monats-Tranche Kapital	[DM]	0,00		560.466,87						
4,75 % Zins	[DM]			0,00						
Zins abgegr.	[DM]		560.466,87	0,00						
3-Monats-Tranche Kapital	[DM]	0,00	0,00							
4,50 % Zins	[DM]		0,00							
Zins abgegr.	[DM]		0,00							
Summe der Opportunitätszahlungen	[DM]	-72.000.000,00	0,00	0,00	46.518.750,00	1.485.000,00	0,00	28.485.000,00	0,00	0,00
Erfolgsrechnung										
Zinsaufwand abgegrenzt	[DM]		-877.500,00	-877.500,00	-877.500,00	-371.250,00	-742.500,00	-742.500,00	0,00	0,00
Zinsertrag abgegrenzt	[DM]		962.040,32	962.040,32	962.040,32	401.573,45	806.179,25	806.179,25	0,00	0,00
Konditionserfolg/Teilperiode	[DM]		21.135,08	21.135,08	21.135,08	7.390,86	15.919,81	15.919,81	0,00	0,00

Tabelle 69: Passivische Konditionserfolge pro Teilperiode

Der aus dem fällig werdenden Kundenkredit zufließende Kapitalbetrag soll durch Kauf eines festverzinslichen Wertpapiers wieder angelegt werden. Hierzu ist eine gesonderte Betrachtung der mit einer derartigen Investition verbundenen Kursrisiken erforderlich.[377]

(b) Die Berücksichtigung von Kursrisiken festverzinslicher Wertpapiere

Angenommen, aus bilanzstrukturellen Erwägungen entscheide sich die Leitung des betrachteten Kreditinstituts zur Investition in ein festverzinsliches Wertpapier mit einer Restlaufzeit von 18 Monaten. Am Kapitalmarkt werden folgende Wertpapiere angeboten:

– Wertpapier 1 (W_1): Nominalverzinsung 5,50 %; Kurs 99,38 %

– Wertpapier 2 (W_2): Nominalverzinsung 7,50 %; Kurs 102,21 %

Die Zinszahlung soll für beide Wertpapiere in 6-monatlichem Rhythmus jeweils zum 31.03. und zum 30.09. eines Jahres erfolgen. Tabelle 70 gibt die Kurswertbestimmung für die beiden Wertpapiere wieder.

Fälligkeit	Marktzins	Zerobond-Abzinsfaktor	W_1		W_2	
			Zahlung	Barwert	Zahlung	Barwert
	[%]		[TDM]	[TDM]	[TDM]	[TDM]
30.09.1996	5,5000	0,97323601	825,00	802,92	1.125,00	1.094,89
31.03.1997	6,0000	0,943396226	825,00	778,30	1.125,00	1.061,32
30.09.1997	6,0000	0,915918666	30.825,00	28.233,19	31.125,00	28.507,97
		Kurswert [DM]		29.814,41		30.664,18
		Kurs [%]		99,38		102,21

Tabelle 70: Kurswerte der Wertpapiere zum 31.03.1996

Grundlage ist die in Tabelle 71 wiedergegebene Zinssituation, die zum 31.03.1996 eingetreten sein soll.

---

[377] Vgl. zur Definition des Kursrisikos S. 19 dieser Arbeit.

Fälligkeit	Marktzins	
	01.01.1996	31.03.1996
[Monate]	[%]	[%]
0	4,0000	5,0000
3	4,5000	5,0000
6	4,7500	5,5000
9	5,0000	5,7500
12	5,0000	6,0000
18	5,5000	6,0000
24	6,0000	6,0000

Tabelle 71: Zinssituation zum 31.03.1996

Die Abschätzung des Kursrisikos erfolgt auf Basis von drei Zinsszenarien (S_1, S_1, S_3), die für den 31.12.1996 als möglich erachtet werden. Tabelle 72 enthält diese Zinsszenarien.

Fälligkeit	Ist	Marktzins		
		Abgeschätzt per 31.12.1996		
		S_1	S_2	S_3
[Monate]	[%]	[%]	[%]	[%]
3	5,0000	5,2500	6,5000	4,2500
6	5,5000	5,5000	6,5000	4,5000
9	5,7500	5,7500	6,2500	4,7500
12	6,0000	6,0000	6,5000	4,7500
18	6,0000	6,5000	6,0000	5,0000
24	6,0000	6,7500	5,7500	5,2500

Tabelle 72: Zinsmeinungen per 31.12.1996

Die Kursrisiken der betrachteten Wertpapiere können durch eine auf den 31.12.1996 bezogene Barwertberechnung unter Berücksichtigung der Zinsszenarien S_1, S_2, S_3 abgeschätzt werden. Tabelle 73 gibt diese Barwertbestimmung wieder. Die als Kursrisiko ausgewiesenen Beträge entsprechen der Differenz aus den Barwerten der zum 31.12. offenen Zahlungen der Wertpapierpositionen und den Kurswerten aus Tabelle 70.[378]

---

[378] Vgl. hierzu **Wiedemann, Arnd:** Integration des Wertpapier-Abschreibungsrisikos in das Zinsrisiko-Management. In: Bernd Rolfes; Henner Schierenbeck; Stephan Schüller (Hrsg.): Bilanzstruktur- und Treasury-Management in Kreditinstituten, Frankfurt/Main 1994, S. 221-233, hier S. 232.

Szenario	Marktzins (3, 9 Monate) [%]	W₁ Zahlung [TDM]	W₁ Barwert [TDM]	W₁ Kursrisiko/-chance [TDM]	W₂ Zahlung [TDM]	W₂ Barwert [TDM]	W₂ Kursrisiko/-chance [TDM]
S₁	5,2500	825,00	814,31		1.125,00	1.110,43	
	5,7500	30.825,00	29.148,94	148,83	31.125,00	29.432,62	-121,13
S₂	6,5000	825,00	811,81		1.125,00	1.107,01	
	6,2500	30.825,00	29.011,76	9,16	31.125,00	29.294,12	-263,05
S₃	4,2500	825,00	816,33		1.125,00	1.113,17	
	4,7500	30.825,00	29.427,21	429,12	31.125,00	29.713,60	162,60

Tabelle 73: Kursrisiken/-chancen zum 31.12.1996

(c) Das Konzept taktischer Ergebniskontrolle

Abschließend soll, der Anforderung nach permanenter Ergebniskontrolle auf taktischer Ebene entsprechend, ein Konzept zur Operationalisierung des Kontrollpro-
zesses vorgestellt werden. Ausgangsbasis ist die unter (a) dieses Abschnitts beschriebene Situation. Das Ergebnisziel ist als geforderte Bruttozinsspanne in Höhe
von 3,00 %, bezogen auf eine angestrebte Bilanzsumme von 250,00 Mio. DM, definiert. Hieraus ergibt sich ein geplantes Ergebnis von 7,50 Mio. DM zum
31.12.1996. Vereinfachend unterstellt ist ein linearer Verlauf der geplanten Ergeb-
niserzielung, so daß pro betrachteter Teilperiode (ein Quartal) 1,875 Mio. DM zu
erzielen sind.

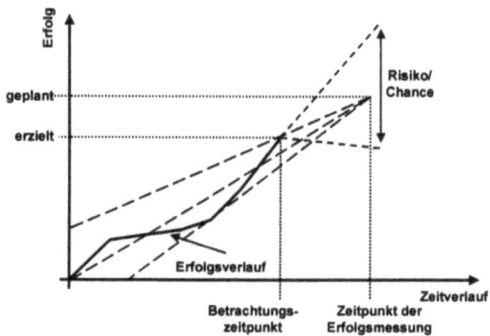

Abbildung 33: Risiko-/Chancen-Verständnis auf taktischer Ebene

Der in Abbildung 33 in graphischer Form wiedergegebenen Vorstellung eines Zielkorridors folgend, werden maximal zulässige prozentuale Abweichungen festgelegt.

Diese beziehen sich auf das zum 31.12.1996 geplante Ergebnis und nehmen, beginnend mit einem Startwert von 20,00 % zum 31.03.1996, linear ab, so daß zum 31.12.1996 eine maximale Ergebnisabweichung von 5,00 % vorgesehen ist. Aus diesen Informationen läßt sich ein Zielkorridor bilden, indem die relativen Abweichungen in absolute Beträge umgerechnet werden und zur Bestimmung der oberen Grenze des Zielkorridors zum geplanten Ergebnisverlauf addiert, zur Bestimmung der unteren Grenze des Zielkorridors vom geplanten Ergebnisverlauf subtrahiert werden. Tabelle 74 gibt diese taktische Ergebnisplanung wieder.

Zeitpunkt	Ergebnis geplant [TDM]	Abweichung prozentual [%]	Abweichung absolut [TDM]	Zielkorridor untere Grenze [TDM]	Zielkorridor obere Grenze [TDM]
30.03.1996	1.875,00	20,00	1.500,00	375,00	3.375,00
30.06.1996	3.750,00	15,00	1.125,00	2.625,00	4.875,00
31.09.1996	5.625,00	10,00	750,00	4.875,00	6.375,00
31.12.1996	7.500,00	5,00	375,00	7.125,00	7.875,00

Tabelle 74: Taktische Ergebnisplanung

Zum 31.03.1996 läßt sich die in Tabelle 75 wiedergegebene Erfolgsrechnung aufstellen.[379] Die Konditionserfolge für Sicht- und Spareinlagen ergeben sich durch Anwendung der Margenkalkulation gemäß dem Grundkonzept der Marktzinsmethode. Tabelle 76 enthält die hierfür unterstellten Angaben. Die als Konditionserfolg aktiv und passiv ausgewiesenen Beträge entsprechen den Werten aus Tabelle 68 und Tabelle 69.

	Ist [TDM]	Planung [TDM]
Konditionserfolg Sichteinlagen	332,50	
Konditionserfolg Spareinlagen	240,00	
Konditionserfolg aktiv	359,27	
Konditionserfolg passiv	21,14	
Konditionserfolg gesamt	952,91	937,50
Zinsertrag abgegrenzt	5.200,00	
Zinsaufwand abgegrenzt	-2.125,00	
Treasury-Erfolg	2.122,09	937,50

Tabelle 75: Taktische Erfolgsrechnung

---

[379] Vgl. hierzu Abbildung 32 auf S. 210 dieser Arbeit.

Der auf die Teilperiode abgegrenzte Zinsertrag ist in Tabelle 68 ausgewiesen. Der Zinsaufwand setzt sich aus DM 877.500,00 (Tabelle 69) für die Festzinspositionen, aus 47.500,00 DM für die Sichteinlagen, aus 200.000,00 DM für die Spareinlagen und aus 1.000.000,00 DM für das festverzinsliche Wertpapier zusammen. Insgesamt ergibt sich ein Zinsüberschuß in Höhe von 3.075.000,00 DM, der mit einem Teilbetrag von rund 2.122.090,00 DM dem Treasury und mit einem Betrag von rund 952.910,00 DM dem Kundenbereich zuzurechnen ist. Auf Basis dieser grundlegenden Ergebnisrechnung können sowohl laufende Kontrollen der Entwicklung des Ergebnisses des betrachteten Gesamtbestands als auch Analysen des täglich abgeschlossenen Neugeschäfts durchgeführt werden.

	Bestand	Verzinsung	Opportunität	Konditionserfolg
	[TDM]	[%]	[%]	[TDM]
Sichteinlagen	38.000	0,5000	4,0000	332,50
Spareinlagen	32.000	2,5000	5,5000	240,00

Tabelle 76: Bestimmung des Konditionserfolgs für Sicht- und Spareinlagen

C. Schlußbemerkung

Mit der vorliegenden Arbeit wurden drei Zielsetzungen verfolgt: Zunächst sollte eine begriffliche Fixierung der Treasury-Funktion für Kreditinstitute abgeleitet werden. Die Untersuchung hat hier gezeigt, daß weder in der bankbetrieblichen Theorie noch in der Praxis ein einheitliches Verständnis vorliegt. Die Interpretationen reichen von einer Gleichsetzung der Treasury-Funktion mit den Handelsaktivitäten von Kreditinstituten über eine Zusammenfassung sowohl struktureller als auch dispositiver Steuerungserfordernisse unter dem Begriff des Treasury bis hin zu einer teilweise synonymen Verwendung der Begriffe Treasury und Risiko-Management.

Als grundlegender Konsens konnte festgehalten werden, Treasury als zentral verantwortliche Instanz der Steuerung der vornehmlich durch den Abschluß von Kundengeschäften verursachten Liquiditäts-, Zinsänderungs- und Währungsrisiken eines Kreditinstituts zu definieren. Diese Steuerungsfunktion läßt sich, dem übergeordneten Prozeß der Unternehmensführung entsprechend, in operative, taktische und strategische Elemente unterteilen. Während man unter operativem Treasury die Funktionen der Geld- und Liquiditätsdisposition zusammenfassen kann, konzentrieren sich die dem strategisch-taktischen Treasury zugeordneten Funktionen auf die Planung und Steuerung der Zinsänderungs- und Währungsrisikoposition.

Die – der zweiten Zielsetzung der Arbeit folgend – vorgenommene Untersuchung der Marktzinsmethode, aufbauender und integrierbarer Konzepte der Entscheidungsunterstützung des strategisch-taktischen Treasury lieferte im wesentlichen folgende Ergebnisse:

-   Durch den Einsatz der Verrechnungslogik der Marktzinsmethode können Dispositionserfolge des Treasury willkürfrei bestimmt werden.

-   Zur Abschätzung der Treasury-Risiken ist die Kenntnis sämtlicher, mit den zu untersuchenden Transaktionen verbundenen Zahlungsströme erforderlich. Dies impliziert allerdings nicht, daß sich die Analyse ausschließlich auf die Betrachtung derartiger Zahlungsströme beschränkt.

-   Die Planung und Steuerung von Zinsänderungs- und Währungsrisiken im Rahmen eines Treasury-Ansatzes folgt den Teilfunktionen eines Planungs- und Steuerungsprozesses, dann den jeweils zugeordneten Methoden. Liegt der umgekehrte Fall vor, lassen sich regelmäßig Umsetzungsprobleme in der bankbetrieblichen Praxis beobachten.

-   Besondere Bedeutung verdient in diesem Zusammenhang die Auseinandersetzung um die Berücksichtigung von Barwertkalkülen. Durch die faktische Ver-

kürzung des Planungshorizonts bei ausschließlicher Konzentration auf Barwertgrößen kann der real vorliegenden Entscheidungssituation nur unzureichend
Rechnung getragen werden.

Bei der anschließenden der dritten Zielsetzung der Arbeit entsprechenden Konzeption eines Planungs- und Steuerungsmodells wurde deutlich, daß neben der Klärung
grundlegender Abbildungsprobleme zwei Aspekte von wesentlicher Bedeutung
sind: Zum einen die Definition eines konzeptionellen Rahmens, in den sich die einzelnen Planungs- und Steuerungsfunktionen einordnen lassen. Hier stehen vor allem
die Integration eines strategischen und taktischen Planungshorizonts und die permanente Erfolgskontrolle auf taktischer Ebene im Mittelpunkt der Betrachtung.

Zum anderen ist es – und dies wurde insbesondere bei der Präzisierung des Bezugsrahmens des strategisch-taktischen Treasury deutlich – die Klärung primär organisa-
tionsbezogener Fragestellungen der Integration der Treasury-Funktion in den Unter-
nehmensführungsprozeß von Kreditinstituten. Auf diesem Gebiet scheint der zukünftige Schwerpunkt der Auseinandersetzung mit dem Komplex des Treasury zu
liegen. Gelingt eine integrierte Betrachtung von Kalkulationskonzepten und den organisatorischen Anforderungen an deren Umsetzung, kann ein weiterer Beitrag sowohl zur theoretischen Bankbetriebslehre in ihrer modernen entscheidungsorientierten Ausprägung als auch zur praktischen Forcierung der Treasury-Idee in Kreditinstituten geleistet werden. Hierfür eine tragfähige Basis zu schaffen, war die Inten-
tion der vorliegenden Arbeit.

Anhang

Anlage 1: Bestimmung des dreijährigen Zerobond-Abzinsfaktors aus dem 3-Jahres-Zinssatz und der Summe der Zerobond-Abzinsfaktoren kürzerer Laufzeiten bei Betrachtung ganzjähriger Laufzeiten

$$
\begin{aligned}
ZAF^3 &= \frac{i_2\,i_3}{\left(1+i_1\right)\left(1+i_2\right)\left(1+i_3\right)} - \frac{i_3}{\left(1+i_1\right)\left(1+i_3\right)} - \frac{i_3}{\left(1+i_2\right)\left(1+i_3\right)} + \frac{1}{1+i_3} \\[2mm]
&= \frac{1}{1+i_3}\left(\frac{i_2\,i_3}{\left(1+i_1\right)\left(1+i_2\right)} - \frac{i_3}{\left(1+i_1\right)} - \frac{i_3}{\left(1+i_2\right)} + 1\right) \\[2mm]
&= \frac{1}{1+i_3}\left(1 - i_3\left(-\frac{i_2}{\left(1+i_1\right)\left(1+i_2\right)} + \frac{1}{\left(1+i_1\right)} + \frac{1}{\left(1+i_2\right)}\right)\right) \\[2mm]
&= \frac{1}{1+i_3}\left(1 - i_3\left(\frac{1}{\left(1+i_1\right)} + \frac{1}{\left(1+i_2\right)} - \frac{i_2}{\left(1+i_1\right)\left(1+i_2\right)}\right)\right) \\[2mm]
&= \frac{1}{1+i_3}\left(1 - i_3\left(ZAF^1 + \frac{1}{\left(1+i_2\right)}\left(1 - i_2\frac{1}{\left(1+i_1\right)}\right)\right)\right) \\[2mm]
&= \frac{1}{1+i_3}\left(1 - i_3\left(ZAF^1 + ZAF^2\right)\right)
\end{aligned}
$$

Anlage 2: Bewertungsparameter zur Bestimmung der Barwertveränderung bei Unterstellung einer Zinssenkung unter Berücksichtigung eines Konfidenzniveaus von 99,00 %

	DM		USD				JPY			
Fälligkeit	Zinssatz [%]	Zerobond-Abzinsfaktor	Zinssatz [%]	Zerobond-Abzinsfaktor	Swapsatz [DM/USD]	Devisenkurs [DM/USD]	Zinssatz [%]	Zerobond-Abzinsfaktor	Swapsatz [DM/100 JPY]	Devisenkurs [DM/100 JPY]
3 Monate	0,6362	0,998412026	4,8000	0,988142292	-0,0149148	1,4351	9,8000	0,976066896	-0,0268340	1,1732
6 Monate	1,0150	0,994950626	5,0000	0,975609756	-0,0231966	1,4218	9,6000	0,964198473	-0,0491508	1,1598
9 Monate	1,3338	0,989654645	5,2000	0,962463908	-0,0398387	1,4102	9,4000	0,934142924	-0,0673104	1,1327
12 Monate	1,5226	0,985002364	5,8000	0,945176984	-0,0656222	1,3914	9,2000	0,916760916	-0,0843670	1,1166
18 Monate	2,1514	0,963391670	6,0500	0,916133837	-0,0797444	1,3703	8,8500	0,890015364	-0,1086131	1,0905
2 Jahre	2,7802	0,948305771	6,3000	0,884716544	-0,0943716	1,3566	8,6000	0,849916131	-0,1222281	1,0778
3 Jahre	3,9090	0,889725784	6,6000	0,824790671	-0,1066258	1,3442	7,9000	0,797508939	-0,1243756	1,0766
4 Jahre	5,0378	0,816736407	6,8000	0,767304656	-0,0677692	1,3522	7,5000	0,751406187	-0,0959872	1,1040
5 Jahre	5,6666	0,761289535	6,9000	0,714576796	-0,0706961	1,3791	7,4000	0,702719528	-0,0776786	1,1224
6 Jahre	6,2954	0,680830145	7,1000	0,669490541	-0,0464694	1,4045	7,4000	0,654301236	-0,0467986	1,1532
7 Jahre	6,6742	0,620230011	7,2000	0,610713146	-0,0222489	1,4278	7,3000	0,614140676	-0,0117816	1,1892
8 Jahre	7,0530	0,559233124	7,3000	0,564125241	0,0128846	1,4627	7,3000	0,572368413	0,0291642	1,2282
9 Jahre	7,3617	0,503547038	7,4000	0,519696791	0,0466044	1,4966	7,2000	0,539381080	0,0863969	1,2364
10 Jahre	7,8105	0,438329042	7,5000	0,477401123	0,1292611	1,5783	7,1000	0,506697166	0,1951066	1,3561

Anlage 3: Bewertungsparameter zur Bestimmung der Barwertveränderung bei Unterstellung einer Zinssenkung unter Berücksichtigung eines Konfidenzniveaus von 66,00 %

Fälligkeit	DM Zinssatz [%]	DM Zerobond-Abzinsfaktor	USD Zinssatz [%]	USD Zerobond-Abzinsfaktor	USD Swapsatz [DM/USD]	USD Devisenkurs [DM/USD]	JPY Zinssatz [%]	JPY Zerobond-Abzinsfaktor	JPY Swapsatz [DM/100 JPY]	JPY Devisenkurs [DM/100 JPY]
3 Monate	3,0588	0,992386411	4,8000	0,988142292	-0,0052012	1,4438	9,8000	0,976095896	-0,0197107	1,1693
6 Monate	3,3685	0,983446143	5,0000	0,975609756	-0,0116540	1,4384	9,6000	0,954189473	-0,0356880	1,1643
9 Monate	3,6642	0,973253633	5,2000	0,962463908	-0,0160749	1,4339	9,4000	0,934142924	-0,0482226	1,1618
12 Monate	3,7119	0,962209507	5,6000	0,945178594	-0,0298176	1,4214	9,2000	0,915750916	-0,0603088	1,1397
18 Monate	4,2596	0,938931176	6,0500	0,915133537	-0,0367604	1,4132	8,8500	0,880016384	-0,0762973	1,1247
2 Jahre	4,8073	0,909905681	6,3000	0,884716544	-0,0401407	1,4099	8,5000	0,849918131	-0,0791126	1,1209
3 Jahre	5,8550	0,841023347	6,6000	0,824790671	-0,0279950	1,4220	7,9000	0,797608939	-0,0620946	1,1379
4 Jahre	6,9027	0,760113438	6,6000	0,767304596	0,0137179	1,4637	7,5000	0,751406187	-0,0137482	1,1883
5 Jahre	7,4504	0,686694480	6,9000	0,714576796	0,0623121	1,5023	7,4000	0,702719626	0,0226623	1,2227
6 Jahre	7,9981	0,617495142	7,1000	0,659480541	0,0985900	1,5498	7,4000	0,654301235	0,0715266	1,2716
7 Jahre	8,2968	0,557046348	7,2000	0,610713146	0,1399855	1,5697	7,3000	0,614140678	0,1229935	1,3230
8 Jahre	8,5935	0,496326951	7,3000	0,564125241	0,1911557	1,6415	7,3000	0,572358413	0,1782720	1,3783
9 Jahre	8,8113	0,446268372	7,4000	0,519686791	0,2385054	1,6686	7,2000	0,538381080	0,2503118	1,4603
10 Jahre	9,1890	0,388992650	7,5000	0,477401123	0,3387467	1,7887	7,1000	0,509697166	0,3901767	1,5602

Anlage 4: Bewertungsparameter zur Bestimmung der Barwertveränderung bei Unterstellung einer Zinssenkung unter Berücksichtigung eines Konfidenzniveaus von 33,00 %

Fälligkeit	DM		USD				JPY			
	Zinssatz [%]	Zerobond-Abzinsfaktor	Zinssatz [%]	Zerobond-Abzinsfaktor	Swapsatz [DM/USD]	Devisenkurs [DM/USD]	Zinssatz [%]	Zerobond-Abzinsfaktor	Swapsatz [DM/100 JPY]	Devisenkurs [DM/100 JPY]
3 Monate	3,8608	0,990440271	4,8000	0,988142292	-0,0033842	1,4466	9,8000	0,976066596	-0,0173915	1,1826
6 Monate	4,1321	0,979757716	5,0000	0,976609756	-0,0061388	1,4439	9,6000	0,964199473	-0,0313048	1,1887
9 Monate	4,4034	0,968030315	5,2000	0,962463908	-0,0083378	1,4417	9,4000	0,934142524	-0,0420078	1,1590
12 Monate	4,4247	0,957627841	5,8000	0,945179584	-0,0189486	1,4312	9,2000	0,915760916	-0,0524768	1,1476
18 Monate	4,9480	0,929645692	6,0500	0,916133837	-0,0226345	1,4274	8,8500	0,880016364	-0,0640634	1,1369
2 Jahre	5,4673	0,895518890	6,3000	0,894716544	-0,0222738	1,4277	8,5000	0,849918131	-0,0649078	1,1351
3 Jahre	6,4886	0,855985286	6,6000	0,824790671	-0,0020873	1,4479	7,9000	0,797609839	-0,0413469	1,1597
4 Jahre	7,5099	0,742792945	6,8000	0,767304698	0,0476492	1,4978	7,5000	0,761406187	0,0139151	1,2139
5 Jahre	8,0312	0,671045772	6,9000	0,714676796	0,0940621	1,5441	7,4000	0,702719626	0,0666407	1,2566
6 Jahre	8,5625	0,598506313	7,1000	0,669480641	0,1477221	1,5977	7,4000	0,654301235	0,1116883	1,3119
7 Jahre	8,8239	0,538289212	7,2000	0,610713146	0,1961509	1,6452	7,3000	0,614140678	0,1691462	1,3691
8 Jahre	9,0862	0,480381188	7,3000	0,564125241	0,2527761	1,7028	7,3000	0,572365413	0,2297606	1,4296
9 Jahre	9,2995	0,429660840	7,4000	0,519896791	0,3042576	1,7543	7,2000	0,533881090	0,3067784	1,5098
10 Jahre	9,6378	0,372117679	7,5000	0,477401123	0,4102492	1,8602	7,1000	0,609597166	0,4433420	1,6433

Anlage 5: Bewertungsparameter zur Bestimmung der Barwertveränderung bei Unterstellung eines Zinsanstiegs unter Berücksichtigung eines Konfidenzniveaus von 33,00 %

Fälligkeit	DM Zinssatz [%]	DM Zerobond-Abzinsfaktor	USD Zinssatz [%]	USD Zerobond-Abzinsfaktor	USD Swapsatz [DM/USD]	USD Devisenkurs [DM/USD]	JPY Zinssatz [%]	JPY Zerobond-Abzinsfaktor	JPY Swapsatz [DM/100 JPY]	JPY Devisenkurs [DM/100 JPY]
3 Monate	5,1392	0,987314977	4,8000	0,988142292	0,0012150	1,4612	9,8000	0,976065896	-0,0136480	1,1684
6 Monate	5,3679	0,973862030	5,0000	0,976609766	0,0026022	1,4526	9,6000	0,954198473	-0,0242296	1,1758
9 Monate	5,5966	0,959716385	5,2000	0,962463908	0,0041611	1,4642	9,4000	0,934142924	-0,0319763	1,1690
12 Monate	5,5753	0,947191246	5,8000	0,945178584	-0,0030795	1,4489	9,2000	0,915750916	-0,0398319	1,1602
18 Monate	6,0640	0,914961167	6,0500	0,915133837	0,0002736	1,4503	8,8500	0,890015364	-0,0463326	1,1542
2 Jahre	6,5327	0,880596134	6,3000	0,884716544	0,0067847	1,4568	8,5000	0,849918131	-0,0418053	1,1582
3 Jahre	7,5114	0,802433583	6,6000	0,824790671	0,0403993	1,4904	7,9000	0,797508839	-0,0073646	1,1926
4 Jahre	8,4901	0,716910125	6,8000	0,767304586	0,1040940	1,5541	7,5000	0,751406187	0,0694981	1,2595
5 Jahre	8,9688	0,642298778	6,9000	0,714576796	0,1631989	1,6132	7,4000	0,702719526	0,1129080	1,3129
6 Jahre	9,4476	0,659400144	7,1000	0,669480641	0,2293933	1,6794	7,4000	0,664301235	0,1789274	1,3789
7 Jahre	9,6761	0,609665252	7,2000	0,610713146	0,2874817	1,7376	7,3000	0,614140578	0,2459858	1,4460
8 Jahre	9,9048	0,453188503	7,3000	0,564125241	0,3549478	1,8049	7,3000	0,572359413	0,3165606	1,5156
9 Jahre	10,0635	0,404329962	7,4000	0,519698791	0,4137263	1,8637	7,2000	0,539381080	0,4008146	1,6008
10 Jahre	10,3622	0,349793201	7,5000	0,477401123	0,5289739	1,9790	7,1000	0,509697166	0,5482232	1,7482

Anlage 6: Bewertungsparameter zur Bestimmung der Barwertveränderung bei Unterstellung eines Zinsanstiegs unter Berücksichtigung eines Konfidenzniveaus von 66,00 %

Fälligkeit	DM		USD				JPY			
	Zinssatz [%]	Zerobond-Abzinsfaktor	Zinssatz [%]	Zerobond-Abzinsfaktor	Swapsatz [DM/USD]	Devisenkurs [DM/USD]	Zinssatz [%]	Zerobond-Abzinsfaktor	Swapsatz [DM/100 JPY]	Devisenkurs [DM/100 JPY]
3 Monate	5,5912	0,965388657	4,8000	0,988142292	0,0040520	1,4541	9,9000	0,976066896	-0,0113288	1,1887
6 Monate	6,1335	0,970245011	5,0000	0,976609766	0,0060174	1,4560	9,6000	0,964189473	-0,0189464	1,1902
9 Monate	6,3358	0,954637078	5,2000	0,962463806	0,0118862	1,4619	9,4000	0,934142924	-0,0257616	1,1742
12 Monate	6,2881	0,946039097	5,5000	0,945179694	0,0066895	1,4567	9,2000	0,915750916	-0,0319689	1,1690
18 Monate	6,7404	0,906045060	6,0500	0,916133537	0,0145405	1,4645	8,8500	0,880015364	-0,0344788	1,1656
2 Jahre	7,1927	0,869766432	6,3000	0,884716544	0,0249202	1,4749	8,5000	0,849916131	-0,0273670	1,1726
3 Jahre	8,1460	0,788317552	6,6000	0,824790671	0,0670672	1,5171	7,9000	0,797500939	0,0139914	1,2140
4 Jahre	9,0973	0,699696321	6,8000	0,767304598	0,1336521	1,5897	7,5000	0,751409187	0,0683167	1,2383
5 Jahre	9,5496	0,625265406	6,9000	0,714576798	0,2071146	1,6671	7,4000	0,702719528	0,1486488	1,3486
6 Jahre	10,0019	0,552276426	7,1000	0,669490641	0,2814576	1,7315	7,4000	0,654301235	0,2216789	1,4217
7 Jahre	10,2042	0,492923906	7,2000	0,610713146	0,3464926	1,7965	7,3000	0,614140576	0,2960966	1,4861
8 Jahre	10,4065	0,437357344	7,3000	0,564125241	0,4202821	1,8703	7,3000	0,572359413	0,3704094	1,5704
9 Jahre	10,6287	0,389718166	7,4000	0,519989791	0,4836633	1,9336	7,2000	0,539361080	0,4466343	1,6696
10 Jahre	10,8110	0,338929572	7,5000	0,477401123	0,6045292	2,0645	7,1000	0,509697166	0,6149656	1,8150

Anlage 7: Bewertungsparameter zur Bestimmung der Barwertveränderung bei Unterstellung eines Zinsanstiegs unter Berücksichtigung eines Konfidenzniveaus von 99,00 %

Fälligkeit	DM		USD				JPY			
	Zinssatz [%]	Zerobond-Abzinsfaktor	Zinssatz [%]	Zerobond-Abzinsfaktor	Swapsatz [DM/USD]	Devisenkurs [DM/USD]	Zinssatz [%]	Zerobond-Abzinsfaktor	Swapsatz [DM/100 JPY]	Devisenkurs [DM/100 JPY]
3 Monate	8,3838	0,979516763	4,8000	0,9881422292	0,0127856	1,4628	9,8000	0,976066596	-0,0042056	1,1968
6 Monate	8,4850	0,9593041628	5,0000	0,9756009766	0,0248500	1,4747	9,6000	0,964199473	-0,0063836	1,1936
9 Monate	8,6062	0,9383367139	5,2000	0,962463908	0,0356520	1,4867	9,4000	0,934142524	-0,0066737	1,1933
12 Monate	8,4774	0,9218961003	5,8000	0,945177894	0,0568940	1,4867	9,2000	0,915760916	-0,0079407	1,1921
18 Monate	8,8486	0,8795166338	6,0600	0,916133837	0,0667197	1,5087	8,8500	0,880015384	0,0006805	1,2007
2 Jahre	9,2196	0,8317967761	6,3000	0,884716544	0,0812603	1,5313	8,5000	0,849918131	0,0174054	1,2174
3 Jahre	10,0910	0,7470619568	6,6000	0,824790671	0,1508879	1,6009	7,9000	0,797608939	0,0810498	1,2810
4 Jahre	10,9822	0,6635656379	6,8000	0,767304598	0,2523340	1,7023	7,5000	0,761406187	0,1796376	1,3796
5 Jahre	11,3334	0,576500471	6,9000	0,714576798	0,3472862	1,7973	7,4000	0,702719626	0,2627281	1,4627
6 Jahre	11,7046	0,503676390	7,1000	0,669480641	0,4486341	1,8895	7,4000	0,664301235	0,3588610	1,5589
7 Jahre	11,8258	0,445615731	7,2000	0,610713146	0,5363230	1,9883	7,3000	0,614140678	0,4630792	1,6631
8 Jahre	11,9470	0,393164640	7,3000	0,564125241	0,6305066	2,0806	7,3000	0,572368413	0,5469274	1,7469
9 Jahre	11,9883	0,349203309	7,4000	0,519898791	0,7079416	2,1579	7,2000	0,533381090	0,6636257	1,8636
10 Jahre	12,1895	0,301626407	7,5000	0,477401123	0,8457679	2,2368	7,1000	0,509697166	0,8290698	2,0281

Anlage 8: Bewertungsparameter zur Bestimmung der Barwertveränderung bei Unterstellung einer Zinssenkung unter Berücksichtigung von Korrelationen zwischen den Zinssätzen in Inlands- und Fremdwährungen bei einem Konfidenzniveau von 99,00 %

Fälligkeit	DM Zinssatz [%]	DM Zerobond-Abzinsfaktor	USD Zinssatz [%]	USD Zerobond-Abzinsfaktor	USD Swapsatz [DM/USD]	USD Devisenkurs [DM/USD]	JPY Zinssatz [%]	JPY Zerobond-Abzinsfaktor	JPY Swapsatz [DM/100 JPY]	JPY Devisenkurs [DM/100 JPY]
3 Monate	0,6362	0,998412026	2,0954	0,994788799	-0,0052620	1,4447	7,8681	0,990709205	-0,0212772	1,1787
6 Monate	1,0160	0,994950626	2,3106	0,988577970	-0,0092872	1,4407	7,6962	0,952949553	-0,0386962	1,1614
9 Monate	1,3938	0,989654645	2,6314	0,981368233	-0,0121409	1,4379	7,5248	0,946678876	-0,0622313	1,1478
12 Monate	1,5226	0,985002364	3,1672	0,963394284	-0,0229783	1,4270	7,3570	0,931471632	-0,0662149	1,1348
18 Monate	2,1614	0,968391670	3,4381	0,950334629	-0,0270376	1,4230	7,0418	0,902627035	-0,0614934	1,1186
2 Jahre	2,7802	0,946305771	3,7242	0,929289229	-0,0280740	1,4229	6,7291	0,878223786	-0,0663340	1,1137
3 Jahre	3,9090	0,889725784	4,0983	0,889533724	-0,0061800	1,4438	6,1690	0,836741318	-0,0714617	1,1286
4 Jahre	5,0378	0,816736407	4,3414	0,842530987	0,0457946	1,4966	5,8115	0,799726239	-0,0249924	1,1750
5 Jahre	5,6696	0,751289534	4,4916	0,801100768	0,0981364	1,5481	5,7666	0,767964071	0,0106929	1,2107
6 Jahre	6,2964	0,680300145	4,7470	0,763986702	0,1656309	1,6058	5,8043	0,714506587	0,0693566	1,2894
7 Jahre	6,6742	0,620230010	4,9075	0,710796746	0,2117354	1,6617	5,7645	0,677943901	0,1116627	1,3117
8 Jahre	7,0530	0,569233124	5,0732	0,667186274	0,2799049	1,7299	5,8073	0,637941614	0,1688923	1,3689
9 Jahre	7,3517	0,503647038	5,2440	0,623296766	0,3448251	1,7948	5,7627	0,606811140	0,2437060	1,4437
10 Jahre	7,8105	0,438329042	5,4200	0,579257026	0,4661922	1,9162	5,7206	0,576764325	0,3782250	1,5762

Anlage 9:   Bewertungsparameter zur Bestimmung der Barwertveränderung bei Unterstellung einer Zinssenkung unter Berücksichtigung von Korrelationen zwischen den Zinssätzen in Inlands- und Fremdwährungen bei einem Konfidenzniveau von 66,00 %

Fälligkeit	DM		USD				JPY			
	Zinssatz [%]	Zerobond-Abzinsfaktor	Zinssatz [%]	Zerobond-Abzinsfaktor	Swapsatz [DM/USD]	Devisenkurs [DM/USD]	Zinssatz [%]	Zerobond-Abzinsfaktor	Swapsatz [DM/100 JPY]	Devisenkurs [DM/100 JPY]
3 Monate	3,0888	0,992386411	3,7981	0,990694062	-0,0026188	1,4474	9,0844	0,977793338	-0,0176460	1,1824
6 Monate	3,3985	0,983446143	4,0039	0,980373414	-0,0046305	1,4465	8,8944	0,967421549	-0,0317652	1,1682
9 Monate	3,6642	0,973253533	4,2116	0,969380893	-0,0057696	1,4442	8,7054	0,938711084	-0,0425901	1,1674
12 Monate	3,7119	0,964209507	4,8210	0,954007308	-0,0153423	1,4347	8,5173	0,921612054	-0,0631388	1,1469
18 Monate	4,2596	0,938931176	5,0825	0,927931519	-0,0169989	1,4330	8,1902	0,888266668	-0,0647262	1,1353
2 Jahre	4,8073	0,909906661	5,3458	0,908843391	-0,0144414	1,4356	7,8440	0,860239415	-0,0655007	1,1346
3 Jahre	5,8560	0,841028347	5,6726	0,846749062	0,0098630	1,4599	7,2588	0,811743395	-0,0417845	1,1682
4 Jahre	6,9027	0,760113438	5,8892	0,794129612	0,0648894	1,5149	6,8745	0,788856242	0,0138008	1,2138
5 Jahre	7,4504	0,689694460	6,0079	0,745208589	0,1167120	1,5667	6,7912	0,722583968	0,0672245	1,2672
6 Jahre	7,9981	0,617495142	6,2284	0,692712514	0,1766252	1,6286	6,6089	0,676843422	0,1133903	1,3134
7 Jahre	8,2958	0,557046348	6,3508	0,645668604	0,2308861	1,6807	6,7275	0,636873060	0,1719642	1,3720
8 Jahre	8,5935	0,493326951	6,4761	0,599890031	0,2955218	1,7455	6,7471	0,595627535	0,2343054	1,4343
9 Jahre	8,8113	0,446288372	6,6014	0,555420183	0,3545715	1,8046	6,6676	0,562862764	0,3134604	1,5136
10 Jahre	9,1890	0,389982560	6,7295	0,512316766	0,4696701	1,9196	6,5890	0,532902906	0,4524439	1,6524

Anlage 10: Bewertungsparameter zur Bestimmung der Barwertveränderung bei Unterstellung einer Zinssenkung unter Berücksichtigung von Korrelationen zwischen den Zinssätzen in Inlands- und Fremdwährungen bei einem Konfidenzniveau von 33,00 %

Fälligkeit	DM		USD				JPY			
	Zinssatz [%]	Zerobond-Abzinsfaktor	Zinssatz [%]	Zerobond-Abzinsfaktor	Swapsatz [DM/USD]	Devisenkurs [DM/USD]	Zinssatz [%]	Zerobond-Abzinsfaktor	Swapsatz [DM/100 JPY]	Devisenkurs [DM/100 JPY]
3 Monate	3,8606	0,990440271	4,3525	0,989235677	-0,0017632	1,4482	9,4904	0,976947732	-0,0164686	1,1835
6 Monate	4,1321	0,979767716	4,5561	0,977731672	-0,0029996	1,4470	9,2849	0,965635117	-0,0295452	1,1705
9 Monate	4,4034	0,968030315	4,7595	0,965541047	-0,0037286	1,4463	9,0898	0,938177603	-0,0394867	1,1605
12 Monate	4,4247	0,957627841	5,3628	0,949101590	-0,0129101	1,4371	8,8961	0,918314966	-0,0492628	1,1507
18 Monate	4,9460	0,929445692	5,6179	0,920815184	-0,0137731	1,4362	8,5508	0,883696219	-0,0593134	1,1407
2 Jahre	5,4673	0,898618890	5,8739	0,891683549	-0,0107402	1,4393	8,2070	0,854604691	-0,0667823	1,1412
3 Jahre	6,4886	0,825968285	6,1858	0,834501016	0,0149793	1,4650	7,6136	0,803824612	-0,0321712	1,1676
4 Jahre	7,5099	0,742722845	6,3832	0,779140113	0,0709532	1,5210	7,2207	0,769133495	0,0283987	1,2264
5 Jahre	8,0312	0,671045772	6,5016	0,726059785	0,1231962	1,5732	7,1281	0,711605595	0,0722524	1,2724
6 Jahre	8,5525	0,598560313	6,7107	0,674078448	0,1830686	1,6331	7,1360	0,663816953	0,1309453	1,3309
7 Jahre	8,8239	0,538269212	6,6207	0,626035992	0,2364278	1,6864	7,0443	0,624167780	0,1914996	1,3916
8 Jahre	9,0952	0,480381188	6,3316	0,579768364	0,2999939	1,7600	7,0630	0,552611988	0,2563742	1,4654
9 Jahre	9,2865	0,429660940	7,0433	0,535294126	0,3569070	1,8069	6,9622	0,549713294	0,3366619	1,5357
10 Jahre	9,6378	0,372117679	7,1559	0,492611390	0,4695280	1,9196	6,8718	0,519837776	0,4763667	1,6764

Anlage 11: Bewertungsparameter zur Bestimmung der Barwertveränderung bei Unterstellung eines Zinsanstiegs unter Berücksichtigung von Korrelationen zwischen den Zinssätzen in Inlands- und Fremdwährungen bei einem Konfidenzniveau von 33,00 %

Fälligkeit	DM		USD				JPY			
	Zinssatz [%]	Zerobond-Abzinsfaktor	Zinssatz [%]	Zerobond-Abzinsfaktor	Swapsatz [DM/USD]	Devisenkurs [DM/USD]	Zinssatz [%]	Zerobond-Abzinsfaktor	Swapsatz [DM/100 JPY]	Devisenkurs [DM/100 JPY]
3 Monate	5,1392	0,9873149977	5,2476	0,9870651123	-0,0003876	1,4496	10,1196	0,9763265247	-0,0145726	1,1854
6 Monate	5,3679	0,9738620030	5,4449	0,9734971030	-0,0006435	1,4496	9,9161	0,9627165142	-0,0259945	1,1740
9 Monate	5,5966	0,9597163585	5,5415	0,9694063319	-0,0004686	1,4495	9,7102	0,9321171169	-0,0345092	1,1655
12 Monate	5,5753	0,9471911246	6,2372	0,9412898868	-0,0090341	1,4410	9,5049	0,9132011144	-0,0430622	1,1569
18 Monate	6,0540	0,9149831167	6,4821	0,9090507071	-0,0096435	1,4414	9,1492	0,8763359461	-0,0506273	1,1494
2 Jahre	6,5327	0,8805961134	6,7261	0,8777656589	-0,0046414	1,4452	8,7930	0,8453865933	-0,0480046	1,1520
3 Jahre	7,5114	0,8024333583	7,0142	0,8152334065	0,0231293	1,4731	8,1864	0,7912600657	-0,0167086	1,1633
4 Jahre	8,4901	0,7169101253	7,2068	0,7556960310	0,0606867	1,5306	7,7793	0,7437890130	0,0467154	1,2467
5 Jahre	8,9688	0,6422267778	7,2984	0,7014020655	0,1334662	1,5635	7,6719	0,6940691756	0,0967463	1,2967
6 Jahre	9,4475	0,5699400144	7,4893	0,6452638903	0,1931952	1,6432	7,6640	0,6449549681	0,1692301	1,3692
7 Jahre	9,6761	0,5099665252	7,5793	0,5968423334	0,2461742	1,6962	7,5567	0,6043120036	0,2228446	1,4226
8 Jahre	9,9048	0,4631688503	7,6684	0,5459922556	0,3065290	1,7665	7,5470	0,5623226672	0,2889928	1,4890
9 Jahre	10,0635	0,4043229362	7,7567	0,5048654463	0,3597818	1,8098	7,4378	0,5292939678	0,3706765	1,5709
10 Jahre	10,3622	0,3497832017	7,8441	0,4627727716	0,4683347	1,9183	7,3282	0,4996168666	0,5139848	1,7140

Anlage 12: Bewertungsparameter zur Bestimmung der Barwertveränderung bei Unterstellung eines Zinsanstiegs unter Berücksichtigung von Korrelationen zwischen den Zinssätzen in Inlands- und Fremdwährungen bei einem Konfidenzniveau von 66,00 %

Fälligkeit	DM		USD				JPY			
	Zinssatz [%]	Zerobond-Abzinsfaktor	Zinssatz [%]	Zerobond-Abzinsfaktor	Swapsatz [DM/USD]	Devisenkurs [DM/USD]	Zinssatz [%]	Zerobond-Abzinsfaktor	Swapsatz [DM/100 JPY]	Devisenkurs [DM/100 JPY]
3 Monate	5,9312	0,985388657	5,8019	0,985702830	0,0004520	1,4506	10,5156	0,974394408	-0,0134009	1,1966
6 Monate	6,1335	0,970245011	5,9961	0,970882167	0,0009672	1,4610	10,3066	0,950997025	-0,0228069	1,1762
9 Monate	6,3358	0,954637078	6,1895	0,955644935	0,0015308	1,4515	10,0946	0,925619010	-0,0314483	1,1686
12 Monate	6,2881	0,940839097	6,7790	0,936513734	-0,0096982	1,4433	9,8827	0,910061365	-0,0352567	1,1607
18 Monate	6,7404	0,906046050	7,0175	0,902609626	-0,0056024	1,4445	9,5196	0,871864118	-0,0452743	1,1547
2 Jahre	7,1927	0,897769432	7,2542	0,869022771	-0,0012431	1,4488	9,1660	0,839734145	-0,0413698	1,1696
3 Jahre	8,1450	0,768317662	7,5274	0,803698689	0,0281097	1,4781	8,6412	0,783612301	-0,0071625	1,1928
4 Jahre	9,0973	0,698686321	7,7108	0,741629170	0,0064594	1,5366	8,1255	0,734464837	0,0552693	1,2693
5 Jahre	9,6496	0,628295408	7,7921	0,695490064	0,1396638	1,5897	8,0068	0,653536603	0,1118513	1,3118
6 Jahre	10,0019	0,552276426	7,9716	0,628170641	0,1892539	1,6493	7,9911	0,633803160	0,1767038	1,3767
7 Jahre	10,2042	0,492723908	8,0492	0,578024691	0,2503391	1,7003	7,8726	0,592404026	0,2421789	1,4422
8 Jahre	10,4065	0,437367344	8,1249	0,530919396	0,3101926	1,7602	7,8629	0,560241269	0,3096432	1,5096
9 Jahre	10,6297	0,398718166	8,1998	0,486767140	0,3610448	1,8110	7,7324	0,517128906	0,3923101	1,5823
10 Jahre	10,8110	0,336923872	8,2706	0,445417627	0,4668888	1,9169	7,6110	0,487696991	0,5366133	1,7366

Anlage 13: Bewertungsparameter zur Bestimmung der Barwertveränderung bei Unterstellung eines Zinsanstiegs unter Berücksichtigung von Korrelationen zwischen den Zinssätzen in Inlands- und Fremdwährungen bei einem Konfidenzniveau von 99,00 %

Fälligkeit	DM		USD				JPY			
	Zinssatz [%]	Zerobond-Abzinsfaktor	Zinssatz [%]	Zerobond-Abzinsfaktor	Swapsatz [DM/USD]	Devisenkurs [DM/USD]	Zinssatz [%]	Zerobond-Abzinsfaktor	Swapsatz [DM/100 JPY]	Devisenkurs [DM/100 JPY]
3 Monate	8,3638	0,9796818763	7,5046	0,981684012	0,0030672	1,4631	11,7319	0,971606973	-0,0098164	1,1902
6 Monate	8,4850	0,963301628	7,6892	0,962977372	0,0065569	1,4656	11,5048	0,945506017	-0,0171332	1,1629
9 Monate	8,6062	0,933067139	7,8886	0,944274134	0,0075744	1,4576	11,2762	0,922032496	-0,0221481	1,1779
12 Monate	8,4774	0,921861003	8,4426	0,922145131	0,0004626	1,4506	11,0430	0,900662038	-0,0277255	1,1723
18 Monate	8,8496	0,879616638	8,6919	0,881928615	0,0039768	1,4540	10,6582	0,882278526	-0,0289766	1,1710
2 Jahre	9,2196	0,837786781	8,5788	0,843302407	0,0096811	1,4696	10,2709	0,822977968	-0,0211832	1,1786
3 Jahre	10,0910	0,747061968	9,1037	0,782248846	0,0430533	1,4931	9,6310	0,760739990	0,0218672	1,2220
4 Jahre	10,9622	0,663568379	9,2586	0,700485990	0,1040632	1,5541	9,1886	0,706769602	0,0977179	1,2977
5 Jahre	11,3334	0,676600471	9,3064	0,639345071	0,1580662	1,6061	9,0434	0,652418890	0,1680260	1,3690
6 Jahre	11,7046	0,603676390	9,4630	0,579006824	0,2168696	1,6689	8,9957	0,600256074	0,2300970	1,4301
7 Jahre	11,8256	0,446615731	9,4925	0,527204771	0,2647150	1,7147	8,8456	0,557606480	0,3009066	1,5009
8 Jahre	11,9470	0,393164640	9,5258	0,479787945	0,3194697	1,7696	8,7927	0,514867629	0,3717618	1,5718
9 Jahre	11,9883	0,349203309	9,5560	0,438483146	0,3624128	1,8124	8,6373	0,481915484	0,4590513	1,6661
10 Jahre	12,1895	0,301628407	9,5900	0,397032184	0,4592745	1,9093	8,4794	0,452976961	0,6027364	1,8027

Anlage 14: Taktische Dispositionswirkungen von Alternative 1 und Szenario 1

	Zeitpunkt	31.03.1996	30.06.1996	30.09.1996	31.12.1996
Geschlossene Zinsposition	[DM]	0,00	0,00	0,00	0,00
Offene Zinsposition	[DM]	200.000,00	150.000,00	150.000,00	150.000,00
Überhang	[DM]	200.000,00	150.000,00	150.000,00	150.000,00
Vorlauf	[DM]	0,00	50.000,00	0,00	0,00
Dispositionsmaßnahmen					
Kapital	[DM]	200.000,00	-200.000,00		
5,00 % Zins	[DM]		-2.500,00		
Kapital	[DM]		150.000,00	-150.000,00	
5,00 % Zins	[DM]			-1.875,00	
Kapital	[DM]			150.000,00	-150.000,00
5,00 % Zins	[DM]				-1.875,00
Geplanter Zinsüberschuß pro Teilperiode	[DM]	1.500,00	1.500,00	1.125,00	1.125,00
kumuliert	[DM]		3.000,00	4.125,00	5.250,00
Realisierter Zinsüberschuß pro Teilperiode	[DM]	1.750,00	1.500,00	1.125,00	1.125,00
kumuliert	[DM]		3.250,00	4.375,00	5.500,00
Treasury-Erfolg pro Teilperiode	[DM]	510,70	260,70	212,93	212,93
kumuliert	[DM]		771,40	984,33	1.197,26

Anlage 15: Taktische Dispositionswirkungen von Alternative 1 und Szenario 3

	Zeitpunkt	31.03.1996	30.06.1996	30.09.1996	31.12.1996
Geschlossene Zinsposition	[DM]	0,00	0,00	0,00	0,00
Offene Zinsposition	[DM]	200.000,00	150.000,00	150.000,00	150.000,00
Überhang	[DM]	200.000,00	150.000,00	150.000,00	150.000,00
Vorlauf	[DM]		50.000,00	0,00	0,00
Dispositionsmaßnahmen					
Kapital	[DM]	200.000,00	-200.000,00		
5,00 % Zins	[DM]		-2.500,00		
Kapital	[DM]		150.000,00	-150.000,00	
4,75 % Zins	[DM]			-1.781,25	
Kapital	[DM]			150.000,00	-150.000,00
4,50 % Zins	[DM]				-1.687,50
Geplanter Zinsüberschuß pro Teilperiode	[DM]	1.500,00	1.500,00	1.125,00	1.125,00
kumuliert	[DM]		3.000,00	4.125,00	5.250,00
Realisierter Zinsüberschuß pro Teilperiode	[DM]	1.750,00	1.500,00	1.218,75	1.312,50
kumuliert	[DM]		3.250,00	4.468,75	5.781,25
Treasury-Erfolg pro Teilperiode	[DM]	510,70	280,70	306,68	400,43
kumuliert	[DM]		771,40	1.078,08	1.478,51

Anlage 16: Taktische Dispositionswirkungen von Alternative 2 und Szenario 1

	Zeitpunkt	31.03.1996	30.06.1996	30.09.1996	31.12.1996
Geschlossene Zinsposition	[DM]	0,00	0,00	0,00	0,00
Offene Zinsposition	[DM]	200.000,00	150.000,00	150.000,00	150.000,00
Überhang	[DM]	200.000,00	150.000,00	150.000,00	150.000,00
Vorlauf	[DM]	0,00	50.000,00	0,00	0,00
Dispositionsmaßnahmen					
Kapital	[DM]	50.000,00	-50.000,00		
5,00 % Zins	[DM]		-625,00		
Kapital	[DM]	150.000,00		-150.000,00	
5,50 % Zins	[DM]		-2.062,50	-2.062,50	
Kapital	[DM]			150.000,00	-150.000,00
5,00 % Zins	[DM]				-1.875,00
Geplanter Zinsüberschuß pro Teilperiode	[DM]	1.500,00	1.500,00	1.125,00	1.125,00
kumuliert	[DM]		3.000,00	4.125,00	5.250,00
Realisierter Zinsüberschuß pro Teilperiode	[DM]	1.750,00	1.312,50	937,50	1.125,00
kumuliert	[DM]		3.062,50	4.000,00	5.125,00
Treasury-Erfolg pro Teilperiode	[DM]	510,70	73,20	25,43	212,93
kumuliert	[DM]		583,90	609,33	822,26

Anlage 17: Taktische Dispositionswirkungen von Alternative 2 und Szenario 2

	Zeitpunkt	31.03.1996	30.06.1996	30.09.1996	31.12.1996
Geschlossene Zinsposition	[DM]	0,00	0,00	0,00	0,00
Offene Zinsposition	[DM]	200.000,00	150.000,00	150.000,00	150.000,00
Überhang	[DM]	200.000,00	150.000,00	150.000,00	150.000,00
Vorlauf	[DM]	0,00	50.000,00	0,00	0,00
Dispositionsmaßnahmen					
Kapital	[DM]	50.000,00	-50.000,00		
5,00 % Zins	[DM]		-625,00		
Kapital	[DM]	150.000,00		-150.000,00	
5,50 % Zins	[DM]		-2.062,50	-2.062,50	
Kapital	[DM]			150.000,00	-150.000,00
6,50 % Zins	[DM]				-2.437,50
Geplanter Zinsüberschuß pro Teilperiode	[DM]	1.500,00	1.500,00	1.125,00	1.125,00
kumuliert	[DM]		3.000,00	4.125,00	5.250,00
Realisierter Zinsüberschuß pro Teilperiode	[DM]	1.750,00	1.312,50	937,50	562,50
kumuliert	[DM]		3.062,50	4.000,00	4.562,50
Treasury-Erfolg pro Teilperiode	[DM]	510,70	73,20	25,43	-349,57
kumuliert	[DM]		583,90	609,33	259,76

Anlage 18: Taktische Dispositionswirkungen von Alternative 2 und Szenario 3

	Zeitpunkt	31.03.1996	30.06.1996	30.09.1996	31.12.1996
Geschlossene Zinsposition	[DM]	0,00	0,00	0,00	0,00
Offene Zinsposition	[DM]	200.000,00	150.000,00	150.000,00	150.000,00
Überhang	[DM]	200.000,00	150.000,00	150.000,00	150.000,00
Vorlauf	[DM]	0,00	50.000,00	0,00	0,00
Dispositionsmaßnahmen					
Kapital	[DM]	50.000,00	-50.000,00		
5,00 % Zins	[DM]		-625,00		
Kapital	[DM]	150.000,00		-150.000,00	
5,50 % Zins	[DM]		-2.062,50	-2.062,50	
Kapital	[DM]			150.000,00	-150.000,00
4,50 % Zins	[DM]				-1.687,50
Geplanter Zinsüberschuß pro Teilperiode	[DM]	1.500,00	1.500,00	1.125,00	1.125,00
kumuliert	[DM]		3.000,00	4.125,00	5.250,00
Realisierter Zinsüberschuß pro Teilperiode	[DM]	1.750,00	1.312,50	937,50	1.312,50
kumuliert	[DM]		3.062,50	4.000,00	5.312,50
Treasury-Erfolg pro Teilperiode	[DM]	510,70	73,20	25,43	400,43
kumuliert	[DM]		583,90	609,33	1.009,76

Anlage 19: Taktische Dispositionswirkungen von Alternative 3

Zeitpunkt		31.03.1996	30.06.1996	30.09.1996	31.12.1996
Geschlossene Zinsposition	[DM]	0,00	0,00	0,00	0,00
Offene Zinsposition	[DM]	200.000,00	150.000,00	150.000,00	150.000,00
Überhang	[DM]	200.000,00	150.000,00	150.000,00	150.000,00
Vorlauf	[DM]		50.000,00	0,00	0,00
Dispositionsmaßnahmen					
Kapital	[DM]	50.000,00	-50.000,00		
5,00 % Zins	[DM]		-625,00		
Kapital	[DM]	150.000,00			-150.000,00
5,50 % Zins	[DM]		-2.062,50	-2.062,50	-2.062,50
Kapital	[DM]				
Zins	[DM]				
Geplanter Zinsüberschuß pro Teilperiode	[DM]	1.500,00	1.500,00	1.125,00	1.125,00
kumuliert	[DM]		3.000,00	4.125,00	5.250,00
Realisierter Zinsüberschuß pro Teilperiode	[DM]	1.750,00	1.312,50	937,50	937,50
kumuliert	[DM]		3.062,50	4.000,00	4.937,50
Treasury-Erfolg pro Teilperiode	[DM]	510,70	73,20	25,43	25,43
kumuliert	[DM]		583,90	609,33	634,76

Literaturverzeichnis

Agthe, Klaus: Controller. In: Erwin Grochla (Hrsg.): Handwörterbuch der Organisation, Stuttgart 1969, Sp. 351-362.

Akmann, Michael: Ergebnissteuerung in Kreditinstituten. Frankfurt/Main 1994.

Akmann, Michael; Benke, Holger: Die Steuerung des Zinsänderungsrisikos im Rahmen eines Gesamtrisikokonzepts. In: Gesellschaft zur Förderung der wissenschaftlichen Forschung über das Spar- und Girowesen e.V. (Hrsg.): Aktuelle Probleme des Controlling und der Rechnungslegung, Stuttgart 1993, S. 55-93.

Albach, Horst: Innerbetriebliche Lenkpreise als Instrument dezentraler Unternehmensführung. In: Zeitschrift für betriebswirtschaftliche Forschung o.nr./1974, S. 216-242.

Austeen, Mark; Reyniers, Paul (Hrsg.): The Price Waterhouse/Euromoney International Treasury Management Handbook – Volume I: Techniques. London 1986.

Austeen, Mark; Reyniers, Paul (Hrsg.): The Price Waterhouse/Euromoney International Treasury Management Handbook – Volume II: Organisation, systems and control. London 1986.

Bangert, Michael: Zinsrisiko-Management in Banken. Wiesbaden 1987.

Banken, Robert: Die Marktzinsmethode als Instrument der pretialen Lenkung in Kreditinstituten. Frankfurt/Main 1987.

Basler Ausschuß für Bankenaufsicht: Änderung der Eigenkapitalvereinbarung zur Einbeziehung der Marktrisiken. Basel, Januar 1996.

Bauer, Alois: Strategien zur Steuerung von Liquiditätsrisiken der Banken. Regensburg 1991.

Baxmann, Ulf G.: Zur Liquiditäts- und Rentabilitätswirksamkeit von Kreditrisiken. In: Wirtschaftswissenschaftliches Studium 4/1989, S. 199-202.

Behr, Giorgio: Controlling und finanzielle Führung ausländischer Tochtergesellschaften. In: Der Schweizer Treuhänder 6/1987, S. 229-234.

Benke, Holger: Benchmarkorientierung im Zinsmanagement. In: Die Bank 2/1993, S. 106-111.

Benke, Holger; Flesch, Hans-Rudolf: Die Steuerung des Zinsänderungsrisikos. In: Bernd Lüthje (Hrsg.): Risikomanagement in Banken – Konzeptionen und Steuerungssysteme, Bonn 1991, S. 17-40.

Benke, Holger; Flesch, Hans-Rudolf: Das Zinsänderungsrisiko steuern. In: bankkaufmann 4/1992, S. 37-41.

Benke, Holger; Flesch, Hans-Rudolf; Piaskowski, Friedrich: Steuerung des Zinsänderungsrisikos. In: Die Bank 8/1989, S. 431-438.

Benke, Holger; Gebauer, Burkhard; Piaskowski, Friedrich: Die Marktzinsmethode wird erwachsen: Das Barwertkonzept (I). In: Die Bank 8/1991, S. 457-463.

Benke, Holger; Gebauer, Burkhard; Piaskowski, Friedrich: Die Marktzinsmethode wird erwachsen: Das Barwertkonzept (II). In: Die Bank 9/1991, S. 514-521.

Benke, Holger; Piaskowski, Friedrich; Sievi, Christian R.: Neues vom Barwertkonzept. In: Die Bank 2/1995, S. 119-125.

Berger, Karl-Heinz: Länderrisiko und Gesamtrisiko der Universalbank. In: Zeitschrift für Betriebswirtschaft 1/1982, S. 96-107.

Bernhard, Wolfgang: Management von Wechselkursrisiken – Ein Konzept zur Führung internationaler Unternehmen. Wiesbaden 1992.

Bickart, Torsten: Zinsrisikomanagement in Banken. In: Zeitschrift für das gesamte Kreditwesen 22/1992, S. 1025-1028.

Bieg, Hartmut: Bankbilanzen und Bankenaufsicht. München 1983.

Bieg, Hartmut: Betriebswirtschaftslehre 1 – Investition und Unternehmensbewertung. Freiburg 1990/91.

Bieg, Hartmut: Betriebswirtschaftslehre 2 – Finanzierung. Freiburg 1991.

Bieg, Hartmut: Bankbetriebslehre in Übungen. München 1992.

Bieg, Hartmut: Betriebswirtschaftslehre der Banken – Anweisungen für das Handeln in der Bank. In: Karlheinz Küting; Axel Schnorbus (Hrsg.): Betriebswirtschaftslehre heute – Für die Aufgaben der Praxis, Frankfurt/Main 1992, S. 29-31.

Bieg, Hartmut: Die Effektivverzinsung von Ratenkrediten. In: Wirtschaftswissenschaftliches Studium 10/1993, S. 525-529.

Bieg, Hartmut: Aktions- und Reaktionsmöglichkeiten der Kreditwirtschaft im Prozeß der Bankenregulierung. In: Zeitschrift für das gesamte Kreditwesen 2/1997, S. 59-63.

Bieg, Hartmut; Kußmaul, Heinz: Externes Rechnungswesen. München – Wien 1996.

Bierbaum, Christine; Ring, Hans-J.: Struktur und Zinsreagibilität einer Sparkassen-Bilanz. In: Betriebswirtschaftliche Blätter 5/1992, S. 276-279.

Bierer, Hermann; Fassbender, Heino; Rüdel, Thomas: Auf dem Weg zur »schlanken Bank«. In: Die Bank 9/1992, S. 500-506.

Blattmann, Jörg: Stand der Theoriediskussion zur »Marktzinsmethode«. In: Die Bank 11/1987, S. 621-627.

Blattmann, Jörg: Zum operativen Controlling des Liquiditätsmäßig-finanziellen Bereichs von Bankbetrieben. Göttingen 1991.

Bodin, Manfred: Bilanzstrukturmanagement in einer internationalen Großbank. In: Bernd Rolfes; Henner Schierenbeck; Stephan Schüller (Hrsg.): Bilanzstruktur- und Treasury-Management in Kreditinstituten, Frankfurt/Main 1994, S. 107-116.

Bösl, Konrad: Integrative Risikobegrenzung – Eine Konzeption für Banken und Bankenaufsicht. Wiesbaden 1993.

Brammertz, Willi: Zur Stabilität der Zinselastizität. In: Die Bank 10/1993, S. 613-614.

Brammertz, Willi: Die engen Grenzen des Super-Cash-Flows. In: Die Bank 8/1995, S. 496-499.

Brammertz, Willi; Spillmann, Martin: Zinselastizität: Ein unstabiles Maß. In: Die Bank 7/1991, S. 386-390.

Braun, Herbert: Risikomanagement – Eine spezifische Controllingaufgabe. Darmstadt 1984.

Breuer, Ralf: Probleme der Risikosteuerung im Rahmen der Marktzinsmethode. Berlin 1994.

Breuer, Ralf; Skaruppe, Martin: Bankkalkulation als Marktproblem (Teil II). In: Kredit und Kapital 3/1993, S. 417-450.

Buhr, Reinhard; Hansel, Andreas: Risikosteuerung im Treasury-Bereich. In: Bernd Lüthje (Hrsg.): Risikomanagement in Banken – Konzeptionen und Steuerungssysteme, Bonn 1991, S. 157-173.

Büschgen, Hans E.: Zinstermingeschäfte – Instrumente und Verfahren zur Risikoabsicherung an Finanzmärkten. Frankfurt/Main 1988.

Büschgen, Hans E.: Risikomanagement als Prüfstein im Wettbewerb. In: Betriebswirtschaftliche Blätter 2/1992, S. 80-90.

Büschgen, Hans E.: Bankbetriebslehre – Bankgeschäfte und Bankmanagement. 4. Auflage, Wiesbaden 1993.

Buschmann, Wolfgang F.: Risiko-Controlling – Anforderungen an die Steuerung von derivativen Finanzinstrumenten. In: Die Wirtschaftsprüfung 23/1992, S. 720-729.

Bußmann, Johannes: Das Management von Zinsänderungsrisiken – Theoretische Ansätze und ihre empirische Überprüfung für den deutschen Rentenmarkt. Frankfurt/Main 1988.

Christian, Claus-Jörg: Die Informationsbasis der Bankenaufsicht – Eine Konzeption zur laufenden Überwachung der Geschäftstätigkeit und der Risikostrukturen von Kreditinstituten. Stuttgart 1992.

Dankovsky, Michael: Der Zinssaldo – ein Konglomerat von Ergebniskomponenten. In: Österreichisches Bank Archiv 5/1991, S. 352-359.

Daube, Carl Heinz: Risikomanagement und Limitsysteme für Wertpapieranlagen. In: Sparkasse 1/1995, S. 13-16.

Dempfle, Eugen: Konzeptionelle Ansätze zum Risikomanagement von Finanzinnovationen. Dissertation, Bamberg 1992.

Deutsche Börse AG: Die Frankfurter Wertpapierbörse. Frankfurt/Main 1995.

Deutsche Bundesbank: Kapitalmarktstatistik Januar 1993 – Statistisches Beiheft zum Monatsbericht. Frankfurt/Main 1993.

Deutsche Bundesbank: Kapitalmarktstatistik Januar 1995 – Statistisches Beiheft zum Monatsbericht. Frankfurt/Main 1995.

Deutsche Bundesbank: Kapitalmarktstatistik Juni 1996 – Statistisches Beiheft zum Monatsbericht. Frankfurt/Main 1996.

Djebbar, Jan F.: Zur Kritik an der Marktzinsmethode. In: Österreichisches Bank Archiv 11/1990, S. 920-931.

Doerks, Wolfgang: Die Berücksichtigung von Zinsstrukturkurven bei der Bewertung von Kuponanleihen. In: Wirtschaftswissenschaftliches Studium 6/1991, S. 275-280.

Dolff, Peter: Die Konditionenverhandlungen im Kreditgeschäft der Banken. Wiesbaden 1974.

Droste, Klaus D.; Faßbender, Heino; Pauluhn, Burkhard; Schlenzka, Peter F.; Löhneysen, Eberhard von: Falsche Ergebnisinformationen – Häufige Ursache für Fehlentwicklungen in Banken. In: Die Bank 7/1983, S. 313-323.

Echterbeck, Harald: Marktzinsorientierte Ergebnisspaltung des Eigenhandels von Kreditinstituten. Frankfurt/Main 1991.

Elfers, Jürgen: Neue Konzeptionen für das Finanz- und Treasury-Management einer multinationalen Industrieunternehmung. Dissertation, Göttingen 1991.

Faßbender, Heino: Die Theorie der Fristigkeitsstruktur der Zinssätze: Ein Überblick. In: Wirtschaftswissenschaftliches Studium 3/1977, S. 97-103.

Filc, Wolfgang: Theorie und Empirie des Kapitalmarktzinses. Stuttgart 1992.

Financial Executives Institute: Controllership and Treasurership Functions Defined by FEI. In: The Controller 6/1962, S. 289.

Flechsig, Rolf: Die Kalkulation von Zinsobergrenzen im Passivgeschäft mit Nichtbanken. In: Die Bank 8/1982, S. 356-360.

Flechsig, Rolf: Die Schichtenbilanz – ihr Glanz und Elend. In: Die Bank 6/1985, S. 298-302.

Flechsig, Rolf; Flesch, Hans-Rudolf: Die Wertsteuerung – Ein Ansatz des operativen Controlling im Wertbereich. In: Die Bank 10/1982, S. 454-465.

Flesch, Hans-Rudolf; Piaskowski, Friedrich; Seegers, Jürgen: Marktzinsmethode bzw. Wertsteuerung – Neue Thesen und Erkenntnisse aus der Realisierung. In: Die Bank 9/1987, S. 485-494.

Flesch, Hans-Rudolf; Piaskowski, Friedrich; Sievi, Christian R.: Erfolgsquellensteuerung durch Effektivzinsen im Konzept der Wertsteuerung. In: Die Bank 8/1984, S. 357-366.

Flesch, Hans-Rudolf; Piaskowski, Friedrich; Sievi, Christian R.: Effektivzinsrechnung und Marktzinsmethode – Stellungnahme zu dem Aufsatz von Schierenbeck/Rolfes. In: Die Bank 4/1987, S. 190-193.

Flesch, Johann-Rudolf; Gerdsmeier, Stefan; Lichtenberg, Michael: Das Barwertkonzept in der Unternehmenssteuerung. In: Henner Schierenbeck; Hubertus Moser (Hrsg.): Handbuch Bankcontrolling, Wiesbaden 1994, S. 267-283.

Flesch, Johann Rudolf; Lichtenberg, Michael: Integration des Treasury-Managements in die Unternehmensplanung. In: Bernd Rolfes; Henner Schierenbeck; Stephan Schüller (Hrsg.): Bilanzstruktur- und Treasury-Management in Kreditinstituten, Frankfurt/Main 1994, S. 33-53.

Flöther, Karl-Heinz; Laupenmühlen, Michael; Schmittke, Jürgen: Die nervösen neunziger Jahre. In: Die Bank 12/1993, S. 697-701.

Franke, Karl-Heinz: Möglichkeiten und Grenzen der Marktzinsmethode aus Sicht der Praxis. In: Dieter Boening; Heinz J. Hockmann (Hrsg.): Bank- und Finanzmanagement – Marketing – Rechnungswesen – Finanzierung – Reflexionen aus der Praxis, Wiesbaden 1993, S. 143-153.

Friggemann, Peter: Welche Faktoren bestimmen die Zinsspannen? In: Betriebswirtschaftliche Blätter 3/1992, S. 157-160.

Fürer, Guido: Risk Management im internationalen Bankgeschäft. Dissertation, Bern – Stuttgart 1990.

Gerdsmeier, Stefan; Krob, Bernhard: Kundenindividuelle Bewertung des Ausfallrisikos mit dem Optionspreismodell. In: Die Bank 8/1994, S. 469-475.

Gnoth, Karl: Kalkulation von Zinsgeschäften – Teil I: Marktzins als Meßlatte. In: Die Bank 4/1987, S. 184-189.

Goebel, Ralf; Buth, Dirk: Nur effizientes Management schafft Sicherheit. In: Betriebswirtschaftliche Blätter 6/1993, S. 249-253.

Grabher, Christof; Stoss, Karl: Banks under stress – Neue Managementmethoden. In: Österreichisches Bank Archiv 1/1993, S. 5-9.

Grabiak, Stephan: Die moderne Marktzinsmethode im Tagesgeschäft der Banken. In: Zeitschrift für das gesamte Kreditwesen 17/1988, S. 787-790.

Graebner, Wolfgang: Treasury. In: Zeitschrift für das gesamte Kreditwesen 17/1989, S. 815-820.

Häberle, Siegfried G.: Risiko als zielbezogenes Phänomen – Eine Untersuchung über die Kriterien für eine systematische Erfassung des betrieblichen Risikokomplexes unter besonderer Berücksichtigung des Risikos von Bankbetrieben. Dissertation, Tübingen 1979.

Hagen, Paul; Jakobs, Wolfgang: Risikosteuerung im Eigenhandel. In: Die Bank 11/1995, S. 664-671.

Hahn, Dietger: Hat sich das Konzept des Controllers in Unternehmungen der deutschen Industrie bewährt? In: Betriebswirtschaftliche Forschung und Praxis 2/1978, S. 101-128.

Hahn, Dietger: Finanzchef – Aufgaben und Ausbildung. In: Der Betrieb 8/1981, S. 381-386.

Haiss, Peter; Schicklgruber, Werner: Bankstrategien unter geänderten Rahmenbedingungen. In: Österreichisches Bank Archiv 10/1992, S. 871-885.

Hauschildt, Jürgen: Finanzvorstand, Treasurer und Controller – Das Finanzmanagement in der Stellenbeschreibung. In: Zeitschrift für Organisation 4/1972, S. 169-174.

Hauschildt, Jürgen: Finanzmanagement. In: Hans E. Büschgen (Hrsg.): Handwörterbuch der Finanzwirtschaft, Stuttgart 1976, Sp. 508-515.

Hauschildt, Jürgen: Die Zielkonzeption im Rahmen bankbetrieblicher Geschäftspolitik. In: Michael Bitz (Hrsg.): Bank- und Börsenwesen – Band 2: Geschäftspolitik der Banken, München 1981, S. 3-18.

Hauschildt, Jürgen; Schewe, Gerhard: Der Controller in der Bank – Systematisches Informations-Management in Kreditinstituten. 2. Auflage, Frankfurt/Main 1993.

Häußler, Walter M.; Hiller, Jürgen: Spiegelportfolios festverzinslicher Wertpapiere. In: Die Bank 12/1992, S. 723-729.

Hax, Herbert: Finanzwirtschaft, Organisation der. In: Erwin Grochla (Hrsg.): Handwörterbuch der Organisation, 2. Auflage, Stuttgart 1980, Sp. 698-707.

Hax, Herbert: Investitionstheorie. 5. Auflage, Würzburg – Wien 1985.

Heidorn, Thomas: Treasury Management – Risiko, Analyse, Steuerung. Wiesbaden 1993.

Hein, Manfred: Einführung in die Bankbetriebslehre. 2. Auflage, München 1993.

Heinz, Ulrich; Herr, Wolfgang; Fritz, Robert: Praxisorientierte Überlegungen zur Erfolgsermittlung ausgewählter Finanzinnovationen. In: Gesellschaft zur Förderung der wissenschaftlichen Forschung über das Spar- und Girowesen e.V. (Hrsg.): Aktuelle Probleme des Controlling und der Rechnungslegung, Stuttgart 1993, S. 95-121.

Herzog, Walter: Elastizitätsbilanz und Marktzinsmethode. In: Die Bank 12/1989, S. 684-688.

Herzog, Walter: Zinsänderungsrisiken in Kreditinstituten – Eine Analyse unterschiedlicher Steuerungskonzepte auf der Grundlage eines Simulationsmodells. Wiesbaden 1990.

Höfer, Birgit; Jütten, Herbert: Mindestanforderungen an das Betreiben von Handelsgeschäften. In: Die Bank 12/1995, S. 752-756.

Hölscher, Reinhold: Risikokosten-Management in Kreditinstituten – Ein integratives Modell zur Messung und ertragsorientierten Steuerung der bankbetrieblichen Erfolgsrisiken. Frankfurt/Main 1987.

Hölscher, Reinhold: Die Marktzinsmethode als Basiskonzept der Zinsergebnismessung von Einzelgeschäften. In: Henner Schierenbeck; Hubertus Moser (Hrsg.): Handbuch Bankcontrolling, Wiesbaden 1995, S. 243-265.

Honeck, Gerhard: Zinsänderungsrisiko und Zinsrisikobilanz. In: Die Bank 11/1992, S. 656-661.

Horváth, Péter: Controlling. 5. Auflage, München 1994.

Hubbes, Harald: Arbitragestrategien auf internationalen Finanzmärkten. In: Hans J. Krümmel; Bernd Rudolph (Hrsg.): Finanzintermediation und Risikomanagement, Frankfurt/Main 1989, S. 109-130.

Imboden, Carlo: Ein entscheidbezogenes Risikohandhabungsverfahren. Dissertation, Bern 1983.

Jacob, Hans-Reinhard: Das Management von Zinsbindungs- und Zinsniveaurisiken im Festzinsgeschäft der Banken. In: Dokumentation zum IBM-Anwenderkongreß Kreditwirtschaft 1992, o.S.

Jacob, Hans-Reinhard; Villiez, Christian von: Grundlagenmodell für die laufzeitkongruente Refinanzierung des Festzinsgeschäfts. In: Die Bank 10/1990, S. 554-559.

Jacob, Hans-Reinhard; Villiez, Christian von; Westphal, Eva: Erfolgs-Management zwischen Risiko und Chance. In: Die Bank 2/1992, S. 101-106.

Jaenicke, Johannes; Kirchgässner, Gebhard: Asymmetrie im Zinsanpassungsverhalten der Banken? In: bank und markt 2/1992, S. 29-34.

Karten, Walter: Risk Management. In: Waldemar Wittmann et al. (Hrsg.): Handwörterbuch der Betriebswirtschaft, Teilband 3, 5. Auflage, Stuttgart 1993, Sp. 3825-3836.

Kath, Dietmar: Die verschiedenen Ansätze der Zinsstrukturtheorie – Versuch einer Systematisierung. In: Kredit und Kapital 1/1972, S. 28-71.

Kaven, Jürgen-Peter: Aktuelle Entwicklungstrends im deutschen Bankgeschäft. In: Horst-Tilo Beyer; Leo Schuster; Carl Zimmerer (Hrsg.): Neuere Entwicklungen in Betriebswirtschaftslehre und Praxis, Frankfurt/Main 1988, S. 253-277.

Keine, Friedrich-Michael: Die Risikoposition eines Kreditinstituts – Konzeption einer umfassenden bankaufsichtsrechtlichen Verhaltensnorm. Wiesbaden 1986.

Klerx, Karl: Von der Zinsbindungsbilanz zur Zinselastizitätsbilanz. In: bank und markt 9/1989, S. 28-29.

Kodlin, Axel: Praxis akzeptiert Marktzinsmethode. In: Die Bank 4/1992, S. 212-215.

Koerner, Ulrich: Organisatorische Ausgestaltung des Risikomanagements im Bankbetrieb. In: Die Bank 9/1989, S. 493-501.

Kotissek, Norbert: Zur Berechnung des Konditionsbeitrages bei konstanter effektiver Marge. In: bank und markt 1/1987, S. 34-37.

Kotz, Hans-Helmut; Braun, Ulrich: Zinsstruktur und Aktiv-Passiv-Steuerung: Der Prognoseteil. In: Sparkasse 2/1991, S. 556-561.

Kreikebaum, Hartmut: Strategische Unternehmensplanung. 4. Auflage, Stuttgart – Berlin – Köln 1991.

Krüger, Uwe: Der Einfluß des Kapitalmarktzinses auf die Zinsspanne der Kreditinstitute. In: Sparkasse 7/1987, S. 298-301.

Krumnow, Jürgen: Derivative Instrumente als Herausforderung für Bankcontrolling und Bankorganisation. In: Zeitschrift für Bankrecht und Bankwirtschaft 3/1993, S. 133-138.

Kunze, Christian: Die Marktzinsmethode – Ein neuer Weg in der Kostenrechnung? In: Betriebswirtschaftliche Blätter 11/1984, S. 436-444.

Kupsch, Peter: Risiken als Gegenstand der Unternehmungspolitik. In: Wirtschaftswissenschaftliches Studium 4/1975, S. 153-159.

Lagger, André: Risikomanagement bei Banken. Publikation 112 der Swiss Banking School, Bern – Stuttgart – Wien 1995.

Lehner, Ulrich: Modelle für das Finanzmanagement. Darmstadt 1976.

Leichsenring, Hansjörg: Führungsinformationssysteme in Banken – Notwendigkeit, Konzeption und strategische Bedeutung. Wiesbaden 1990.

Leichsenring, Hansjörg; Schwartzkopff, Wolfgang: Strategische Risiken der Banken. In: Die Bank 11/1989, S. 588-594.

Marusev, Alfred W.: Das Marktzinsmodell in der bankbetrieblichen Einzelgeschäftskalkulation. Frankfurt/Main 1990.

Marusev, Alfred W.: Einzelgeschäftskalkulation – Ziele und aktueller Stand. In: Bank Information 1/1990, S. 44-46.

Marusev, Alfred W.; Pfingsten, Andreas: Arbitragefreie Herleitung zukünftiger Zinsstruktur-Kurven und Kurswerte. In: Die Bank 3/1992, S. 169-172.

Marusev, Alfred W.; Pfingsten, Andreas: Die Entstehung des Strukturbeitrags. In: Die Bank 4/1993, S. 223-228.

Marusev, Alfred W.; Sievert, Klaus- Jürgen: Das engpaßbezogene Bonus-/Malus-System im Marktzinsmodell. In: Die Bank 4/1990, S. 217-224.

Marusev, Alfred W.; Zumbach, Uwe: Arbitragefreier Gewinntransfer durch Veränderung von Festzinsüberhängen. In: Die Bank 10/1993, S. 608-612.

Meyer zu Selhausen, Hermann: Ermittlung robuster Strategien für die Steuerung des Zinsrisikos einer Universalbank. In: Zeitschrift für Bankrecht und Bankwirtschaft 3/1991, S. 137-146.

Moser, Hubertus; Quast, Wolfgang: Organisation des Risikomanagements in einem Bankkonzern. In: Henner Schierenbeck; Hubertus Moser (Hrsg.): Handbuch Bankcontrolling, Wiesbaden 1995, S. 663-686.

Mülhaupt, Ludwig: Einführung in die Betriebswirtschaftslehre der Banken – Struktur und Grundprobleme des Bankbetriebs und des Bankwesens in der Bundesrepublik Deutschland. 3. Auflage, Wiesbaden 1980.

Münstermann, Hans: Kongruenzprinzip und Vergleichbarkeitsgrundsatz im Rahmen der dynamischen Bilanzlehre – Bemerkungen zu Gedankengängen von Hasenack. In: Betriebswirtschaftliche Forschung und Praxis o.Nr./1964, S. 426-438.

Napp, Udo; Hoffmann, Sören; Herzog, Walter: Die Steuerung des Zinsänderungsrisikos von Kreditinstituten auf der Grundlage des Elastizitätskonzeptes. In: bank und markt 11/1989, S. 18.

Obermann, Raoul: Zinsrisikopotential – Kennziffer zur Quantifizierung des Zinsrisikos von Zinsswaps, -futures und -optionen. Frankfurt/Main 1990.

Penthor, Jürgen: Asset/Liability-Management in Banken. In: Österreichisches Bank Archiv 1/1996, S. 49-52.

Perridon, Louis; Steiner, Manfred: Finanzwirtschaft der Unternehmung. 8. Auflage, München 1995.

Pfeifer, Uwe: Management bankbetrieblicher Erfolgsrisiken unter besonderer Berücksichtigung des Zinsänderungsrisikos. Rheinfelden – Berlin 1991.

Pfingsten, Andreas: Die Erkennung und Behandlung von Zinsänderungsrisiken. In: Zeitschrift für das gesamte Kreditwesen 7/1988, S. 270-274.

Pfingsten, Andreas: Zinsänderungsrisiken bei variablen Zinselastizitäten. In: bank und markt 6/1989, S. 33-34.

Pfingsten, Andreas; Thom, Susanne: Der Konditionsbeitrags-Barwert in der Gewinn- und Verlustrechnung. In: Die Bank 4/1995, S. 242-245.

Piaskowski, Friedrich: Treasury im Barwertkonzept. In: Die Bank 5/1993, S. 290-295.

Preißler, Peter R.: Controlling – Lehrbuch und Intensivkurs. 4. Auflage, München – Wien 1992.

Probson, Stefan: Identität von Barwert und Finanzbuchhaltung. In: Die Bank 3/1994, S. 180-184.

Propp, Wolfgang: Das Elastizitätenkonzept und der aktuelle Stand der Umsetzung – Erfahrungsbericht. In: Dokumentation zum IBM-Anwenderkongreß Kreditwirtschaft 1994, o.S.

Ratzlaff, Rolf: Aufgaben des Internen Rechnungswesens im bankbetrieblichen Zinsgeschäft und Ausbau zur Steuerung des Zinsrisikos. Frankfurt/Main 1994.

Rehm, Hannes (Hrsg.): Methoden und Instrumente der Zins- und Wechselkursprognose. Bonn 1988.

Reinelt, Iris; Keller, Thomas: Außerbilanzielle Risiken in bilanziellen Geschäften. In: Die Bank 5/1995, S. 292-297.

Reinelt, Iris; Keller, Thomas: Bewertung von Fremdwährungsgeschäften. In: Die Bank 5/1996, S. 308-313.

Renk, Rüdiger: Kreditgeschäfte international tätiger Kreditinstitute. Heidelberg 1990.

Rinne, Horst: Taschenbuch der Statistik. Frankfurt/Main 1995.

Rogusch, Michael: Die Abstimmung der Aktiv- und Passivgeschäfte einer Bank aus der Sicht der Geschäftsleitung. In: Michael Bitz (Hrsg.): Bank- und Börsenwesen – Band 2: Geschäftspolitik der Banken, München 1981, S. 176-201.

Rolfes, Bernd: Ansätze zur Steuerung von Zinsänderungsrisiken. In: Kredit und Kapital 4/1985, S. 529-552.

Rolfes, Bernd: Die Steuerung von Zinsänderungsrisiken in Kreditinstituten. Frankfurt/Main 1985.

Rolfes, Bernd: Risikosteuerung mit Zinselastizitäten. In: Zeitschrift für das gesamte Kreditwesen 5/1989, S. 196-201.

Rolfes, Bernd: Bilanzstrukturorientiertes Risikomanagement in Banken. Diskussionsbeiträge des Fachbereichs Wirtschaftswissenschaft der Universität – Gesamthochschule – Duisburg Nr. 157, Duisburg 1991.

Rolfes, Bernd: Die Steuerung des Strukturergebnisses: Bilanzstrukturmanagement. In: Die Bank 10/1991, S. 568-574.

Rolfes, Bernd: Bilanzstrukturmanagement mit Zinsswaps. In: Zeitschrift für das gesamte Kreditwesen 15/1992, S. 674-682.

Rolfes, Bernd: Zinsänderungsrisiko in der Rezession. In: Bank Information 10/1993, S. 12-15.

Rolfes, Bernd: Asset-Liability-Management in Banken und Sparkassen. In: Bernd Rolfes; Henner Schierenbeck; Stephan Schüller (Hrsg.): Bilanzstruktur- und Treasury-Management in Kreditinstituten, Frankfurt/Main 1994, S. 183-202.

Rolfes, Bernd: Risikoquantifizierung im Elastizitätskonzept. In: Bernd Rolfes; Henner Schierenbeck; Stephan Schüller (Hrsg.): Bilanzstruktur- und Treasury-Management in Kreditinstituten, Frankfurt/Main 1994, S. 203-219.

Rolfes, Bernd: Das Elastizitätskonzept der Zinsrisikosteuerung. In: Henner Schierenbeck; Hubertus Moser (Hrsg.): Handbuch Bankcontrolling, Wiesbaden 1995, S. 711-733.

Rolfes, Bernd; Bellmann, Klaus; Napp, Udo: Darstellung und Beurteilung von Zinsänderungsrisiken. In: bank und markt 12/1988, S. 12-16.

Rolfes, Bernd; Bergfried, Hermann: Die zinsänderungsoptimale Geschäftsstruktur einer Bank – Ein Simultan-Modell zur Abstimmung von strukturellem Gewinnbedarf und Gewinnpotential. In: Österreichisches Bank Archiv 4/1988, S. 329-343.

Rolfes, Bernd; Hassels, Michael: Das Barwertkonzept in der Banksteuerung. Möglichkeiten und Grenzen. In: Österreichisches Bank Archiv 5/1994, S. 337-349.

Rolfes, Bernd; Schierenbeck, Henner: Der Marktwert variabel verzinslicher Bankgeschäfte. In: Die Bank 7/1992, S. 403-412.

Rolfes, Bernd; Schwanitz, Johannes: Die »Stabilität« von Zinselastizitäten. In: Die Bank 6/1992, S. 334-337.

Rolfes, Bernd; Villiez, Christian von: Steuerung des Transformationsergebnisses. In: Die Bank 9/1989, S. 502-506.

Römhild, Hans-Günter: Interne Zinsverrechnung in Kreditinstituten. In: Jürgen Krumnow; Michael Metz (Hrsg.): Rechnungswesen im Dienste der Bankpolitik, Stuttgart 1987, S. 209-221.

Röpke, Klaus; Schüller, Stephan: Ergebniskalkulation und Risikomanagement des Eigenhandels und der Bilanzstruktur. In: Bernd Rolfes; Henner Schierenbeck; Stephan Schüller (Hrsg.): Bilanzstruktur- und Treasury-Management in Kreditinstituten, Frankfurt/Main 1994, S. 55-79.

Rothacker, Hartmut: Treasury Management einer Bank in den 90er Jahren. In: Die Bank 4/1991, S. 191-197.

Rübel, Markus: Devisen- und Zinstermingeschäfte in der Bankbilanz – Eine Konzeption zur Abbildung von Wechselkurs- und Zinsrisiken im Jahresabschluß. Berlin 1990.

Rudolph, Bernd: Zinsänderungsrisiken und die Strategie der durchschnittlichen Selbstliquidationsperiode. In: Kredit und Kapital 2/1979, S. 181-206.

Rudolph, Bernd: Risikomanagement in Kreditinstituten – Betriebswirtschaftliche Konzepte und Lösungen. In: Zeitschrift Interne Revision 3/1993, S. 117-134.

Rühli, Edwin: Unternehmungsführung und Unternehmungspolitik 1. Bern 1973.

Schaumlöffel, Bernd: Neue Wege zur Zinsprognose. In: Betriebswirtschaftliche Blätter 3/1991, S. 111-115.

Schierenbeck, Henner: Bilanzstruktur-Management in Kreditinstituten. In: Jürgen Krumnow; Michael Metz (Hrsg.): Rechnungswesen im Dienste der Bankpolitik, Stuttgart 1987, S. 181-196.

Schierenbeck, Henner: Messung und Steuerung des Zinsergebnisses. In: geldinstitute 11/1989, S. 21-32.

Schierenbeck, Henner: Das Meß- und Steuerungskonzept der Marktzinsmethode – Eine Analyse aus bankbetrieblicher Sicht. In: Zeitschrift für Betriebswirtschaft 11/1994, S. 1417-1451.

Schierenbeck, Henner: Ertragsorientiertes Bankmanagement – Controlling in Kreditinstituten. 4. Auflage, Wiesbaden 1994.

Schierenbeck, Henner: Neue Wege im Treasury-Management der Banken. In: Bernd Rolfes; Henner Schierenbeck; Stephan Schüller (Hrsg.): Bilanzstruktur- und Treasury-Management in Kreditinstituten, Frankfurt/Main 1994, S. 1-31.

Schierenbeck, Henner; Marusev, Alfred W.: Margenkalkulation von Bankprodukten im Marktzinsmodell. In: Zeitschrift für Betriebswirtschaft 8/1990, S. 789-813.

Schierenbeck, Henner; Marusev, Alfred W.; Wiedemann, Arnd: Einzelgeschäftsbezogene Aussteuerung von Engpässen mit Hilfe der Marktzinsmethode. In: Die Betriebswirtschaft 4/1992, S. 443-471.

Schierenbeck, Henner; Rolfes, Bernd: Effektivzinsrechnung und Marktzinsmethode. In: Die Bank 1/1987, S. 25-33.

Schierenbeck, Henner; Rolfes, Bernd: Entscheidungsorientierte Margenkalkulation. Frankfurt/Main 1988.

Schierenbeck, Henner; Wiedemann, Arnd: Das Treasury-Konzept der Marktzinsmethode (I): Integration von Grundmodell und Barwertkalkül. In: Die Bank 11/1993, S. 670-676.

Schierenbeck, Henner; Wiedemann, Arnd: Das Treasury-Konzept der Marktzinsmethode (II): Die Messung des Treasury-Erfolgs. In: Die Bank 12/1993, S. 731-737.

Schierenbeck, Henner; Wiedemann, Arnd: Treasury-Management in Banken. Forschungsbericht 1/95 des Wirtschaftswissenschaftlichen Zentrums der Universität Basel, Basel 1995.

Schierenbeck, Henner; Wiedemann, Arnd: Marktwertrechnungen im Finanzcontrolling. Stuttgart 1996.

Schimmelmann, Wulf von; Hille, Werner: Banksteuerung über ein System von Verrechnungszinsen. In: Henner Schierenbeck; Hans Wielens (Hrsg.): Bilanzstrukturmanagement, Frankfurt/Main 1984, S. 47-65.

Schmalzriedt, Oliver: Die Liquiditätsdisposition der Kreditinstitute unter besonderer Berücksichtigung ihrer Abhängigkeit von der Geldpolitik der Zentralbank und ihrer Bedeutung für diese. Dissertation, Leonberg 1991.

Schmid, Marcel: Management Accounting der Banken – Moderne Ansätze zur Steuerung von Banken und ihre controlling- und marktorientierte Einführung. Zürich 1996.

Schmidt, Hartmut: Wege zur Ermittlung und Beurteilung der Marktzinsrisiken von Banken. In: Kredit und Kapital 14/1981, S. 249-286.

Schmidt, Reinhart: Neuere Entwicklungen der modellgestützten Gesamtplanung von Banken. In: Zeitschrift für Betriebswirtschaft 3/1983, S. 304-318.

Schmidt, Werner: Möglichkeiten der Verbesserung des Zinsüberschusses durch ein Mindestmargenkonzept. In: Henner Schierenbeck; Hans Wielens (Hrsg.): Bilanzstrukturmanagement in Kreditinstituten, Frankfurt/Main 1984, S. 29-46.

Schmitz, Elmar; Pesch, André: Abweichungsanalyse für Zinsstruktur-Kurven. In: Die Bank 9/1994, S. 550-553.

Scholz, Walter: Zinsänderungsrisiken im Jahresabschluß der Kreditinstitute. In: Kredit und Kapital 4/1979, S. 517-544.

Schüller, Stephan: Organisation von Controllingsystemen in Kreditinstituten. Frankfurt/Main 1984.

Schulte, Michael: Integration der Betriebskosten in das Risikomanagement von Kreditinstituten. Wiesbaden 1994.

Schulte-Mattler, Hermann; Traber, Uwe: Marktrisiko und Eigenkapital – Bankaufsichtliche Normen für Kredit- und Marktrisiken. Wiesbaden 1995.

Schultze-Kimmle, Horst-Dieter: Zehn Thesen zur Bank der Zukunft. In: Die Bank 2/1994, S. 76-83.

Schwanitz, Johannes: Analyse des Kontokorrentzinses mit Hilfe des Elastizitätsdiagramms. In: Die Bank 3/1995, S. 165-169.

Sengera, Jürgen: Management-Informationssysteme. In: Johann-Heinrich von Stein; Jürgen Terrahe (Hrsg.): Handbuch Bankorganisation, 2. Auflage, Wiesbaden 1995, S. 687-702.

Siegel, Bernd; Degener, Rolf: Die Steuerung von Zinsänderungsrisiken. In: Zeitschrift für das gesamte Kreditwesen 20/1987, S. 924-929.

Siegel, Bernd; Degener, Rolf: Neuere Überlegungen zur Steuerung von Zinsänderungsrisiken I. In: Zeitschrift für das gesamte Kreditwesen 19/1988, S. 900-906.

Siegert, Helmut: Vom Umgang mit Zahlungsströmen. In: Die Bank 7/1994, S. 422-426.

Sievi, Christian R.: Kalkulation und Disposition – Betriebswirtschaftliche Grundlagen, Rechenverfahren, Anwendungen. Bretten 1995.

Skaruppe, Martin: Duplizierung von Bankgeschäften im Wertbereich als Kernproblem der Marktzinsmethode. Berlin 1994.

Spillmann, Martin: Führungsinstrumente im Zinsengeschäft der Banken unter besonderer Berücksichtigung der Zinsänderungsrisiken. Bern – Stuttgart 1990.

Stark, Gunnar: Zahlungsstromorientierte Vorfälligkeitsentschädigung. In: Die Bank 9/1996, S. 552-555.

Staub, Zeno: Value at Risk, Eigenkapitalausstattung und Zinsstrukturrisiken. In: Finanzmarkt und Portfolio Management 3/1994, S. 381-393.

Steiner, Manfred; Bruns, Christoph: Wertpapiermanagement. 4. Auflage, Stuttgart 1995.

Steinmann, Horst; Schreyögg, Georg: Management – Grundlagen der Unternehmensführung. 3. Auflage, Wiesbaden 1993.

Stützel, Wolfgang: Bankpolitik heute und morgen. 2. Auflage, Frankfurt/Main 1964.

Süchting, Joachim: Verrechnungspreise im Bankbetrieb. In: Jürgen Krumnow; Michael Metz (Hrsg.): Rechnungswesen im Dienste der Bankpolitik, Stuttgart 1987, S. 199-208.

Süchting, Joachim: Finanzmanagement – Theorie und Politik der Unternehmensfinanzierung. 6. Auflage, Wiesbaden 1995.

Uhlir, Helmut; Steiner, Peter: Wertpapieranalyse. 3. Auflage, Heidelberg 1994.

Villiez, Christian von: Budgetkontrolle und Abweichungsanalyse in Kreditinstituten. Frankfurt/Main 1989.

Villiez, Christian von: Die Abgrenzung von Handelserfolgen in der bankbetrieblichen Ergebnisrechnung. In: Die Bank 11/1989, S. 624-627.

Vollmer, Karl-Heinz: Risikomanagement in Banken. In: Zeitschrift für das gesamte Kreditwesen 15/1996, S. 723-732.

Voss, Bernd W.; Bezold, Andreas: Bilanzstrukturmanagement im Spannungsfeld finanzmathematischer Risikomessung und handelsrechtlicher Periodisierung. In: Henner Schierenbeck; Hubertus Moser (Hrsg.): Handbuch Bankcontrolling, Wiesbaden 1994, S. 595-610.

Wentz, Rolf-Christian: Treasurer. In: Elmar Mayer; Jürgen Weber (Hrsg.): Handbuch Controlling, Stuttgart 1990, S. 365-378.

Wiedemann, Arnd: Integration des Wertpapier-Abschreibungsrisikos in das Zinsrisiko-Management. In: Bernd Rolfes; Henner Schierenbeck; Stephan Schüller (Hrsg.): Bilanzstruktur- und Treasury-Management in Kreditinstituten, Frankfurt/Main 1994, S. 221-233.

Wiedemann, Arnd; Nolte, Matthias: Kalkulation und Einsatz von Forward Rate Agreements im Treasury-Management. In: Zeitschrift für Betriebswirtschaft 5/1994, S. 629-654.

Wimmer, Konrad: Controlling und Preispolitik im Bankgeschäft – kein Beispiel für die reine Lehre. In: bank und markt 7/1994, S. 27-32.

Wimmer, Konrad: Bankkalkulation – Neue Konzepte der Kosten- und Erlösrechnung von Kreditinstituten. 2. Auflage, Berlin 1996.

Wimmer, Konrad; Stöckl-Pukall, Ernst: Geplante Änderungen bei der Effektivzinsberechnung. In: Die Bank 6/1996, S. 357-361.

Witte, Thomas: Simulation und Simulationsverfahren. In: Waldemar Wittmann et al. (Hrsg.): Handwörterbuch der Betriebswirtschaft, Teilband 3, 5. Auflage, Stuttgart 1993, Sp. 3837-3849.

Witte, Udo; Mehring, Bernhard: Die Steuerung des Währungs- und Länderrisikos. In: Bernd Lüthje (Hrsg.): Risikomanagement in Banken – Konzeptionen und Steuerungssysteme, Bonn 1991, S. 63-82.

Wöhe, Günter: Entwicklungstendenzen der Allgemeinen Betriebswirtschaftslehre im letzten Drittel unseres Jahrhunderts – Rückblick und Ausblick –. In: Die Betriebswirtschaft 2/1990, S. 223-235.

Wöhe, Günter: Einführung in die Allgemeine Betriebswirtschaftslehre. 19. Auflage, München 1996.

Wondrak, Bernhard: Management von Zinsänderungschancen und -risiken. Heidelberg – Wien 1986.

Zerwas, Arnold: Perspektiven des Bankcontrolling – Neue Definition. In: Betriebswirtschaftliche Blätter 5/1992, S. 268-273.

Zimmermann, Felix A.: Wandel in der Finanzintermediation und damit verbundene Aufsichtsprobleme. In: Sparkasse 1/1994, S. 23-26.

Zuber, Christof: Steuerung der Liquidität im Bankbetrieb. Bern – Stuttgart 1987.